# 走近管子

政以务实
变而求生
品鉴大智大慧

王采平　张力　著

走近圣贤丛书

丛书总主编　舒大刚

山东城市出版传媒集团·济南出版社

**图书在版编目（CIP）数据**

走近管子 / 王采平，张力著. -- 济南：济南出版社，2020.1

（走近圣贤 / 舒大刚主编）

ISBN 978-7-5488-4077-0

Ⅰ. ①走… Ⅱ. ①王… ②张… Ⅲ. ①管仲（？-前645）—生平事迹 Ⅳ. ①B226.1

中国版本图书馆CIP数据核字（2020）第024229号

**出 版 人** 崔 刚
**丛书策划** 冀瑞雪
**责任编辑** 孙育臣
**装帧设计** 李海峰

**出版发行** 济南出版社
**地　　址** 山东省济南市二环南路1号（250002）
**编辑热线** 0531—86131747（编辑室）
**发行热线** 82709072　86131701　86131729　82924885（发行部）
**印　　刷** 山东新华印刷厂潍坊厂
**版　　次** 2020 年 8 月第 1 版
**印　　次** 2020 年 8 月第 1 次印刷
**成品尺寸** 150mm × 230mm　16开
**印　　张** 15.5
**字　　数** 210 千
**印　　数** 1—5000册
**定　　价** 39.90元

# 总　序

这是一个需要圣人而且产生了圣人的时代。

在公元前800年—公元前200年，在地球北纬20°和北纬40°之间的地域，世界上一批思想巨星和艺术宗匠闪亮登场，他们的思想和学说照亮了历史的天空，开启了人类的智慧，并一直温暖着人们的心灵。

那是一个群雄纷争、诸邦并列的时代：在古代欧洲，是希腊、罗马各自为政的城邦制时代；在南亚次大陆，是小国林立、诸邦互斗的局面；在古代中国，则是从“溥天之下，莫非王土”的西周王朝，转入了诸侯争霸、七雄战乱的“春秋战国”时代。那时天下大乱，战火连绵，强凌弱，众暴寡，争地以战杀人盈野，争城以战杀人盈城，百姓生活在被侵袭、蹂躏和面临死亡的威胁之中。如何才能恢复社会秩序，实现社会安定？什么才是理想的治国安邦良策？芸芸众生的意义何在？人类前途的命运何在？正是出于对这些现实问题的思考，一批批先知先觉诞生了，一服服治世良方出现了。人类历史也由此进入了智慧大爆发、思想大解放的“诸子并起，百家争鸣”时代！

在古波斯，琐罗亚斯德（前628—前551）出现了；在古希腊，苏格拉底（前469—前399）、柏拉图（前427—前347）出现了；在以色列，犹太教先知们出现了；在古印度，佛陀释迦牟尼（约前565—前485）诞生了；在中国，则有管子（约前723—前645）、老子（约前571—前471）、孔子（前551—前479）、孙子（约前545—约前470）、墨子（约前475—前395）等一大批精神导师、圣人贤人横空出世！德国哲学家雅斯贝尔斯在1949年出版的《历史的起源与目标》中,将这一时期定义为"轴心时代",并认为,"轴心时代"思想家们提出的思想原则,塑造了不同的文化传统,也一直影响着人类未来的生活。在希腊、以色列、中国和印度的古代文化都发生了"终极关怀的觉醒",智者们开始用理智的方法、道德的方式来面对这个世界,同时也产生了宗教和哲学,从而形成了不同类型的智慧,逐渐形成了"中国文化圈""佛教和印度教文化圈""希腊——罗马和犹太——基督教文化圈",决定了今天西方、印度、中国、伊斯兰不同的文化形态。这些文化圈内人们的思想因为有了"轴心时代"思想家的智慧火花,才一次又一次地被点燃,这些文化也才一代又一代地被传承被发展。

相反,由于没有"轴心时代"先知先觉思想的恩惠,一些古老文明也就无缘实现自己的超越与突破,如古巴比伦文化、古埃及文化、古玛雅文化,它们虽然都曾经规模宏大、雄极一时,但最终都被历史的岁月无情地演变成文化的化石。

中华民族以其悠久的历史和灿烂的文化屹立于世界民族之林,中华文化历经数千年而不衰竭,今日更以雄姿英发之势,傲视寰宇。它不仅是"世界四大古文明"(古埃及、古巴比伦、古印度和中国)中唯一迄今仍然巍然独立、生生不息的一个,也是上述四大文化圈中传承序列最明晰、文化形态最温和、可持续性最强的一种文化。

浩浩龙脉,泱泱华夏,何以能创造如此文明奇迹?中国"轴心时代"期间的"诸子百家"、圣人贤人所做的绝妙思考和留下的精神财富,无疑就是历代中国人获取治国安邦之术的智慧源泉。在这一群圣人贤人之中,有德有位、立言立功、多才多艺的周公(姓姬,名旦)无疑是东方智慧大开启的奠基者。历五百年,随着王室东迁、文献流播,而有管子、老子、孔子、孙子者出。管子是用知识和理想治理社会和国家而获得成功的第一人,是后世儒与法、道与名诸多原理的蕴蓄者。老子曾为周守藏室史,主柱下方书,善观历史,洞晓盛衰,得万事无常之真谛,故倡言不争无为,而为道家鼻祖。孙子虽言兵,然而崇仁尚智,以兵去兵,而为兵家之神圣。同时,有孔子者出,远法尧舜之美,近述周公之礼,删六艺以成“六经”,开学官以授弟子,于是乎礼及庶人,学术下移,弟子三千,达徒七十有二,口诵“六经”,身行孝敬,法礼乐,倡仁义之儒家学派因而诞生!

自是之后,民智大开,学术鼎盛,家有智慧,人有热忱,皆各引一端,各树一帜,于是崇俭兼爱的墨家(以墨翟、禽滑釐为代表),明法善断的法家(以申不害、商鞅、韩非为代表),循名责实的名家(以邓析、公孙龙为代表),务耕力织的农家(以许行、陈相为代表),清虚自守的道家(以文子、庄子为代表),象天制历的阴阳家(以子韦、邹奭、邹衍为代表),以及博采众长的杂家(以尸佼、吕不韦为代表),纵横捭阖的纵横家(以鬼谷子、苏秦、张仪为代表),纷纷出焉,蔚为人类思想史上之大观!

诸家虽然持说不同、观点互异,但其救世务急之心则一。善于汲取各家智慧,品读各家妙论,折中去取,必收相反相成、取长补短之效。《诗》曰:“我思古人,实获我心!”生今之世,学古之人,非徒抒吊古之幽情、发今昔巨变之慨叹而已,亦犹有返本开新、鉴古知今之效云尔!

是为序!

# 目　录

第一章　管仲生活的时代——王纲解纽 …… 001
一、平王东迁 …… 001
二、繻葛之战 …… 004
三、西周王朝衰败的原因 …… 007
四、礼崩乐坏 …… 017
五、郑庄公小霸 …… 020
第二章　管仲的事迹(上)——脱杻拜相 …… 028
一、齐国的建立 …… 028
二、齐襄公的争霸活动 …… 030
三、齐襄公被弑 …… 037
四、鲍叔辞相荐管仲 …… 041
五、庙堂陈谋 …… 047
第三章　管仲的事迹(中)——作内政而寄军令 …… 056
一、齐桓公委政管仲 …… 056
二、礼贤下士,因能授官 …… 059
三、管仲为政的特点 …… 064
四、管仲的内政改革 …… 071
五、管仲的经济改革 …… 081
第四章　管仲的事迹(下)——尊王攘夷 …… 101
一、初霸诸侯 …… 101
二、存邢救卫 …… 120
三、与楚国的竞争 …… 130

四、葵丘会盟 …… 151
五、平戎于周 …… 161
六、管仲之死 …… 173
第五章 管仲的政治思想 …… 181
一、管仲改革的宗旨:"图霸" …… 181
二、推陈出新的改革
——"修旧法,择其善者而业用之" …… 183
三、旧法新用——"参国""伍鄙" …… 187
四、"因能而受(授)禄,录功而与官" …… 191
五、"政之所兴,在顺民心" …… 195
第六章 管仲的法治思想 …… 197
一、研究管仲法治思想的材料 …… 197
二、"以法治国"的法治观念 …… 198
三、礼法并重 …… 200
四、"令顺民心""且怀且威"的法治指导思想 …… 202
第七章 管仲的伦理思想 …… 213
一、管仲伦理思想产生的时代背景 …… 213
二、管仲伦理思想的核心:重"礼" …… 215
三、管仲的人本思想与"仁" …… 218
四、管仲的道德基础论:
"仓廪实而知礼节,衣食足而知荣辱" …… 221
五、管仲的礼与法关系论:礼与刑并重 …… 222
第八章 管仲的经济思想 …… 223
一、管仲经济思想的基点——"予之为取" …… 223
二、保本培源的赋税观——"取于民有度" …… 225
三、开源节流、反对奢侈 …… 228
四、重视工商业的发展 …… 230
参考文献 …… 240

# 第一章　管仲生活的时代

## ——王纲解纽

### 一、平王东迁

公元前771年，一支由申国（今河南南阳）、曾国（今河南方城一带）和犬戎（游牧于周王室西边泾渭流域的少数民族部落）组成的联合部队攻入了周王朝的都城镐京，昏庸的周幽王苦等不到各地诸侯的勤王之师，危急之中带着爱妻褒姒和爱子伯服惊慌失措地向东面的骊山奔逃，不久被穷追不舍的戎人追上并杀于骊山之下，都城镐京也被戎人大肆劫掠了一番。延续了二三百年的西周王朝至此灭亡。

周幽王被杀之后，在申侯及鲁侯、许文公的主持下，原来被周幽王废掉的太子宜臼被拥立为王，这就是周平王。与此同时，有一个叫作虢公翰的诸侯也拥立王子余臣为王，后世称之为“携王”。于是，周王朝出现了两王并立的局面。十余年后，晋国的文侯攻杀了携王，周王朝重新统一。

镐京被戎人大肆掠夺之后，残垣断壁，一片荒凉，要想在这里收拾残局、重新建都，再现昔时盛景，无论从财力还是人力方面来看都不可能。况且，镐京临近犬戎，即使在周王朝鼎盛之时，也常常受到戎人的侵扰。《诗·小雅·采薇》的作者就曾记下了当时人们面对戎人侵扰时的惊恐之状：

> 靡室靡家，猃狁之故。（没有妻室没有家，都因与猃狁去打仗）
>
> ……

岂不日戒，猃狁孔棘！（怎能每日不戒备，猃狁情势太紧张）

何况如今的周王朝，主力部队已被消灭殆尽，只是靠了郑、卫、秦、晋等诸侯国军队的支持才能勉强维持，假如戎人再度入侵，很可能会重演周幽王的骊山之逃。因此，重建镐京的计划被无可奈何地放弃了。公元前770年，在郑、秦、晋等诸侯的护卫下，周平王把都城迁到洛邑（今河南洛阳），史称“平王东迁”。后人把东迁后的周王朝称为“东周”。从这时到公元前476年的295年间，因为大体与孔子所修订的《春秋》一书所记载的时间跨度（前722—前481）相当，所以历史上将这一历史阶段叫作春秋时期。

虽然经过两周之际的战乱纷扰，昔日繁华的宗周已化作一片废墟，周王室直接控制的王畿损失过半，但是在春秋初年的周平王时期，周王室仍然拥有方六百里的土地。那时的周王朝，“西有虢，据桃林之险，通西京之道，南有申、吕，扼天下之膂，屏东南之固，而南阳肩背泽潞，富甲天下，辍辕伊阙，披山带河，地方虽小，亦足王也”（清·顾栋高《春秋大事表》卷四）。而当时的东都洛邑，地居天下之中，手工业和商业向来都很发达，是一个物阜民康的繁华之地。这时的周王室，不仅拥有“成周八师”的重兵，而且拥有天下大半赋税的收入，势力并不算弱。因此，在春秋初期的大半个世纪中，周王室的军事活动不但频繁，而且对各诸侯国依然能保持较大的影响力。

《诗·王风·扬之水》，据《诗序》讲是讽刺周平王的。朱熹认为这首诗是“周人之戍申者，又以非其职而怨思”之作。诗中提到“戍申”“戍甫”和“戍许”。申，即位于今河南南阳的申国[①]；甫，即吕国，也在今天的南阳境内；许，即许国，位于今河南许昌东。三国皆姜姓，因为受到南方楚国的侵扰，所以周王室派军戍守。戍守申、甫、许的周人由于远离家人，因为抱怨而写了这首诗。在周平王和周桓王时代，周王室还有过一些军事活动，曾出兵伐卫、伐晋、围魏、伐宋。

周平王四十九年（前 722 年），郑国发生内乱，郑庄公的弟弟段叔以他的母亲姜氏为内应，准备发动武装政变。早有准备的郑庄公得到段叔反叛的确切证据后，就命大夫子封率领 200 乘战车进攻段叔的根据地京邑（今河南荥阳东南）。京邑的人也起来响应。段叔受到内外夹攻，逃奔到鄢，最后逃奔共国（今河南辉县市境内）。段叔的儿子公孙滑在他父亲失败后逃到卫国，卫桓公收容了他，还派兵攻取了郑国的廪延。当时郑庄公还身兼王室卿士之职，于是郑庄公便率领王室及虢国的军队讨伐卫国，打到卫国的南郊，这是“伐卫”。

周桓王二年（前 718 年），晋国的小宗室曲沃庄伯联合郑国和邢国共同讨伐晋国的大宗室翼侯，周桓王派王室大夫尹氏、武氏率军协助曲沃庄伯，结果翼侯逃奔随邑。曲沃庄伯在周王室的支持下取得胜利后却又反叛了周王室，于是性格刚烈的周桓王便派虢公率王室军队讨伐曲沃，并立翼侯之子哀侯于翼，这是“伐晋”。

周桓王六年（前 714 年），周桓王因为宋殇公不到京城去朝觐，便让郑庄公以王室名义讨伐宋国。初战不利，郑庄公又以周桓王的命令要鲁国出兵，鲁隐公又约齐国共同出兵。于是在第二年，郑庄公以王室左卿士的身份率领郑、齐、鲁三国之军讨伐宋国，这是“伐宋”。

周桓王十一年（前 709 年），芮国（今陕西大荔县朝邑镇南）国君芮伯的母亲因为不喜欢芮伯的宠人太多，便把他赶出国都，另立新君，芮伯出居于魏（今山西芮城北）。秦国见芮国内乱，以为有机可乘，便在第二年派兵入侵芮国。由于轻敌，秦国反为芮国所打败。于是秦国说动好斗的周桓王出兵，共同征讨芮国。王室的军队和秦军包围了魏，逮住了芮伯，这是“围魏”。

从曲沃庄伯“叛王”、宋殇公“不共（供）王职”（不朝觐）等事看来，周王室的威信比起西周时已经是一落千丈；但从周王命虢公率军伐曲沃，命郑、鲁、齐等国伐宋之事来看，周王室还在为维护自己“天下共主”的权威做最后的拼搏。

周王室“天下共主”地位的最后终结，则始自周、郑的繻(xū)葛之战。

## 二、繻葛之战

郑在诸侯中是较晚受封的。周宣王时，封他的第五个儿子友于郑(今陕西华县东)，这就是郑桓公。周幽王时，郑桓公在王室做司徒，掌管民政。郑桓公很有政治眼光，他见幽王暴虐无道，预感到王室将会出现动乱，恐怕玉石俱焚，便向史伯请教安全之计。史伯献计说，虢、桧两国间(今河南中部)有河、洛、济、颍四条河之便利，是个很安全的地区。可以利用虢、桧两国君主的“贪而好利”，先把妻室和财产寄放到那里，等到有机会就利用王室的军队占领这块地方。郑桓公依计而行，在这里的十个邑中都寄放了财物。

两年后，周王室果然发生大乱，郑桓公护卫周幽王逃奔骊山，被戎人追上并杀死。继位的郑武公率领大军为父报仇，并与秦、晋等国军队一道护卫周王室东迁。其后，他成为王室的卿士，掌握了王室的大权。他利用王室的军队，灭掉了寄存财物的虢和桧，建都新郑(今河南新郑)。

郑武公的妻子武姜是位个性比较鲜明的女人。她生第一个儿子寤生时难产，差点送了命，因此很不喜欢寤生，而喜欢生产得比较容易的少子段叔。寤生是长子，按当时立长不立幼的礼俗，寤生被立为太子。武姜乘武公病危之时，请求改立太子，识大体的武公没有答应。武公去世后，寤生即位，是为郑庄公，仍兼王室的卿士，执掌王室的大权。

郑庄公是个阴险、狡诈的人，他明知母亲宠爱段叔，而段叔又有野心，却故意加以纵容，等到时机成熟了才将他们一网打尽。他在王室为卿也非常专横，周平王对他颇有猜忌、防范之心。周平王打算削弱郑庄公的权力，便以他不常在王室理政为借口，准备让虢公与郑庄公为左右卿士，共同掌管王室之政，以分郑庄公之权。此事正在酝酿之时，却被郑庄公预先探知，郑庄公便怒气冲冲地去质问周平王。周平王为人较为软弱，见郑庄公前来质问，吓得矢口否认。他怕郑庄公不信，还提出同郑国交换人质以表示信任。于是周平王将儿子王子狐送到郑国当人质，郑庄公将儿子太子忽送到王室当人质，此事史称“周郑交质”。周天子竟然同大臣交换人质，这是历史上从未有过的。“周郑交质”把君臣间的关系降到了平等国家间的关系。

公元前720年，懦弱的周平王去世。由于太子早死，便由他的孙子林继立，是为周桓王。周桓王的性格与其祖父刚好相反，刚烈、执拗。周桓王刚即位，就准备采取非常强硬的政策，想把王室的权力全部交给虢公。郑庄公又知道了这事，他打算给年轻的周桓王来个下马威，便派祭足率领大队人马去把王室温地（今河南温县）的麦子割掉。秋收之时，他又派祭足带人把成周（都城洛邑）的庄稼割走。周、郑遂由“交质”发展到“交恶”。

这时，周王室虽已衰落，但名义上还是天下的“共主”。郑庄公正经营中原、与诸侯争霸，他意识到如果同王室的关系彻底破裂，对他的争霸活动是极为不利的，因此不得不暂时采取退让的策略，寻求同王室改善关系。

周桓王三年（前717年），郑庄公亲自到洛邑朝见周桓王，周桓王却不肯原谅他，拿着架子，不加礼遇。这时，有一个王室大臣劝桓王说：“我周王室的东迁依靠的是晋、郑两国。善待郑伯以鼓励他来朝觐还怕不行，何况不加礼遇，郑伯以后肯定不会再来朝觐了！”周桓王误把郑庄公的暂时退让看成是其强硬政策的成效，根本听不进大臣的劝谏，继续采取强硬政策。

周桓王五年（前715年），周桓王正式任命虢公忌父为王室右卿士，与王室左卿士郑庄公共掌王政。郑庄公此时正忙于调整同鲁、齐、宋、卫等国的关系，不便同王室作对，只好对这一任命表示服从。同年秋天,善于忍耐以等待时机的郑庄公还带着齐僖公一同去洛邑朝见周桓王。

周桓王对郑庄公两次采取强硬政策,都取得了成效,便认为郑庄公已经屈服,遂更加大胆地采取制裁郑国的做法。周桓王八年(前712年),周桓王把苏忿生的十二个邑给郑国,以换取郑国的四个邑。但苏忿生的土地本不属于周王室,这实际上是赤裸裸的掠夺,郑庄公这次还是服从了。又过了五年,周桓王干脆把郑庄公的左卿士的职务也罢免了。郑庄公见桓王一再对他制裁,再也忍不住,便不去朝觐桓王。

周桓王生性好斗,他见郑庄公竟敢违抗王命,拒不朝觐,就打算以武力压服。这年(前707年)秋天,周桓王亲自率领大军对郑国进行讨伐,还调动了蔡国、卫国和陈国的军队协同作战。郑庄公也公然出兵抵抗“王师”,两军在郑国的繻葛(一名长葛,在今河南长葛东北)摆开阵势。

商周时期的传统阵法,是把军队分成左、中、右三军。商代的甲骨卜辞有一条说:“丁酉贞,王作三师,左中右。”(《殷契粹编》,五九七)中军是阵的核心,是由主将率领的主力部队;左右两军起配合进攻和掩护中军的作用。后世的军事家把这种配置称之为“鸟阵雁行”,意思是说此阵法像鸟儿展开翅膀飞行时的身子(中军)和两翅(左、右军),也像群雁在空中成“人”字形飞行前进。在王室方面,周桓王所率领的主力为中军;卿士虢公林父统帅右军,蔡、卫两国的军队也由虢公指挥;周公黑肩统帅左军,陈国的军队也由周公黑肩指挥。

郑国的大夫子元请郑庄公把主力放在左右拒(拒,指方阵)上,用左拒抵挡由虢公率领的蔡、卫之军,用右拒抵挡由周公黑肩率领的陈军。他分析说,陈国正发生内乱[②],士兵都没有斗志,如果先攻击陈军,陈军必然崩溃。王师若回头照顾陈军,也就会乱了阵法。而蔡、卫的军队肯定也抵挡不了攻击,必将先崩溃。到那时就集中三军全力攻击中军,这样就能取胜。郑庄公采纳了子元的意见,命曼伯统帅右拒,祭仲足统帅左拒，原繁、高渠弥协助郑庄公统帅中军，并约定：当中军大旗挥动时，左、右两军同时发起攻击。

传统的方阵是将步兵集中配置在战车前方，形成一个大排面的密集的方阵。这种方阵的缺点是，战车的两侧和后方没有步兵掩护，只要敌军突破了战车前面的步兵方阵，战车也就无能为力了。早在此役十二年前的周桓王元年，郑国曾和鲁、宋、陈、卫等国的联军打过一仗，就是因为战车前的步兵方阵被打败了，使战车失去掩护而丧失了战斗力，只好眼巴巴地看着诸侯联军把郑国的庄稼抢割去了。子元怕重蹈覆辙，就改变了一下阵法，把战车摆在前边，把步兵分散配置在战车的左右两侧和后面，使战车和步兵互相掩护，形成一个坚固的整体，后人把这种阵法形象地称为“鱼丽之阵”[③]。

战斗完全按子元预料的那样发展下去。陈、蔡、卫的军队经不住郑军的有力攻击，首先崩溃。由于失去了左右两翼的掩护，周桓王所率的中军主力也乱了阵法。于是，郑军合三军之力围攻其中军。周桓王所率领的中军大败，周桓王也被郑军将领祝聃射中肩膀。周桓王见大势已去，只好忍着伤痛，指挥退却。祝聃请求郑庄公下令追击，郑庄公认为对抗天子已很不好了，郑国本是被迫应战，不能做得太过分，不同意追击。

当天晚上，郑庄公还派祭足到周中军问候周桓王的伤势和左右将领，以表示郑国是不得已而应战，还是愿意同王室修好的。这就是春秋历史上著名的“繻葛之战”。

繻葛之战是春秋历史的一个重要转折点，它把王室的权威彻底地打垮了。如果说在此之前各诸侯国对周王室还有点敬畏和顾忌的话，那么从此以后，周王室在诸侯的眼中只不过是一张可以任意玩弄的纸牌。

## 三、西周王朝衰败的原因

为什么堂堂王室之军会惨败于繻葛之野？难道仅仅是因为郑军

采用了新的阵法才导致王室军队失败的吗？要回答这个问题，还得从周王朝的一些基本制度说起。

周本来是商王朝西部的一个小邦国，在它击败大邑商而建立起统治中原的周王朝时，势力还不是很强大。因此，周王朝面临的一个重要问题就是，如何用周人仅有的力量去控制偌大的帝国。周初的统治者采用了一种巧妙的方法来解决这一难题，这就是“分封建藩”的制度。

首先，周初的统治者把以首都镐京为中心的关中平原（即“宗周”）和以东都王城为中心的河洛地带（即“成周”）划出来作为王畿。王畿东西长达千里以上，是周王室直接控制的地区，也是全国的政治和军事中心。其次，周初的统治者把王畿以外的广大土地用封土建藩的方法分封出去。据战国时期的大学者荀子说，周初共分封了七十一国，其中姬姓之国就有五十三个，占了绝大多数。除了同姓之国外，分封的诸侯国主要有以下几种：一是功臣，如武王灭商的主要功臣姜尚被封于齐；二是商后裔，如武王时封商纣王之子武庚于殷，武庚叛乱被镇压后，又封商纣王之庶兄微子启于宋；三是古帝王之后，如封帝尧之后于蓟，封帝舜之后于陈，封大禹之后于杞，等等；四是古国，如楚、蜀、濮、散、微，等等。周王室承认它们的方国地位，或者让他们继续待在原地，或者改封于其他地方，但这些方国必须承认周王室天下共主的地位，也必须承担一些贡纳义务，这样就可以“宅尔宅，田尔田”（继续拥有你的房子，继续拥有你的田地），否则就将“大罚殛之”（灭了你们）（《尚书·多方》）。相对来说，这些方国同周王室的关系较为疏远。

这些封国有自己独立的政权机构及官僚机构；有自己的军队，一般是大国三军，小国一军；有自己的司法系统；自定赋税，自行历法。它们虽然要定期到周王室朝觐，定时定制地向王室缴纳军赋和贡税，他们的军队也要受王室调遣，还要为王室提供劳役，但总的来看，仍然是相对独立的国家。

周王室在宗周有“西六师”，在成周有“成周八师”，这十四师数万之众的军队不单单是为保卫王室，也是控制诸侯、维持“礼乐征伐自天子出”的武力基础。但是，周王朝在中国历史上之所以被视为理想王朝，不在于其强大的武装力量，而在于周王朝绝不是一个完全依赖暴力的王朝，它的统治充满了人情味。

前面我们说过，周初大分封主要封的是同姓之国，他们或属文王一系，或属武王一系，或属周公一系，或是其他较远的宗族。他们与王室的关系是大宗室和小宗室的关系。对这些同姓诸侯而言，周天子不只是国家的首脑，更为重要的是，他是全体姬姓宗族的“大宗”，即最大的族长。祭祀周族历代祖先的权力只属于周天子，天子的宗庙称为“大庙”，是全国规模最大、地位最高的祭祀祖先的场所。由此可见，周是一个族权和政权合一的国家。正因为如此，周代统治者特别重视维护这种宗法关系，不遗余力地强调“尊祖”和“敬宗”的观念。《礼记·丧服小记》说：“尊祖故敬宗，敬宗所以尊祖祢也。”这就把对祖先的“孝”和对天子的“敬”结合在了一起。“孝”是周人基本的伦理观念，周代的统治者也特别注重孝道，主张通过孝道来培养全体人民对周天子的热爱。在家孝敬父母，同时也孝敬家族的族长，由此而上，直到孝敬天子。实际上“敬宗”一词在周金文中正是写作“孝宗”。

周代统治者虽然强调“周之宗盟，异姓为后”(《左传》隐公十一年)，但并不排斥异姓诸侯，而是通过联姻与他们结成亲戚关系。周襄王时的王室大臣富辰曾说，文王的母亲大任是挚国的女子，武王的母亲大姒是杞国的女子，文王的祖母是姜姓之国的女子，武王的长女嫁给了陈国的国君，这些都是“内利亲亲”的事例。因此，周人严令禁止姬姓宗族内部的通婚，认为“男女同姓，其生不蕃”(《左传》僖公二十三年)[④]。周天子常称同姓诸侯为“伯父”“叔父”，称异姓诸侯为“伯舅”“叔舅”，由此全国的贵族都构成了亲戚关系。如何使族人和睦、亲戚团结遂成了周王朝最为重要的政治。

周初的大分封在王畿之外构筑起了一道道保卫王室的屏障,既有利于抵御戎、狄、蛮、夷等落后民族或部落的骚扰和侵凌,也有利于对王畿之外各地区的开发,对稳固周王朝的统治的确起到了极为重要的作用。

但是,周初的大分封是在"亲亲"原则的基础上进行的,人们的等级地位以及与此相关联的经济财富是由与周王室血缘亲疏关系来决定的。在周初,这一原则和分封的实践并不矛盾,然而几代后就出现了令周王室感到棘手的情况。因为在几代之后,可以分封的王畿之外的土地已分封殆尽,王室成员却层出不穷地繁衍起来。如果按"亲亲"原则,这后几代的王室子弟才是最亲密的,他们本应得到比关系已经疏远的前几代王室子弟更高的地位和更多的财富,现在却没有土地给他们,也没有官职给他们。因为周朝实行的是世卿世禄制,官职一经确定由谁担任,那么将永远由这个人及其子孙世代担任。怎么办?无可奈何的周天子只好把王畿拿出来分配,让这些王室子弟在王畿内建立自己的采邑。采邑虽然远没有封国那样大,但同样是一个相对独立的政权机构,有自己的土地,有自己的经济,有自己的官僚机构和朝廷,有自己的军队,实际上相当于一个小的诸侯国。⑤随着这些采邑的不断建立,周王室的经济实力受到很大的削弱,那十四个保卫王室、控制诸侯、抵御戎狄蛮夷的王师的兵源也受到影响。

由于王畿内大量土地被不断涌出的采邑所分割,导致王室财政困难,对周王朝的政治影响很大。周王朝为了补充财政收入的损失而不得不采取一些掠夺性的军事行动,从而又导致了与周边少数民族部落之间矛盾的激化。比如在周穆王时,周王朝曾与淮夷中最强大的徐方发生过一次大的战争。《竹书纪年》记载了这次战争:"周穆王四十七年,伐纡(即徐),大起九师,东至于九江,比鼋以为梁。"(《太平御览》卷三五引)关于这次战争,西周青铜器铭文中也有记载,如穆王时的铜器《竞卣》铭文说:"惟白犀父以成师即东,命伐南夷。"《录伯卣》铭文说："叡！淮夷敢伐内国，汝其以成周师氏戍于叶师。"周与淮夷之间的战争几乎没有中断过。

周人称被征服的淮夷为"帛晦（贿）人"或"帛晦臣"（见《兮甲盘》），意思就是贡纳之臣。周宣王时的青铜器《兮甲盘》铭文说："淮夷旧我帛晦人，毋敢不出帛，其积（指粮食，或万石一积，或二万石一积，或十万石一积）、其进人……敢不用令，即刑扑伐。"意思是说，淮夷原来就是向我们进贡的人，他们不敢不向我们交纳帛（丝织品）、粮食和供差遣的人口。如果他们敢抗命不进贡，就要对他们进行讨伐。看来，周王室对淮夷的经济掠夺，是淮夷人民奋起反抗的主要原因。

周昭王曾两次亲征伐楚（也称"荆"或"荆楚"）。第一次是在周昭王十六年（前985年），"广笞荆楚，唯狩南行"。出发前，先派人去南国准备行宫，经过了方邓、鄂师、汉中州等地。这次伐楚取得了胜利，凯旋而归。第二次是在昭王十九年下半年。由于第一次伐楚取得了胜利，这次南征，周军就产生了轻敌之意，沿途疏于防范。在渡汉水时，周昭王坐上了当地工匠用胶粘的船只，结果船到中流解体，周昭王落水淹死，周军大部丧亡，损失惨重。

关于周昭王南征之事，西周青铜器铭文中也多次提到。如《过伯簋》说："过白（伯）从王伐反荆，孚（俘）金，用作宗室宝尊彝。"《及小子生尊》说："隹王南征，才□……小子生易金，郁鬯，用乍□宝尊彝，用对王休，其万年永宝，用卿出内事人。"《鼒簋》说："鼒从王戍荆，孚（指孚金），用作餴簋。"《㝬驭》说："㝬驭从王南征，伐楚荆。有得（指得金），用作父戊宝尊彝。"以上诸器的铭文中都提到"孚（同俘）金""得金"。已故著名史学家唐兰联系《曾伯簠》铭文说的"克逖淮夷，抑燮繁汤，金道锡行，俱既俾方"以及《晋姜鼎》相似的铭文，认为周昭王南征的目的在于打通南方金属产地的运输路线。（《西周铜器断代中的康宫问题》，载《考古学报》，1962年第1期）这个看法基本上是正确的，需要补充的是，周昭王的南征不仅是为了打通掠夺南方金属的运输路线,也是为了打通掠夺南方丝帛、粮食和人口的运输路线,动因是王室财政已经非常吃紧。

但是,随着周昭王南征的失败,周人向东南掠夺的军事行动也受到了很大的挫折。畿内的新采邑仍在不断涌现,王室的经济正在逐渐萎缩,财政危机带来的压力越来越大。更为严重的是,自周穆王西征犬戎诸部之后,"荒服者不至",周王朝与西北犬戎诸部的矛盾从此不断加剧,犬戎的铁骑时常逼近宗周附近,直接威胁着王室的安全。《汉书·匈奴传》说:"懿王时,王室遂衰,戎狄交侵(交相入侵),暴虐中国,中国被其苦。"显然,要抵御犬戎诸部的内侵,就需要加强军事武装力量。然而,周王室连维持正常的军费开支都成问题,这些需要额外增加的军费又从何而来?

既然王师在抵御犬戎诸部落的内侵上已经力不从心,那么可不可以利用采邑的军事力量呢?周代中期的统治者考虑到了这一点,周王室企图通过扶持京畿强藩以资捍卫的显著例子就是王室对善夫克的扶持。

在现存的克氏诸器中,《大克鼎》记有周王赐予克氏大量土地和人民之事,《小克鼎》记有克氏受命遹正成周八师之事,《克钟》则记有周王"亲令克,遹泾原,至于京师"之事。克氏于是成为岐山大族。此举虽然暂时收到了拱卫宗周之效,但是这种本末倒置的做法似一柄双刃剑,严重地伤害了周王朝自身。像善夫克这样的强族越多,王室的实力就越弱,对诸侯的控制力也就越小。实际上,像善夫克这样的强族在王畿内并不少见,如依据南山的散、矢两国就是很好的例证[⑥]。

周代中期通过扶持京畿强族以资捍卫的策略,表面上使周王室没花多少钱就解决了迫在眉睫的危机,实际上更加速了王室经济的萎缩,财源这个根本性的问题不但没有解决,反而更加严重了。到周厉王时,周王室任用"好专利而不知大难"的荣夷公等人,垄断山林川泽的一切利益,不让国人前往采樵渔猎,还在道路上设立关卡,掠夺过往行人,引起了国人和一些贵族的不满。因为在西周中期以后,“田里不鬻(卖)”的旧制已经突破,土地开始在贵族之间转换。据1975年出土于陕西岐山县董家村的《卫鼎》(共王时器)铭文记载,鼎的主人裘卫用一辆车和一套马具等物,从矩伯那里换到一块称为林□里的山林。可见这块山林原归矩伯所私有,后才转手裘卫。周厉王的专利政策,当然会损害像裘卫这样一类拥有山林的贵族。

周厉王的专利政策激起了广大国人的愤慨,出现了“国人谤(批评)王”的情况。大臣邵穆公警告周厉王说,人民已经不能忍受下去了。周厉王不但不重视,反而采用高压手段,派卫国的巫师“监谤”。只要侦察到有人在一起议论国事,一经卫巫告发就要被杀掉,宗周出现了一片恐怖的气氛。国人敢怒不敢言,只能“道路以目”,用眼光表达他们的愤恨心情。周厉王对此却十分得意,自以为“吾能弭(消天)谤矣”。邵穆公不以为然地说:“防民之口,甚于防川。”意思是说,你堵住人的口不让他们讲话,就像堵住大河的水不让其流泻一样,河水越积越多,终有一天会冲垮堤防,那时危害更大。但是周厉王根本听不进去,一意孤行,终于酿成了三年后的“国人暴动”。

这次暴动,以聚居在宗周“国中”的“国人”为主。据周宣王时期的《盨簋》铭文记载,参加这次暴动的除了“邦人”(即国人)外,还有“正人”“师氏人”。“正人”指工匠和胥徒之属,“师氏人”指宿卫王宫的士兵。暴动的人们冲入王宫,周厉王狼狈出逃,在国人的追逐之下,渡过黄河,一直逃奔到彘(山西霍县东北),最后死于此地。

周王朝通过专利以解决其财政危机的努力彻底失败了。

其后继承王位的是号称“中兴”之主的周宣王。周宣王的“中兴”是与其赫赫的战功连在一起的。周宣王时期的对外战争大致可以分为东西两线。

在西线,主要是与猃狁的战争。猃狁是位于宗周西北黄土高原上群翟部落中的一支,自西周中期以来,这支剽悍的游牧部落就不断南下侵扰成周。周懿王以后，情况更为严重，猃狁曾深入获(陕西三原、泾阳一带)，南逼泾阳，直接威胁镐京。《诗·小雅·采薇》一诗提到："靡室靡家，猃狁之故""岂不日戒，猃狁孔棘"。可见猃狁给泾渭一带的周人带来了多大的灾难。因此，打击猃狁就成了稳定周王朝政局的首要任务。

周宣王时同猃狁的战事大约有过两次。第一次在周宣王五年(前823年)四五月至冬季，参加者是吉甫、南仲、张仲、兮甲诸人。战事在朔方、太原、泾阳、镐、彭衙诸地展开。第二次在周宣王十一年，参加者有方叔、虢季子白、不(䆬)诸人，战事在西俞、高陵、洛阳诸地展开。两次战事均发生在王畿西俞一隅，两次都取得了胜利。但是，总的来看，周王朝对西北方的群翟部落，主要是采取防御政策，有时也进行反击。

在东线则不同，周王朝在这里颇为积极、主动。《诗经》中有一些诗歌就歌咏了周宣王时对南方的开拓经营。如《大雅·江汉》一诗歌咏周大臣召虎经营江汉一带的淮夷，"式辟四方"，"至于南海"。《常式》一诗则记载周王命程伯休父"率彼淮浦，省此徐土"，以致"铺敦淮溃，仍执丑虏"。至"徐方来庭(徐国前来臣服)"，出征的军人才凯旋北还。周宣王时的青铜器《敔簋》铭文则记载南淮夷曾内犯成周，及于伊班，周宣王命敔追击。结果敔斩敌百人，擒获四十人，夺回被南淮夷俘掠的四百人，因而受到周王的赏赐。周王朝之所以积极经营东南方，主要是从经济上考虑的。周宣王时的青铜器《兮甲盘》铭文记有兮甲向南淮夷严令索贡之事，《师寰簋》铭文则记有师寰因淮夷叛东国而受王命东讨。索取的物资包括士女、羊、吉金以及南方的铜。可见，周宣王对东南的经营是以掠夺财物为目的。

除了靠战争掠夺之外，周宣王还废除了旧的籍田制，以增加财政收入。

所谓"籍田制"，是指借助民力耕种王室和贵族土地的制度。在西周，周天子和大大小小的贵族控制着大面积的肥沃土地，称为"公田"，也称作“大田”或“甫田”。由于当时生产技术水平比较低下，在这些土地上进行的是集体耕种。《诗经》中说“十千维耦”，“千耦其耘”。耦即耦耕，两人各持一耜并肩而耕，称为一耦；“千耦”就是说两千人在一起集体耕作；“十千维耦”则是说两万人在一起集体耕作。公田的收获是周王室和贵族们的主要经济来源，所以他们对籍田都很重视，为此还有一套“籍田”之礼，也就是每当春耕时，周天子就要带着臣僚们到王室的大田上举行亲耕的典礼，以表示王室对籍田的重视。

由于籍田制是比较落后的生产方式，所以在西周中后期便逐渐不再使用，贵族开始把土地分给农夫进行耕种而收取实物地租。在这种情况下，“籍田”之礼就没有什么必要了，所以周宣王即位之初就废除了这一徒具形式的典礼。公田的废除在一定程度上可以增加政府的财政收入。

综上言之，自西周中后期以后，由于王畿内的土地不断地被新建的采邑所分割、吞噬，王室的经济实力越来越弱，财政危机越来越严重，相应的则是王室军事实力的衰减和权威的下降。周王室对此也曾做过一些努力，但是有的完全失败了，有的则收效不大，但都没有从根本上解决问题。周王朝从建立伊始就埋下了衰落的种子，从西周中期起，周王朝就由全盛逐步走向衰败。《史记·周本纪》说：“昭王之时，王道微缺”，“穆王即位……王道衰微”，“懿王之时，王室遂衰，诗人作刺”。到夷王时，“诸侯或不朝，相伐”，王室不能制；或有来朝，夷王也不敢坐受朝拜，甚至要“下堂而见诸侯”了。（《礼记·郊特牲》）

由于两周之际战争的破坏，使得以宗周为中心的关中王畿地区的经济遭到毁灭性的打击。《诗·王风》的第一篇《黍离》，据《诗序》说，是“闵（通‘悯’）宗周也。周大夫行役于宗周，过故宗庙宫室，尽为禾黍。闵周室之颠覆，彷徨不忍去而作是诗也”。全诗如下：

彼黍离离，（那里的黍禾茂又茂）

彼稷之苗，（那里的稷苗繁又繁）

行迈靡靡,(前行的步子多迟缓)
中心摇摇,(心神忧郁多恍惚)
知我者,(理解我的)
谓我心忧;(说我心忧)
不知我者,(不理解我的)
谓我何求。(问我追求什么)
悠悠苍天,(悠悠在上的苍天呀)
此何人哉?(这究竟是个什么样的人)
彼黍离离,(那里的黍禾茂又茂)
彼稷之穗,(那里的稷谷已出穗)
行迈靡靡,(前行的步子多迟缓)
中心如醉,(心事沉沉如酒醉)
知我者,(理解我的)
谓我心忧;(说我心忧)
不知我者,(不理解我的)
谓我何求。(问我追求什么)
悠悠苍天,(悠悠在上的苍天呀)
此何人哉?(这究竟是个什么样的人)
彼黍离离,(那里的黍禾茂又茂)
彼稷之实,(那里的稷谷已结实)
行迈靡靡,(前行的步子多迟缓)
中心如噎,(心中郁闷如物噎)
知我者,(理解我的)
谓我心忧,(说我心忧)
不知我者,(不理解我的)
谓我何求,(问我追求什么)
悠悠苍天,(悠悠在上的苍天呀)

**此何人哉?(这究竟是个什么样的人)**

东迁之后的周王室不得不忍痛放弃这块曾经在其上辉煌了三百多年的肥沃土地。起初,平王把岐山以西赏赐给曾出兵救王室又护卫王室东迁的秦国。后来秦文公打败犬戎,全部据有了西周关中的地盘,周王室就只拥有含河南西北部方圆六百里的土地。然而王室的土地还在不断萎缩,到后来仅剩下成周方圆一二百里的土地。

与王畿萎缩相应的是严峻的财政危机,周王朝的经济收入连维持王室的日常开销都成了问题。公元前720年,周平王去世,王室无力操办像样的随葬品,周桓王只得派人到鲁国去讨要。周襄王时,连天子乘坐的车子也出现短缺,又派人到鲁国去“求车”。周襄王死,周顷王即位,王室财政不济,又派人到鲁国去“求金”。

如此困窘、拮据的王室财政当然不能维持一支像样的武装力量,就实力而言,王室已不如那些稍大一些的诸侯。春秋初期,王室虽然仍有一定的军事实力,也曾东征西讨,但那时的王师已很少有什么单独的军事行动,基本都是追随诸侯的部队而行动。就以繻葛之战而言,周桓王也是联合了陈、蔡、卫三国之部队才敢出师的。

由此可见,王师在繻葛之战的惨败并不是偶然的。

## 四、礼崩乐坏

周代是宗法制社会,天子实行的是嫡长子继承制,嫡长子之外的其他王室子弟或受封为诸侯,或在王畿内分得采邑。诸侯在自己的国内也实行嫡长子继承制,而其他公室子弟则被分以采邑,建立卿大夫之家。这些卿大夫在采邑中建立家庙和相应的政权机构,同样实行嫡长子继承制。

显然,周代宗法制是借助分封制而完成的,它具有族权和政权合一的特征。宗法制同时构成了周代的等级制度,等级的高低视与周王室血缘关系的亲疏而定。周代的等级大体可分为以下几等:自天子以下依次为诸侯(或王室的公卿)、卿、大夫、士、庶人(平民),奴隶不入等级。当然还可以细分,如诸侯就有若干等。

由宗法制确定的等级关系是靠所谓的"名、分"来固定的。"名"指诸如天子、诸侯、卿大夫、士、庶人之类的称号,这种称号由宗法制而定,一经确定,就不能更改;"分"则是指同这些称号相关联的权利和义务(称作"义")。与古代西方不同,规定这些权利和义务的不是法律,而是"礼"。

《左传》文公十八年有"先君周公制周礼"一语。一般认为,周礼是在成王时由周公在借鉴夏、商两代特别是商代礼制的基础上制定的。礼是调整等级名分关系的行为规范,其中包含了相当多的道德成分,但从根本上说,主要还是一种由社会习俗演变而来的习惯法。

春秋之时的人们都把周礼看成是周公制定的,看来周公的确曾"制礼作乐"。但是周公到底制定了哪些礼乐呢?秦汉以后的学者普遍相信,《周礼》《仪礼》两书所记载的内容就是周公制定的礼。比较客观的看法是,周公制礼作乐是周初政治上的一件大事,它不但确定了周礼的基本精神,也奠定了周礼的基本内容。但是周礼的完成应该有一个较长的过程,而周礼的系统化与制度化则是西周中后期的事了。

周人对礼仪非常重视,认为它具有"经国家(管理国家),定社稷(稳定社会),序民人(规范百姓),利后嗣(有利后代)"(《左传》隐公十一年)的重要作用。整个社会生活无一不受礼的调节,所谓:"道德仁义,非礼不成。教训正俗,非礼不备。分争辩讼,非礼不决。君臣上下、父子兄弟,非礼不定。宦学事师,非礼不亲。班朝治军、莅官行法,非礼威严不行。祷祠祭祀、供给鬼神,非礼不诚不庄。"(《礼记·曲礼》)因此,礼是神圣不可破坏的。

但是,自西周中期以来,随着王权的衰落,背礼违制之事不断增多。孔子曾说:"天下有道,礼乐征伐自天子出。"换句话说,"礼乐征伐自天子出”是最大的礼。但是早在周夷王之时，就有诸侯私自相伐之事。到周厉王之时，王畿内的诸侯也公然兼并，如南山之下的散、矢两国就吞并了微、井、豆、□诸国，而矢国的国君居然在辇毂之下僭称王号。

“田里不鬻（买卖）”是西周的基本制度，它所反映的是“溥天之下，莫非王土”（《诗·小雅·北山》）的土地王有制，也是为周礼所肯定的唯一土地制度。据《春秋》记载，鲁桓公元年（前 711 年），郑国用璧换取鲁国靠近许国的田地，《公羊传》和《穀梁传》的作者对此都进行了批评。《公羊传》说：“有天子存则诸侯不得专地也。”《穀梁传》则说：“礼，天子在上，诸侯不得以地相与也。”但是，至少在西周中期，“田里不鬻”的土地制度已被打破，土地开始在贵族之间交换。如 1975 年，在陕西岐山董家村出土的《卫盉》《卫鼎》的铭文记录了周共王五年（前 943 年），一个叫裘卫的人用价值八十朋的一块玉璋换得矩伯的十田，又用自己的五田与邦君厉的四田相交换。此外，在《格伯簋》《曶鼎》《矢人盘》等铭文中均有关于类似的土地交换的记载。

由于周代是宗法等级制社会，因而周人最重祭祀之礼，所谓“国家大事，在祀与戎”。祭祀是宗子的权利与义务，祭礼之权象征着族权。在族权和政权结合的周代，祭祀之权实际上代表了政治权力。周人用鼎盛祭物以祭祀祖先，久之，鼎就成了象征政权的重器。在日常生活中，用鼎的多少也就成了等级高低的标志。

按照《仪记》所记周代用鼎之制，天子用九鼎，诸侯七鼎，卿大夫五鼎，士三鼎，死后也按这个数随葬。1957 年，在河南陕县（今陕州区）上村岭发掘的两周之际的虢太子墓中，发现了有形制相同、大小相次的七个鼎和六个簋，这是一套完整的大牢七鼎。这本应是诸侯国国君一级所享用的，诸侯的太子按礼只能用少牢五鼎，用七鼎显然是僭诸侯国君之礼。虢太子用七鼎，可推想其父用的就是九鼎，这就是僭用天子的礼数。虢在诸侯国中只是一个小国，虢君在两周之际尚兼王室的卿士，他尚敢僭礼，其他远在王畿之外的大诸侯国君就可想而知了。

进入春秋后，诸侯的违礼僭越行为更是公开化了。比如楚武王曾以武力相威胁，逼周桓王提高他的诸侯等级，遭到拒绝后，就公开地擅自称王。再以朝觐为例。诸侯定时朝会天子，这是诸侯国君起码的义务，但是早在西周夷王之时，已有诸侯不朝会天子之事。春秋以后，诸侯基本上都不朝会天子了，即使间或有之，也是为了某种暂时的需要而进行的。与此相反，倒出现了天子对诸侯进行聘问的情况。在鲁隐公执政的十一年间，周王派宰咺、凡伯、南季三次往鲁聘问；在鲁桓公四年到八年的五年中，周王派宰渠伯纠、仍叔之子、家父三次聘鲁，鲁国却一次都没有派人去王都朝会天子。

按照周礼，诸侯国君死后，继位的儿子在治丧完毕后，必须到王都去朝见天子，天子赐给他表示地位和权力的衣冠和圭璧等礼器，称为“受命”，这表示周王对新君合法性的认可。但是春秋以后，此礼即废，继位的新君不愿再千里跋涉去王都朝见天子，只是派人到王都去“请命”。由“受命”到“请命”，其含义相差很远。如果说“受命”所表示的是诸侯对天子的尊重与服从的话，那么“请命”就含有强行索要的意思。实际上，在春秋时期许多诸侯连这点形式也不要了，不仅不到王室“受命”，而且连派人去“请命”也索性免了。如鲁桓公杀其兄隐公而自立为君，统治了鲁国十八年，直到他死后，其子鲁庄公才派人去向周庄王“请命”。

类似的违礼僭越行为在春秋史上有很多，难怪孔子把春秋看成是“礼崩乐坏”的时期。如果说繻葛之战彻底打击了周天子的权威，使春秋社会出现权力真空、造成诸侯争霸局面的话，那么礼崩乐坏则导致了人们价值观念和道德观念的混乱，在更深的心理层面增加了不安的因素，并且直接导致了旧有秩序的解体。

## 五、郑庄公小霸

活跃在春秋初期政治舞台上的主要有齐、鲁、郑、宋、陈、卫、蔡诸国。齐国在今山东东北部，鲁国在今山东南部，郑国在今河南中部，宋国在今河南东部，陈国和蔡国在今河南东南部，卫国在今河南北部。后来活跃在中原政治舞台上的还有晋、秦和楚三国。但当时的晋国，因为在晋昭侯封桓叔于曲沃之后便陷于长达六七十年的大宗与小宗的斗争，无暇外顾；西边的秦国正与戎人进行战斗，加之其东出的道路为晋国所扼，也没有涉足中原的竞争；南方的楚国虽然也曾对中原各国施以相当的压力，但此时楚国正全力向南发展，对付周围的小国，而且这时楚国在中原诸国的眼中还只是蛮夷之国，还没有进入华夏文化圈。

在这几国中，郑国无疑是这一时期的历史核心。郑庄公时，郑庄公利用他兼任王室卿士的身份，打着王室的牌子东征西讨，颇有“挟天子以令诸侯”的味道。郑庄公的策略是远交近攻，即远交齐、鲁，近攻宋、卫。时宋、卫亦有相当的实力，并不甘心听凭郑国的摆布，郑庄公遂决心以武力压服宋、卫。他除了利用王室的牌子，“以王命讨不庭”外，还尽量争取齐、鲁两国的支持。

郑国与卫国结怨是从段叔之子公孙滑逃奔卫开始的。当时，卫桓公想利用郑国内乱捞些好处，便收留了公孙滑，还打着支持公孙滑的幌子，攻取了郑的廪延（今河南延津）。第二年（前721年）底，郑出兵伐卫，以惩罚卫对公孙滑的支持。次年，周平王死，桓王即位，周、郑关系恶化。郑庄公为寻求支持，便主动到齐国去修好，在齐国的石门（今山东长清西）与齐僖公结盟。

周桓王元年（前719年），宋穆公死。临终之前，宋穆公让自己的儿子公子冯出奔郑国，而把国君之位传给了其兄宋宣公之子与夷，是为宋殇公。公子冯到郑国后，郑庄公以为有机可乘，有把他送回宋国为君的想法。正在这时，卫国发生了内乱。

原来，卫庄公的夫人姜氏没有儿子，便收养了庶妃陈氏所生的公子完。卫庄公另有一个宠妾为他生了一个儿子，名叫州吁，卫庄公爱屋及乌,对州吁非常宠爱,把兵权也交给了他。大臣石碏多次劝卫庄公要抑制野心显露的州吁,但卫庄公不听。卫庄公死后,公子完继立为君,是为卫桓公。卫桓公十六年(前719年),州吁杀桓公,自立为国君。他为了转移本国人民的视线,求得诸侯的支持,便派人挑拨宋殇公说:"如果您想讨伐郑国,杀掉公子冯,永绝后患,那么请以您为主,让我国的军队和陈、蔡两国的军队都追随您,这是我们的愿望。"公子冯虽然已出奔郑国,但毕竟是宋殇公的一块心病,见卫国愿帮助他去掉公子冯,岂有不答应之理。于是在这年的夏天,以宋、卫为主,联合陈、蔡之师攻打郑国。联军一直攻到郑都新郑,包围新郑东门五日,史称"东门之役"。当时宋国刚与鲁国结盟修好,所以宋殇公又派人到鲁国去请求援兵。鲁隐公为公子时,曾与郑人在狐壤打过一仗,结果被郑军俘虏,他对郑庄公是又恨又怕;因此,关于是否出兵,他拿不定主意。后来鲁公子翚强行让鲁隐公同意由他率师加入攻打郑国的联军。这年秋天,宋、卫、陈、蔡、鲁五国联军卷土重来,再次攻打郑国。郑军因为安置在战车前面用于保护战车的步兵被诸侯联军打败,使战车丧失了战斗力,只好眼巴巴地看着诸侯联军把自己刚成熟的庄稼抢走了。

不久,卫国又发生内乱。卫人杀掉州吁,另立新君,是为卫宣公。郑国乘卫国内乱、君位未定之际,在第二年出兵进攻卫国的牧邑,报复卫国。卫国实力不如郑国,只好请南燕(在今河南延津北)出兵相助。郑国在燕军正面摆开三军的阵势,另派曼伯和子元两人秘密地率领大军埋伏在燕军的后面。燕军只注意前面的敌人,没有防备后面的伏兵,被郑人前后夹击,大败而逃。此事过了不久,又发生宋国强占郜国田地之事。郜是个小国,无力报仇。郜君知道宋、郑有仇,就想借郑国之手为自己报仇,于是派人去对郑庄公说:"请君向宋国报仇,敝国愿意为先导。"郑庄公觉得这是一个机会,就用周王室的军队会同郜军一同攻打宋国,攻占了宋的外城。宋殇公派人向鲁国求救。鲁隐公借口宋使没有如实通报情况,没有出兵相救。鲁、宋因此产生了隔阂。郑庄公抓住这个机遇,立即派人到鲁国去改善关系,从此鲁国倒向郑国一边。

宋国实力本不在郑国之下,而且宋殇公也是个好斗之人,郑、郝联合伐宋,宋吃了点亏。宋殇公很不服气,在郑、郝联军撤退之后,就派兵包围了郑的长葛。郑庄公这时正筹划并实施对陈国的战争,没有对长葛采取有力的援助。宋军苦战了大半年的时间,终于攻下了长葛。

在郑与宋、卫的对立中,陈国一直追随宋、卫。郑庄公曾派人到陈国讲和,但陈桓公认为有宋、卫与郑对峙,郑对陈没有办法,拒绝了郑的求和。于是在周桓王三年(前 717 年)五月,郑庄公派军进攻陈国,取得大胜,获得了许多战利品。

鲁国倒向郑国一边,使宋国失去了重要外援,便不愿再与郑这个强敌对抗,双方在第二年秋讲和。接着,陈和卫也同郑讲和,郑与宋、卫的战争算是以郑的胜利暂时告一段落。

郑庄公是一个善于忍耐以寻求时机将对手置于死地的人,对其弟段叔如此,对周桓王也是如此。尽管周桓王上台后一再对郑实行制裁,但郑庄公都忍了,表面上还装着服从的样子。其目的当然是为了保住王室卿士的职位,好以"以王命讨不庭"之名行争霸之实。周桓王六年(前 714 年)底,郑庄公借口宋殇公"不共王职(不去王室朝觐)","以王命讨之",联合齐、鲁在第二年夏天伐宋。鲁军先声夺人,在菅地(今山东单县北)大败宋军。郑军后至,攻取了宋的郜(今山东成武县东南)、防(今山东金乡县西南)二邑。郑庄公把功劳归于鲁,把郜、防二邑送给了鲁。

当郑、鲁、齐三国联军正在紧张攻打宋国之际,宋、卫两国却各派一支军队偷袭郑国的本土。郑庄公闻讯大吃一惊,只得放弃攻宋,火速回师自救。宋、卫见郑军回救,心中不免有些惧怕,就派人联络一向追随宋、卫的蔡国。宋殇公担心蔡国因畏惧郑国而不敢出兵,就以讨伐比邻郑国的小国戴(今河南民权县东北)为饵引诱蔡国出兵。蔡桓侯信以为真,就派出了军队。当抵达戴时,方知是要其攻打郑国。蔡桓侯知道被骗,非常愤怒,便不到郑国与宋、卫会师,而是直接进入了戴国。宋、卫见蔡军不来会师,也畏惧郑军,就移师戴国,与蔡军一同围攻戴。不久,郑军追至戴。由于宋、卫之军与蔡军有了矛盾,士气锐减,因而郑军轻易打败了三国联军,并乘胜追击,尾随宋军进入了宋国。⑦

郑庄公在与宋、卫的争战中再次占据上风之后,便开始对一些不服从他的小国进行讨伐。他先是与齐国联手,攻打了郕国(今河南范县东南)和许国(今河南许昌);之后,又大败自不量力进攻郑国的息国(今河南息县东南);不久,又率领虢国的军队再次伐宋,大败宋军。

宋殇公在位十一年,打了十一次仗,宋国人民被无休止的战争搞得疲于奔命,实在不能忍受下去了。这时,宋太宰华督利用人民对宋殇公的强烈不满杀掉宋殇公,并召回在郑国的公子冯回国即位,即宋庄公。宋庄公长年生活在郑国,具有亲郑倾向,因此即位后就着力改善与郑国的关系。

自宋庄公即位后,宋、卫联盟即宣告瓦解,卫国这时已是孤掌难鸣。周桓王十三年(前 707 年),卫国还曾追随王室军队参加繻葛之战。但繻葛之战的惨败,使卫宣公彻底认识到与郑国对立是多么的不明智,于是立即调整对策,也倒向了郑国一边。到了此时,郑庄公才基本上控制了中原的局势,成了唯一可以领袖中原诸侯的人物。后世学者称郑庄公为"小霸",就是基于这样的情况。

郑庄公在繻葛之战后虽然事实上成了中原诸侯的霸主,但是从严格的意义上讲,郑庄公还不是后世所谓的"霸主"。后世所谓的"霸主",除了为诸侯之长、领袖群伦之外,还必须建立一种新的秩序,以代替被破坏殆尽的周王朝旧有的秩序;建立一个新权威,以代替已威风扫地的周天子的权威;建立一种新的价值观念、道德观念,以代替被抛弃了的周王朝的价值观念和道德观念。但是,郑庄公似乎没有考虑过这些问题。他的所作所为,无非是为郑国、为自己捞些利益而已。

周桓王十九年(前701年),郑庄公去世,郑国陷入了无休止的君位争夺,加之宋国的插手,使郑国的政局更加混乱,郑国从此一蹶不振,代之而起的是东方的大国——齐。

**注释**

① 春秋初期有两个申国,一是南申,一是西申。南申为周所封,初封地不详。《左传》文公八年云:"公婿池之封,自申至于虎牢之竟。"杜注:"申,郑地"。此申地约在今河南荥阳境内(说见陈槃《春秋大事表列国爵姓及存灭表撰异》),很可能是申之初封地。周宣王时,为了加强对南方的控制,周宣王把王室的亲信大臣申伯改封于谢(今河南南阳)。《诗·大雅·崧高》一诗就是歌咏周卿士尹吉甫送申伯就封于谢一事。此申国与周王朝关系一直比较好,只是周幽王废申后及太子宜臼,才引发与申侯的矛盾。申侯一怒之下遂联合缯和犬戎攻入镐京,灭了西周。周平王是申侯之外甥,被废时曾东奔申国避难,后又由申侯等立为天子,所以东迁后周王室与申国仍然保持较好的关系。此申国后来为楚国所灭。

西申即申戎。《竹书纪年》有一条:"明年,王征申戎,破之。"朱右曾《汲冢纪年存真》、王国维《古本竹书纪年辑校》皆定在周宣王三十九年(前789年),其说可信。据此,西申与周王室时有征战。春秋初,此申戎仍活动于关中西部。有学者认为,《扬之水》之"戍申"即戍守此西申(晁福林《霸权迭兴》)。我们认为,《诗·国风·王风·扬之水》之"戍申""戍甫"和"戍许",应是指同一地带。当时楚国已开始威胁中原国家,故平王派王师加强对这里的防卫。而自平王东迁后,周王室就已放弃了宗周故地,更不可能越过宗周去戍守西申之国。因此,平王所戍之申应为"南申"。

②《左传》鲁桓公五年云:"五年,春,正月,甲戌,己丑,陈侯鲍卒,再赴也。于是陈乱。文公子佗杀大子免而代之,公疾病而乱作,国人分散,故再赴。"

③ 关于郑子元所创的"鱼丽之阵"的阵法,《左传》只有"先偏后伍,伍承弥缝"八个字的说明,并不清楚,后人说法亦不一致。杜预《注》云:"《司马法》:车战,二车居前,以伍次之,承偏之隙,而弥阙漏也。五人为伍,此盖鱼丽

阵法也。”张衡《东京赋》中有“鹅鹳鱼丽，箕张翼舒”之语，薛综《注》遂以为“箕张翼舒”即“鱼丽之阵”。谢灵运《撰征赋》中有“迅二翼以鱼丽，襄两服而雁逝”之句，亦是“箕张翼舒”之意。刘文淇在《春秋左氏传旧注疏证》中认为“鱼丽之阵”的阵形是“斜而长”。以上诸说均不得要领。蓝永蔚先生在《春秋时期的步兵》一书中以为“鱼丽”即《诗经·小雅·鱼丽》之“鱼丽于罶”的简称，说：“这显然是把步卒之伍比作鱼，把两车的间隙比作罶，说步卒之伍在车缝之间紧紧掩护着两车的翼侧，就像鱼儿被关在狭窄的罶中一样。极言其步车关系的密切。”“鱼丽之阵的特点就在于，它的步卒的队形采取了环绕战车的疏散配置。”这样的理解基本上是正确的。

④ 现在学者一般认为，周人认识到“男女同姓，其生不蕃”，是周人已知道近亲结婚在遗传学上的不良后果，实际恐非如此。人类脱离原始群团而真正把自己与动物区分开来的第一个婚姻形态就是族外群婚，而这种婚姻形态的出现有多少是出于原始宗教观念，有多少是出于人类对两性繁殖的原始经验，有多少是出自扩大生产联盟的需要，学术界仍有许多看法。无论怎样，族外群婚总是否定“同姓”通婚的第一步，也是最关键的一步。至少在距今五千年的黄帝、炎帝时代，“同姓不婚”就被事实上肯定了。周人特别强调“同姓不婚”，并不是出于繁衍后代的遗传学上的考虑，而是出于政治联盟的需要。周人之所以能打败“大邑商”，靠的正是这种政治联姻。而周初实行大分封，同姓之国占有绝对的多数，这是试图把周王朝变成姬姓的家族。但是，实际上周人又不可能单靠姬姓子弟来统治天下，还得靠异姓诸侯的支持，因而通过政治联姻形成政治联盟就是十分自然的事了。这就是周人强调“男女同姓，其生不蕃”的根本原因。如果说周人已懂得近亲结婚在遗传学上的不良后果，为什么周人不反对姑表亲？实际上不但周人不反对亲近结婚，整个古代社会，中国一直盛行姑表亲。

⑤ 卿大夫的采邑往往有数邑、十几邑甚至数十邑的封土。在采邑内，建有“家庙”，采邑的封君就是这个宗的“宗子”，拥有本宗族的祭礼大权，是精神领袖，同时也是封邑内的最高行政首脑，被称为“主”。他们可以仿照天子或诸侯的行政模式设置朝廷，作为处理政事的最高机关。据《国语·鲁语》记载，鲁季孙氏的朝廷规定了一套制度：季氏作为鲁国的主要执政者，既要在“外

朝”(鲁国公室的朝廷)尽其官职之守,又要在“内朝”(季氏自己的朝廷)管理季氏本族的事务。季公冶是季氏手下的属大夫,他在享有季氏给他的禄位时,就要“立其朝”,参加季氏之政;当他退回禄位之后就可以“不出”,不参与季氏之政。这种关系与大夫对诸侯的关系完全一样。封邑主有自己的武装,如晋国的栾氏、范氏,鲁国的庆氏等,都有自己的私属武装。晋国的郤克因在齐国受辱,要求晋君伐齐,遭到拒绝后,又要求用自己的私属武装去伐齐,可见这种私属武装力量不弱。

⑥《散氏盘》铭文载在周厉王之时,夨人侵散失败,于是夨人割地赔偿,由夨人的有司十五人与散人的有司十人一同划其疆界,并由夨及有关人员盟誓,不再爽约,至以地图交授史正仲农,作为档案保存。此铭文中夨称王号。王国维先生由《散氏盘》中夨、散二国在厉王之世的情形,论及周室的式微,认为南山的古代微国,及周初所建井、豆、□诸国,已被夨、散两国并为领地。天子亲信大臣膳夫克,其分地跨渭水南北,原是岐下强族。鬲攸从也是能自达于天子的人物。而二人皆受胁于散氏,列名有司,失去王臣的地位。夨器的出土,铭文中自称夨王者,除此件外,还有数器。王氏以为周室及渭北诸国,困于猃狁,仅堪自保。夨、散两国,依据南山,无强敌,遂致坐大,于是夨居然在辇毂之下,僭称王号。散人因夨侵轶,而力能使之割地,亦不是弱者。邦畿之内,兼并自如。两国签约,也目无王纪。王氏叹道:“周德之衰,于此可知矣。”(参见许倬云《西周史》)

⑦《左传》鲁隐公十年云:“秋七月,庚寅,郑师入郊。犹在郊,宋人、卫人入郑。蔡人从之伐戴。八月,壬戌,郑伯围戴。癸亥,克之。取三师焉。宋、卫既入郑,而以伐戴召蔡人,蔡人怒,故不和而败。”蔡人怒宋的原因,或说是因为宋、卫在伐郑途中才召其远道伐戴(应永深、王贵民、杨升南著《春秋史话》,中国青年出版社1982年版)。而我们认为,宋、卫两国原本是乘郑国内部空虚偷袭郑国,为什么要召蔡人伐戴呢?以宋、卫两国的兵力难道还不足以讨伐小小的戴国吗?而且蔡国如果是对宋、卫在伐郑途中才召其远道伐戴之事不满,那蔡国为什么还要派军队到戴国呢?既然已经出兵,就不该再与宋、卫闹矛盾。因此,本书采用了一种似乎更合乎情理的解释。

# 第二章 管仲的事迹(上)

## ——脱杻拜相

### 一、齐国的建立

齐国是周王朝最为重要的封国之一,它的开国之君齐太公姜尚是西周初年的传奇式英雄。《吕氏春秋》说他原是“东夷之士”,《史记》也说他是“东海上人”,可见他与东夷(泛指夏商周时期的东方各族)有密切的关系。据说,姜尚曾在商的别都朝歌(今河南淇县)做过杀牛的屠夫,在孟津(今属河南)卖过酒。他生活虽然极其贫困,但关心政事。由于姜尚不满商王朝的残暴统治,便离开了商王朝,来到西边的方国周。当时他已是一个上了年纪的老人。

姜尚知道周国的君主周文王是一个贤明之君,有意帮助他夺取天下,但苦于没有机会接近文王以向他坦陈自己的政见。那时打猎是一种社会时尚,有的人把它当作娱乐休闲的一种方式,而有的人把它视为军事训练的一种手段。姜尚得知周文王也常外出打猎,于是便在文王经常路过的地方垂钓,希望有机会见到文王。

有一天,文王准备外出打猎。当时的人都很迷信,做每件事都要先占卜一下,看看是否吉利。周文王也精于此道,史称他曾被商纣王囚于羑里(商王朝的中央监狱),他在被囚禁期间,“演六十四卦,著七八九六之爻”,这就是《周易》一书的主体内容。占卜的结果,是这次打猎所获“非龙非螭(古代传说的一种动物,蛟龙之属)、非虎非罴(熊的一种),而将获霸王之辅”。

果然,存心寻找贤才的周文王在渭水的北岸遇到了正在垂钓的姜尚。初次交谈,周文王就被姜尚那渊博的知识以及对天下形势精辟的分析所倾倒,高兴得不知怎样表达才好,连连说:“你真是我的太公(指祖父,即古公亶父,周国的创立者)盼望已久的贤才啊!”姜尚因此亦称“太公望”或“姜太公”。

周文王自从得到姜尚的辅佐后,周国的事业便蒸蒸日上,到文王去世,已是三分天下有其二,而这些成绩的取得大都是靠姜尚的谋略。周武王兴师伐纣时,姜尚还亲自率领周国的“虎贲之士”攻打殷军。后来的诗人,怀着十分崇敬的心情刻画了姜太公伐商时威风凛凛的英雄形象:

牧野洋洋,(牧野地方宽又敞)
檀车煌煌,(檀木战车亮堂堂)
驷騵彭彭。(四匹红马多健壮)
维师尚父,(三军统帅师尚父)
时维鹰扬。(犹如雄鹰任翱翔)
凉彼武王,(尽心辅佐周武王)
肆伐大商,(大举兴兵伐殷商)
会朝清明。(一朝天下都明亮)
(《诗·大雅·大明》)

由于姜太公的赫赫功绩,周王朝建立后,即封他为一方诸侯。周成王时,武庚和三监勾结,并联合东夷反叛。周公经过长达三年的艰苦征战才彻底打败叛军。为了有效地控制东方,周公除了封自己于鲁之外,还把原为“东夷之士”的姜太公改封于齐。齐的疆界“东至海(黄海),西至河(黄河),南至穆陵(今山东临朐县南),北至无棣(今山东无棣县北)”,而都于营丘(今山东淄博市北),后迁都临淄。周王室还给予齐国一项特殊的权力,就是“五侯九伯,实得征之”(《史记·齐太公世家》),就是说齐国可以征讨那些不服从周王朝的诸侯。

姜太公不但是一个精于权谋的军事家,而且是一个善于理财的政治家。他到齐国后,修明政事,顺应当地的风俗习惯,简化礼仪,发展工商业,发展渔业、盐业的优势,因此人民多归附齐国,齐很快就成为周王朝在东方的头等大国。

## 二、齐襄公的争霸活动

在西周中后期,周夷王误信谗言造成错误,导致了齐国长时期的混乱。

那时,齐国近邻的一个小国——纪国的国君纪侯向周夷王进谗言,说齐哀公的坏话。周夷王没有认真调查,便把齐哀公抓起来烹杀了。周夷王立哀公的弟弟姜静为君,称为齐胡公,并把齐国的都城从营丘迁到了薄姑(今山东博兴东北)。后来,哀公的胞弟姜山怨恨胡公,于是与其党羽和心怀不满的营丘人偷袭并攻杀了胡公,自立为君,是为齐献公。献公即位后,就把胡公的儿子全部赶走,并再次迁都,建都临淄。到了献公的孙子厉公时,由于厉公的残暴统治,人民生活在水深火热之中,都希望更立新君。这时,有一个被献公赶跑的胡公的儿子悄悄回到齐国,齐国人民怀念胡公,把希望寄托在他的儿子身上,打算以他代替厉公。于是齐国人就同胡公之子一道攻杀了齐厉公。但在混战中,胡公之子也战死了。齐国人只好立厉公之子姜赤为君,是为齐文公。文公即位后,马上进行报复,杀掉了七十个参与攻杀厉公的反叛分子。

齐国由于经历了几十年的动乱,社会发展受到了很大的影响。到春秋初期,齐国虽名为东方大国,但实力并不是很强。齐僖公时,北戎侵犯齐国,齐国抵挡不住,便派人向郑庄公求救。郑庄公派太子忽率领郑军救齐,郑军抓获了北戎大良、少良两位大将,斩获甲士三百人,把戎人打败了。齐僖公为了感谢太子忽,打算把齐女许配给他,但是太子忽拒绝说:"郑国小,齐国大,不相匹配呀!"。可见齐在当时是公认的大国,却不是强国。

齐国成为强国是从齐襄公开始的。

周桓王二十二年(前698年)底,齐僖公去世,太子诸儿即位,是为齐襄公(前699—前686在位)。

自郑庄公去世到齐襄公即位之初,中原无霸主,活跃在政治舞台上的是宋庄公和鲁桓公。宋庄公由于曾在郑庄公的庇护下生活了十多年,因此即位后便采取了亲郑的政策。郑庄公去世后,深受郑庄公宠信的大夫祭仲拥立太子忽为君,是为郑昭公。但是宋庄公横插一脚,派人把祭仲诱骗到宋国并抓了起来,威胁说:"如果你不拥立公子突为君,就杀掉你。"宋庄公还把郑公子突抓了起来,许诺拥戴他为国君,条件是要他即位后用钱财报答。祭仲怕死,便答应更换国君,拥立公子突,还和宋国订立了盟约。宋国之所以要拥立公子突,原因是公子突的母亲是宋人,宋庄公要借此大捞一把。郑昭公得知祭仲因为宋国的要挟要更立公子突的消息后,感到大势已去,便逃到了卫国。公子突顺利地登了上君位,是为郑厉公。

宋庄公在郑厉公即位后便不断来索取财物,郑厉公忍无可忍,便在公元前699年联合鲁国和纪国与宋国开战。宋国也联合了齐国、卫国和燕国一同与郑国作战。结果,宋、齐、卫、燕联军大败。宋庄公不服气,在第二年冬天又联合齐、卫、陈、蔡攻打郑国。郑国这次没有其他诸侯国的支持,结果被联军烧掉了都城的渠门,攻入国都。宋军把郑国祖庙屋顶上的梁木拆掉并运回,做成宋都城卢门上的梁以示炫耀,还夺取了郑国郊区的牛首(今河南通许县东北)。

不久,郑国内部发生了内乱。大臣祭仲虽因拥立厉公有功,大权在握,但他为人很专权,这就引起了精明能干的厉公的不满。郑厉公四年(前697年),厉公计划让祭仲的女婿雍纠在郊区设宴招待他的岳父,趁机杀掉祭仲。雍纠却回家同妻子雍姬商量此事。两边都是亲人,雍姬拿不定主意该帮谁,便去问她的母亲:"父亲与丈夫哪个更亲一些?"她的母亲回答道:"只要是男人都可以成为丈夫,而父亲只有一人,这怎么可以相比呢!"雍姬遂下定决心帮助父亲,就把她知道的情况告诉了母亲,她母亲又告诉了她父亲。祭仲知道此事后,立即把雍纠杀掉,并把尸首丢在城外的水塘里。郑厉公见阴谋败露,恐祭仲加害自己,就载着雍纠的尸体逃到蔡国去了。厉公出逃,昭公乘机回来复位。

这时,宋国又开始支持厉公。在宋国的暗中支持下,厉公不久即潜入郑国南部的栎邑(今河南禹州市),并把栎人鼓动起来,杀掉了栎邑的长官檀伯而占据了栎邑,公开与昭公的政权相对抗。宋庄公联合鲁国、齐国、卫国和陈国一同伐郑,想把厉公强行送回去复位,但失败了。于是宋国又派军队帮助厉公据守栎邑,使郑昭公不敢贸然采取军事行动。

第二年春,宋国又与鲁、蔡、卫在曹开会,商量伐郑,并在这年的初夏一同攻打郑国。此次伐郑持续到秋天才结束,仍然没有结果。

在宋与郑对立期间,鲁桓公起初充当的是调解人的角色,但由于宋庄公的强硬态度,调解失败。鲁桓公感到丢了面子,便转而支持郑厉公,并在周桓王二十年(前700年)亲自率师攻打宋国,却吃了败仗。鲁桓公不甘心,第二年又带着一向追随鲁国的纪国协助郑国与宋、齐、卫、燕联军大战,这次取得了辉煌的胜利。但是,郑厉公出逃,昭公复位后,鲁国同郑国的关系来了个一百八十度大转弯,鲁国加入了以宋国为首的伐郑大营。

齐襄公即位后面临的形势是:南面的鲁国和西面的宋国都是实力较强的国家,较难对付。北面的燕国比较弱,但那不是争雄之地。东边的纪国比较弱小,与齐国又是世仇,齐早就打算把纪灭掉。早在齐僖公时期,齐僖公就与郑庄公以访问纪国为名,想乘机灭掉纪,但是其阴谋被纪人知道了,没有得逞。如果能灭掉纪国,就比较容易把领地拓展到山东半岛的东头,于是齐襄公决定先从纪国下手。但是,纪国与鲁国的关系很密切,纪国的国君娶的是鲁女,而且纪国以前一直追随鲁国参与中原的活动。在郑与宋的对抗中,齐支持宋,鲁支持郑,结果郑、鲁及纪的联军大败宋、齐、卫、燕的联军,这使本来已很紧张的齐、纪关系进一步恶化。因此,齐襄公灭纪计划的第一步就是与鲁修好,尽量使鲁国在齐的灭纪行动中保持中立;同时,加强对纪的压迫。纪在齐国的压迫下只好寻求鲁的保护。而鲁与齐刚修好,不便与齐翻脸,但更不愿看到齐灭掉纪;于是,鲁桓公再次充当调解人,在周庄王三年(前 694 年)春带着纪君到齐国的黄地与齐襄公谈判,并签订了盟约。但是齐灭纪的决心已定,所以"黄地之盟"后仍然加紧对纪的压迫,齐、鲁两国因此翻脸。这年五月,齐入侵鲁。两国在鲁的奚地开战,结果鲁军战败。

鲁桓公自奚地之战失败后,再不想与齐为敌,于是在第二年春天就主动带着夫人姜氏到齐国的泺水与齐襄公会谈修好,之后又一同到了齐的国都临淄。没想到,鲁桓公却因此行而命丧黄泉,惨死齐国。

原来,鲁桓公的夫人文姜是齐襄公同父异母的妹妹,在嫁给鲁桓公之前,早已与齐襄公私通。文姜到了齐国后,又与齐襄公私通。鲁桓公知道了这事,就责骂文姜。文姜把鲁桓公已知他们通奸的事告诉了齐襄公,齐襄公恼羞成怒,决心杀死鲁桓公,便在四月的一天假意设宴招待鲁桓公,把鲁桓公灌醉后,就让大力士公子彭生抱桓公上车,彭生乘机拉断了鲁桓公的肋骨,鲁桓公死在车中。

继立的鲁庄公当时只有十二三岁,当然做不了什么事,他的母亲文姜又是齐襄公的情人,也不可能支持鲁国向齐复仇。所以鲁国的君臣虽然痛恨齐襄公,却不敢向齐报复,而是派人到齐国对齐襄公说:"我们的国君畏惧您的威严,所以不辞辛苦老远跑到齐国来修好,事情办成了,人却没有回去。我们不敢把这事看成是您的罪恶,请求杀掉凶手彭生。"齐襄公也乐于逃避罪责,于是把公子彭生杀掉以向鲁人谢罪。

鲁君被齐人害死,鲁人尚不敢复仇,当然更不会在纪国的问题上同齐大动干戈。纪国失去了鲁国这一强大的后援,就只有任齐宰割。

第二年,齐襄公就勒令纪国把郱、鄑、郚三邑的居民迁走,齐国强占了这些地方。到齐襄公七年(前691年),纪国就在齐国的压迫下发生分裂。纪君的弟弟纪季为了保存自己的产业,就带着自己的封邑——酅邑归附齐国,做齐的附庸。

眼看纪国将亡,纪君再次向鲁求救。鲁国的君臣经过一番商量,打算救纪,但又惧怕齐国,所以计划联合郑国一同出兵。鲁庄公跑到滑地准备同郑君会面,郑君却以国有内乱为借口拒绝同他见面。鲁庄公不得已,只好单独出兵,但终因畏惧齐国,只是屯兵于鲁国的边邑——郎(今山东鱼台东北)以观望。第二年,齐出兵伐纪,纪国无力抵抗,纪国之君又不愿向齐投降,于是把纪国移交给已投靠齐国的弟弟纪季,自己逃亡出去。纪季接管纪国后,双手把纪国献给齐襄公,纪国灭亡了。

鲁庄公目睹齐国把受自己保护的纪国灭掉了,却也无可奈何,还忍气吞声地跑到齐国的郜地会见齐襄公,并陪同齐襄公打猎,以缓和齐、鲁之间紧张的关系。

齐襄公在灭纪国、拓展在山东的领土的同时,也积极参与对中原的活动。齐襄公元年,郑厉公出奔蔡,后入居栎邑,郑昭公复位。齐国因为郑昭公曾拒绝与齐联姻就站在郑厉公一边,随同宋、鲁等国一道伐郑。

不久,郑国又发生了内乱。郑昭公还是太子时就不喜欢大夫高渠弥,当他父亲庄公决定任命高渠弥为卿并参与执政时,他就坚决反对。但庄公不听,坚持用高渠弥。昭公复位后,高渠弥深感不安,怕昭公把他杀掉,便先下手为强,在郑昭公二年十月辛卯这一天,乘与昭公一同外出打猎之际,把昭公射死于野外。祭仲和高渠弥都不敢迎厉公复位,于是立公子亹为君。

齐襄公想干预郑国的事务,就在第二年的七月召集诸侯在卫国邻近郑国的首止(今河南睢县东南)开会。公子亹在齐襄公为公子时曾与他打过架,是仇敌,所以祭仲劝公子亹不要参加“首止之会”。公子亹回答说:“齐国现在很强,而且厉公还占据栎邑,如果不去开会,齐国就会以此为借口率领诸侯讨伐我,把厉公送回来复位。我还不如去看看,去了并不一定就会被侮辱,当然更不会出其他问题了。”于是,公子亹决定去参加“首止之会”。足智多谋的祭仲担心齐人把他们一起杀掉,便装病没有去。公子亹到了首止后,也不向齐襄公赔礼道歉。齐襄公是个霸气十足而且做事从不考虑后果的人,见公子亹并不低声下气地向他道歉,恼羞成怒,便在会场上预先埋伏武士,把公子亹杀掉了。高渠弥侥幸逃脱,回到郑国后即与祭仲商量,把公子亹的弟弟公子仪(又名子婴、婴次)从陈国迎回立为国君。[①]

齐襄公在位期间,还曾干预卫国的事务。卫国的宣公(前718—前700在位)是个荒唐的君主,即位后就把他父亲的年轻的庶妃夷姜收作自己的妻子。他喜爱夫人夷姜,就立夷姜的儿子伋(一作“急”)为太子,而令右公子职(右媵妾所生的儿子)教导他。右公子为太子伋娶齐国的女子为妻,还未正式成婚,宣公见儿媳长得楚楚动人,十分漂亮,非常喜欢,就夺过来作为自己的妻子,而重新为太子娶了一个妻子。后来,齐女为宣公生了两个儿子,即公子寿和公子朔,宣公令左公子泄(左媵妾所生之子)教导二人。卫宣公有了新欢,就把夷姜冷落一边,失宠的夷姜不久即自缢而亡。宣公的正夫人宣姜和公子朔趁机勾结起来说太子伋的坏话。而宣公自从夺了太子伋的妻子后,做贼心虚,对伋也怀有戒心,已有废伋之心。所以,当宣公听到二人的谗言后,就深信不疑,大怒之下,决定害死太子伋。他令太子伋出使齐国,并给太子伋一柄代表使节身份的白旄,同时又暗中招来一个刺客,让刺客在卫国的边界刺杀持白旄的太子伋。太子伋正要出发,公子朔的同胞兄弟(也是太子伋同父异母的弟弟)公子寿同情太子伋,便把宣公的阴谋告诉了他,并劝他不要到齐国去。但是太子伋回答说“违背父命而求活命,这事决不行”,坚持要走。公子寿见太子伋坚持要行,在饯别之时灌醉了太子伋,并偷了太子伋的白旄,抢先跑到边界。刺客见公子寿持有白旄,以为是太子伋,把他杀掉了。不久,太子伋也到了边界,并遇到了刺客。一心求死的太子伋对刺客说:“你受命杀的人应该是我。”刺客这才知道杀错了人,于是把太子伋也杀掉了。宣公得知太子伋被杀,就立公子朔为太子。宣公去世后,公子朔被立为国君,是为卫惠公。

卫惠公害死太子伋而得以继立为君,左公子泄、右公子职皆愤愤不平。他们在惠公四年(前 696 年)十一月联合作乱,攻打惠公,并立太子伋的弟弟黔牟为君。因为惠公之母是齐女,所以惠公逃到了齐国,齐襄公收留了他。第二年春,当鲁桓公带着纪君到齐国来谈和时,齐襄公还同他们商量了卫国的事情,打算帮助惠公回国复位。但不久,齐、鲁因纪国之事而翻脸,以至大动干戈,第二年,齐襄公又害死了鲁桓公,以后又灭纪及干预郑国之事,杀郑公子亹,遂把这事搁置起来了。

到齐襄公九年(前 689 年)冬,齐襄公以周庄王的名义,率领鲁、宋、陈、蔡等国一同伐卫,周庄王却派王子突率师救卫。第二年六月,以齐为首的诸侯之军攻入卫国,杀掉了左公子泄和右公子职,卫君黔牟逃到周王那里,惠公复位。卫惠公为了感谢齐襄公,拿出了许多贵重礼物送给他。后来,与齐襄公私通的鲁庄公之母文姜想要这些东西,襄公就声称在这次伐卫的军事行动中,鲁国功劳最大,就把礼物转送给了鲁国。

齐襄公在中原的活动中,确实有些霸主的味道,却处处露出他挟私报复的狭隘心胸。总的来看,齐襄公在当时的政治舞台上还算是有点作为,是唯一可与郑庄公媲美的人物。然而,齐襄公却将国内事务搞得一塌糊涂,史称其“将鲁桓公灌醉杀死,与鲁夫人通奸,还屡屡杀罚不当,沉迷女色,多次欺侮大臣”。对齐襄公的倒行逆施,齐国一些有识之士深感不安,他们已预感到齐国迟早会有祸乱发生,并已开始事先商量对策。

在这些有识之士中,就有管仲、鲍叔和召忽。

## 三、齐襄公被弑

管仲又名管敬仲,字夷吾,颍上人,姬姓后裔。对他的家世我们所知不多,只知他的父亲名叫管山,管氏家族原来可能是贵族,后因家道中落,降为平民。[②]《史记·管晏列传》司马贞《索隐》引《吕氏春秋》佚文说管仲早年"有母而贫",战国后期的姚贾说他是"其(齐)鄙之贾人,南阳(指泰山以南,汶水以北地区)之弊(蔽)幽"(《战国策·秦第五》)。他也自称"尝为圉人(掌管养马放牧的低级官员)"(《管子·小问》)。管子的生年也不详,从《管子·大匡》的第一段记载来看,他大约生于齐僖公初年(前730年),卒于齐桓公四十一年(前645年),活了八十五岁[③]。

管仲在青少年时代生活在社会下层,很不得志。他曾经为"圉人",替人牧马,后来同好友鲍叔一同在南阳经商。管仲经常欺侮鲍叔,赚了钱,总是要多分一些。鲍叔知道管仲家里很贫困,更需要钱来养家糊口,从不与他计较。他们做生意时,多由管仲来策划、筹算;但他们失败的时候多,赚钱的时候少,《说苑》说管仲"三辱于市",就是指此。而鲍叔也不认为是管仲愚笨,把经商失败看成是"时有利不利"的原因。后来管仲出去求仕,但都是没多久就被辞退了。鲍叔也不认为是管仲无能,而认为是生不逢时。管仲还当过兵,但打仗时总是逃跑在先。鲍叔也不认为是管仲怯懦,而认为是由于管仲有老母在堂,管仲要保全性命来奉养老母。总之,鲍叔认定管仲是个有大才能的贤人,对他的所作所为都非常支持。可以说,鲍叔非常崇拜管仲。

齐僖公(前730—前698在位)有三个儿子,长子诸儿(即后来的齐襄公),次子公子纠,幼子公子小白。当时管仲和召忽被任命为公子纠的“傅”,即老师。后来齐僖公又让鲍叔为小白之“傅”,负责教导小白。但鲍叔认为辅佐小白不会有什么前途,便拒绝了,还假装生病不出门。

管仲邀召忽一同去看望鲍叔,问道:“为什么不出来做事呢?”鲍叔推心置腹地说:“先人说过,没有比父亲更了解儿子的,没有比君主更了解臣下的。现在国君知道我不能干,所以才派我做小白的傅,我不想干了。”

召忽同情地说:“您如果坚决不干,就不要出来,我暂时向国君保证说您快死了,就一定能把您免掉。”鲍叔感谢说:“有您这样做,那就没有做不到的了。”

管仲不同意鲍叔的看法,他说:“不行。主持国家大事的人,不应该推辞工作,也不应该贪求空闲。将来真正掌握政权的,还不知道是谁呢!您还是出来干吧!”

召忽也对小白没有信心,他不同意管仲的意见,说:“不行。我们三人对齐国来说,好比鼎的三足,去掉一足就立不起来。我看小白必定不会继承君位。”

管仲见鲍叔、召忽都对小白没有信心并认为小白不可能继承君位,颇不以为然。他分析说:“我看不对。人们因为憎恶公子纠的母亲,必然会连累到公子纠本人,却会同情没有母亲的小白。公子诸儿虽然年长,但品质卑劣,前途如何还不一定。看来将来能安定齐国的,除了公子纠与公子小白两人,恐怕不会再有别人。公子小白虽然不会耍小聪明,而且性格急躁,但是能把握大方向。除了我管夷吾,无人理解、容忍公子小白。如果不幸有一天上天降祸加灾于齐国,公子纠就算能立为君主,也不会成就什么大事。那时不靠您鲍叔出来安定国家,还将靠谁呢?”

召忽是个耿直之人,他对齐僖公之后的政局非常担心,忧心忡忡地说:“国君百年之后,如果有违君命而废掉我所拥立的公子纠,夺去公子纠的君位,就算他得了天下,我也不愿活着辅佐他。何况我参与了我们齐国的政事,那么接受君主的命令而不折不扣地执行、一心一意帮助我所拥立的公子并保证他不被废除,这就是我义所当为的事情。”

管仲是个注重大局而不拘小节的智者,当然不会赞同召忽这种愚忠思想。他说:“我作为人君的臣子,是受国君之命为国家主持宗庙的,岂能为公子纠而牺牲自己?我只有在国家破、宗庙灭、祭祀绝的情况下才会去死。除了这三种情况,我就要活着。”停了停,管仲又非常自信地补充说:“只要我管夷吾活着,就会对齐国有利;如果我管夷吾死了,就会对齐国不利。”

鲍叔听二人把话题扯开了,忙插进来问道:“那么我到底该怎么办?”管仲回答说:“您接受委任就是了。”鲍叔同意了,马上就出来接受命令,担任了公子小白的“傅”,辅佐小白。

管仲、召忽和鲍叔三人还相互约定,无论将来是公子纠或公子小白做君主,他们三人都要相互引荐。④

鲍叔担任了公子小白的“傅”后,心里没有底,又找管仲商量,问他:“我该怎样做工作呢?”管仲回答说:“作为人臣,如果对君主不尽心竭力,君主就不会亲信。君主不亲信,则说话就没分量。说话没分量,那国家就不能安宁。总而言之,侍奉君主,不可存有二心。”鲍叔表示非常赞同。

后来齐僖公去世,公子诸儿继立为君,是为齐襄公。由于齐襄公倒行逆施,鲍叔、管仲等人已预感到齐国将发生内乱,于是鲍叔先带着公子小白出逃到莒国以避祸⑤,而管仲和召忽则留下来观望局势的发展。

不久,齐国果真发生了内乱。

齐僖公有个同胞弟弟叫夷仲年,夷仲年的儿子公孙无知很受僖公的宠爱,其衣服和礼数都享受与太子诸儿一样的待遇。心胸狭窄的诸儿因此很不高兴,即位之后,立即削掉了公孙无知的俸禄和特权,引起了公孙无知的不满。

齐襄公十一年(前687年),襄公派连称、管至父两人去戍守国都临淄西边的葵丘。二人问何时可以回来,襄公正在吃瓜,便顺口说:"现在正是瓜熟的季节,到明年瓜熟的季节就派人把你们换回来。"这本是一句搪塞的话,到第二年瓜熟的时候,襄公早已把他的许诺忘得干干净净,没有派人去换防。二人提醒襄公曾经许过的诺言,请求派人接替,结果被襄公拒绝。二人非常愤怒,就准备作乱,并和公孙无知勾结,公孙无知就成了他们的首领。

连称有位远房的妹妹是齐襄公的妃子,却不得宠。连称就找她做内应,让她探知襄公的行动以便找机会下手,还许诺说:"若事成功,就立你为公孙无知的正夫人。"

齐襄公十二年(前686年)十二月,襄公到姑棼(即薄姑,今山东博兴东北)去游玩并到贝丘(或作"沛丘")打猎。连称的堂妹把这事通知了公孙无知一伙,公孙无知等人决定在此下手。

齐襄公在贝丘打猎时,见到一只野猪,侍从们骗他说:"这是公子彭生。"襄公害死鲁桓公,却让彭生做了替罪羊,心中不免内疚,听说是公子彭生,心中大怒,呵斥道:"彭生怎么敢来见我!"于是,就用箭射它。这只野猪却像人一样地站着哭叫起来,心怀鬼胎的襄公害怕得从车上掉了下来,扭伤了脚,又丢了鞋子。回到行宫后,襄公向主管鞋子的侍从费(或作"茀")要鞋子。费没有找到,暴虐的襄公就用鞭子打费,打得费浑身是血。费跑了出来,在大门外遇到公孙无知、连称、管至父等一群叛贼,被捆了起来。公孙无知等审问费。费说他是襄公的仇人,还脱掉衣服让他们看刚被襄公打伤的背。公孙无知等人这才相信他不是襄公的亲信,便让他带路一道进宫去捉襄公。费说:"你们不要硬闯,如果硬闯惊动了守卫,那就不容易进宫了。"于是,公孙无知等人让费先进去,其余人都待在宫外。

费进入宫里,立即把公孙无知等叛贼正要入宫捉襄公的消息告诉了襄公和侍卫,并把襄公藏了起来。公孙无知等人久等不见费出来,心中害怕,便强行攻入宫中。费与襄公的侍从同公孙无知等人拼杀,全部战死。这时,有个叫孟阳的人见公孙无知等已攻入宫中,就冒充齐襄公躺在床上。叛军先以为是襄公,把他杀掉了。后才发现不是襄公,又到处搜查。这时,叛军忽然在门下发现一只正在发抖的脚,拉出来一看,正是齐襄公,于是把他杀掉了。随后,公孙无知被拥立为新君。

## 四、鲍叔辞相荐管仲

管仲得知公孙无知等人杀掉齐襄公、自立为君的消息后,立即同召忽带着公子纠逃到了鲁国。第二年春,刚刚坐上君主宝座的公孙无知就被大夫雍廪杀掉,齐国一时出现无君的情况。

鲁国在齐襄公之时,受尽了齐国的欺凌,鲁庄公早就想出这口气了。只是齐大鲁小、齐强鲁弱,鲁国奈何不了齐国,加之鲁庄公的母亲又是齐襄公的情人,当然不会让鲁国与齐国对立。而鲁庄公即位时,只有十二岁,还是孩童,对政局当然不会有什么影响,掌握鲁国权力的是他的母亲和一干卿大夫。

这时,鲁庄公已是二十岁的“初生牛犊”,自有一种“不畏虎”的刚烈个性。而鲁国的政权他也能够控制,不再受制于其母。所以,当齐国发生内乱之时,鲁庄公就积极干预,想把鲁国女子生的公子纠推上齐国君主的宝座。在雍廪杀公孙无知不久,鲁庄公就召集齐国的部分卿大夫到鲁国的暨(今山东兰陵西北)紧急磋商,打算把公子纠送回齐国为君,还订立了盟约。

很快,管仲、召忽等人就护卫公子纠回到了齐国。

但是,实际执掌齐国大权的是国、高二氏。而公子小白从小就与高氏家族的高傒十分要好,所以在鲁庄公与齐国诸大夫还在暨地进行磋商时,国、高二氏就悄悄地派人到莒国请公子小白回国为君。

当使者向小白转达了国、高二氏的主意后,小白却沉吟不决。鲍叔催促他说:“还不赶快回去吗?”小白摇摇头说:“不行。管仲智谋过人,召忽武艺超群,有他们在,尽管国人召我回去,恐怕还是回不去的。”鲍叔说:“如果管仲的智谋能发挥出来,齐国为什么还会乱?召忽虽然武艺超群,岂能单独对付我们?”小白还是很担心,他说:“管仲虽然没有发挥其智谋,便毕竟不是没有智谋的人;召忽虽然得不到国人支持,但他的党羽还是足以加害于我们的。”鲍叔坚持要小白回去,他说:“国家一乱,智者也无法搞好内政,朋友也无法搞好团结,国家完全可以夺到手。”于是不管小白是否同意,鲍叔立即命令驾车出发,莒国也派了几十乘兵车护送。

鲍叔把小白拉上车后,亲自为他驾车向齐国急驰。但小白坐在车上还是犹犹豫豫的,他说:“管仲和召忽两人是奉君令行事的,我还是不可冒险。”小白说着就要下车。鲍叔见小白要下车,非常着急,想拉住他,但两手忙于驾车,腾不出来。于是,他也顾不得什么君臣礼节,用靴子挡住小白的脚说:“事如成功,就在此时;事如不成,就由我牺牲生命,您还是可以保住性命的。”于是,他们继续前进。

到了齐都临淄的城郊后,鲍叔把同行的三十辆战车重新部署,以二十辆战车在前、十辆在后,前后照应,以免被伏击。鲍叔对公子小白说:“他们一伙虽然对我们这些追随您的随从心怀戒惧,但肯定会认为我是罪魁祸首,绝不会容忍我。如果事情不成,我便在前面阻塞道路,挡住追兵。”接着鲍叔对随从们发誓说:“事情成功,都听我的命令;事情如果不成,能使公子免祸为上,牺牲自己为下。我用五辆战车拦住道路,协助公子逃跑。”

宣誓完毕,鲍叔一马当先,冲进了齐都,在国、高二氏的帮助下驱逐了公子纠。在混战中,精通箭法的管仲射中了小白的带钩。小白装死,骗过了管仲,而管仲忙于同小白的随从格斗,也来不及仔细检查,因此小白得以保住性命。后来小白一伙获胜,管仲、召忽护卫着公子纠又逃到鲁国。[6]

鲁庄公与齐大夫订立盟约把公子纠送回齐国以后,就以为事情已经了结,只想着以后如何从齐国得到好处,哪里会料到公子小白会在国、高二氏的支持下杀回齐国,赶走公子纠,正式即位为君。鲁庄公只恨自己当初疏忽大意,没有派军队协助公子纠,使公子纠势单力薄,眼看就要到手的国君之位被小白捷足先登。他越想越气,越想越咽不下这口气,于是决定再次伐齐,乘齐国新君即位伊始、国内尚不安定、君位未稳之际,把公子纠强行送回去即位。

这年(齐桓公元年,前685年)秋天,鲁军进兵到了齐国的乾时(今山东桓台县南)。齐国也发兵迎战鲁军,双方在这里展开激战。结果鲁军大败,鲁庄公的战车也被齐人缴获了。鲁庄公弃车而逃,齐军紧追不舍,眼看鲁庄公就要成为齐人的俘虏。在这紧急关头,幸亏鲁国的两名武士秦子、梁子打着鲁庄公的旗号把齐军引开,鲁庄公才得以乘着驿车逃回鲁国,而秦子、梁子二人却成了齐人的俘虏。

乾时之战后,公子小白即位,是为齐桓公(前685—前643在位)。

齐桓公在乾时之战打败鲁军,即位为君以后,就准备委任功劳最大的鲍叔主持齐国的大政。鲍叔却乘机推荐他的好友管仲,他说:"我只是您的庸臣。国君要加惠于我,使我免于饥寒,就算您的恩赐了。至于治理国家,则非我所能胜任,只有管夷吾才行。我有五个方面不如管夷吾:宽惠爱民,我不如他;治国不失权柄,我不如他;忠信以交好诸侯,我不如他;制定礼仪以示范于四方,我不如他;披甲击鼓,立于军门,使百姓勇气倍增,我不如他。管仲,好比人民的父母,您想管理好儿子,就不可不靠他们的父母。"鲍叔还说:"得到管仲和召忽,国家就安定了。"

齐桓公反对说:"管仲和召忽是我的仇人啊!管仲用箭射我,幸好只射中了带钩,不然我将命归黄泉,我能用他吗?”

鲍叔解释说:“他也是为了自己的君主才这样做的。您只要赦免他的罪,让他回国,他将同样为您效劳。”鲍叔接着把他与管仲、召忽以前的谋划告诉了齐桓公。齐桓公这才知道,鲍叔之所以肯辅佐他,全是管仲的计谋,于是对管仲的仇恨不由得消了一大半。他早就知道管仲的才能,这时又有鲍叔的极力推荐,便决定不计前嫌,召回管仲、召忽。他问鲍叔:“那么,能得到他们吗?”

鲍叔回答说:“只要快快召回,就能得到。迟了,恐怕就得不到。因为鲁国的谋臣施伯知道管仲的才干,他会献计让鲁国国君把大政交给管仲。管仲如果接受,鲁国就知道如何削弱齐国了;管仲如果不接受,鲁国知道他要回到齐国,就一定会把他杀掉。”

齐桓公听鲍叔这么一说,不由得担心起来。他问鲍叔:“那么,管仲会不会接受鲁国的政务呢?”

鲍叔肯定地说:“不会接受,管仲不愿为公子纠而死,就是为了安定齐国;若接受了鲁国的政务,那就是削弱齐国了。管仲对齐国忠心不二,虽然明知要死,但不会接受鲁国的政务。”

齐桓公对管仲还是有些不放心,又问鲍叔:“他对于我,也会忠心不二吗?”

鲍叔回答说:“他不是为了您,而是为了齐国历代的君主。毋庸讳言,他对您当然不如对公子纠更亲近,对公子纠他都不肯死,何况是您呢?您若想安定齐国,赶快把他接回来吧!”

齐桓公性格比较急,这时恨不得马上就把管仲、召忽接回来,但又怕鲁人已杀掉了他们,焦急地问鲍叔:“恐怕时间来不及了,怎么办?”鲍叔分析说:“施伯的为人,聪敏多智但是胆小怕事,您若不快一点行动,他害怕得罪齐国,一定会杀他们的。”齐桓公表示同意,并派鲍叔亲自去办这件事。

当齐桓公和鲍叔正在商议如何得到管仲的时候,鲁庄公也在与谋臣施伯商量如何处置管仲。施伯向庄公建议说:“管仲为人足智多谋,只是事业未成。现在他在鲁国避难,您应该委之以鲁国的大政。他若接受,就可以削弱齐国;他若不接受,就杀掉他。杀掉他来向齐国讨好,表示与齐国同仇敌忾,这比不杀他更好。”鲁庄公同意了。

但是,鲁国还没有找管仲谈这事,鲍叔作为齐使已来到了鲁国。

乾时之战,鲁庄公虽然只身逃回了鲁国,但鲁军被齐军抄了后路,进退维艰,十分危急,鲁国这时只好委曲求全,听命于齐国。鲍叔对鲁庄公说:“公子纠是我们国君的亲人,我们不好动手,请您替我国杀掉。”鲁庄公于是令人杀掉了公子纠。

鲍叔又提出:“管仲、召忽,是我国的叛贼,现在在鲁国,我君想活捉他们,然后亲自杀掉。如果得不到他们,那就表明国君您和我国的叛贼站在一起了。”

鲁庄公又找施伯商量,施伯说:“不要交回。齐国不是要杀他们,而是想用他们为政。管仲是天下的贤人,是大才。楚国用他则楚国得志于天下,晋国用他则晋国得志于天下,狄国用他则狄国得志于天下。现在齐国要是得到他,将来必为鲁国之患,您何不把他杀掉而把尸体交给他们呢?”

鲁庄公觉得这是一条妙计,立即表示赞同,准备把管仲杀掉。鲍叔知道后,心中大惊,马上找到鲁庄公威胁说:“在齐国杀人,是杀齐国的犯人;在鲁国杀人,是杀鲁国的犯人。我们国君是想得到活的,在齐国处死他,是为了教育群臣。若得不到活的,就等于您和我国的叛贼站在一起了,这不是我们国君所希望的,恕我不敢从命。”

鲁庄公又和施伯商量,胆小的施伯改变主意说:“我看还是把管仲、召忽交给他们。我听说齐君的性子急而且颇为骄傲,虽然得到像管仲这样的贤才,但不一定真能用他。如果齐君真能用他,管仲的事业就会成就。管仲是天下的大圣人,现在回齐国执政,天下都将归顺齐,岂独鲁国?现在如果杀掉他,他可是鲍叔的好友,鲍叔势必全力为他报仇。假如鲍叔借此与鲁国作对,您一定受不了,还不如把他交给齐国算了。”⑦

鲁庄公犹豫了一会,最后还是决定把管仲和召忽交给齐国人。当鲁人把管仲和召忽捆绑起来塞进囚车准备出发时,管仲问召忽:“您害怕吗?”召忽回答说:“怕什么?我不早死,是等待国家平定。现在国家既然已平定了,如果让您执政齐国,也一定会让我执政齐国。但是,杀掉我君公子纠而用我身,是对我的双重侮辱。您做生臣,让我做死臣好了。我召忽既已明知将为齐国的执政而求死,公子纠可以说有死事的忠臣了;您活着帮助齐国称霸诸侯,公子纠可以说有生臣了。死者完成德行,生者完成功名,死名与生名不能兼顾,德行也不能兼得。您努力吧,生死在我们两人是各尽其分了。”

鲍叔看到好友管仲手脚被捆绑着,眼睛被胶涂着,披头散发,不由得心酸,大声哭了起来。施伯见鲍叔痛哭,知道他是在怜悯管仲,回齐国定要保全管仲的生命,不禁大声笑了起来。鲁国的大夫们不解地看着他,施伯收了笑声,感叹道:“管仲一定不会死。以鲍叔之仁,不会杀戮贤人,他是懂得利用贤人来帮助自己成就功业的。鲍叔辅佐小白进入齐国而得到了齐国。鲍叔与鲁国一战,使鲁军败退,他的功劳实在是太大了。无论是得天之助与失天之助,他都一样地恪尽人事。现在鲁国害怕齐国,杀了公子纠,用囚车送管仲和召忽回齐国。鲍叔看到无后顾之忧,一定会帮助管仲,请求国君重用他,以显其定齐之功。人们也一定会称他有德。如果说为国而死的功,算不上是最大的功,那么,彰显管仲这个活人的功,将会怎么样呢?这样,宣扬管仲之德并让他执政,鲍叔的计谋是不会落空的。”

鲍叔既得管仲和召忽二人,怕鲁庄公反悔,便让士卒推着囚车先行。管仲知道回齐国后要用他,怕再落入鲁人的手中,就编了一首歌教推囚车的士卒唱。士卒边走边唱,也不觉得累,很快就出了鲁国的国境,到了齐国。果然,管仲等人走了不久,鲁庄公又后悔起来,派公子偃来追,但为时已晚。一入齐境,志在必死的召忽就自杀了[8]。

由于赶路赶得太急,管仲等人又饥又渴。路过绮邑时,管仲向绮邑的封人(地方长官)讨吃的。绮邑的封人很有些政治头脑,他知道管仲是个人才,齐君最信任的鲍叔又是他的好朋友,此行回国,齐君不会杀他,很可能还会委以大任。因此,当管仲向他讨食时,他不仅拿出了最好的食物,而且态度相当恭敬,甚至跪着给管仲进食。饭后,绮邑的封人自认为有恩于管仲,就悄悄地对管仲说:"如果您到齐国而侥幸免于死罪,被齐君重用,那时你将何以报答我?"管仲回答说:"如果像您所说,齐国用我来执掌政权,那是我的贤德被任用,是我的才能被使用,是我的功劳被人承认罢了,我根据什么来报答您呢?"绮邑的封人听了这话,悻悻而去。

管仲一行到了齐国的堂阜(今山东蒙阴西北)后,鲍叔才把管仲放出囚车,还为他举行了除灾仪式,让他沐浴三次以洗掉身上的晦气。到了国都,齐桓公亲自到郊外迎接。管仲因为自己是个囚犯,就垂下帽缨,掩着衣襟,还让人拿着斧子站在背后。桓公三次下令让执斧人离开,执斧人才退下。桓公对管仲说:"你已经垂下帽缨、拉下衣襟,这样谢罪也就够了。寡人(当时诸侯国君皆自称"寡人")准备正式接见你。"管仲叩头再拜说:"承蒙您的恩赐,我就是死在黄泉,也不朽了。"桓公便与管仲一道进入国都,在祖先的庙堂上正式接见了管仲。

## 五、庙堂陈谋

齐桓公是个性急的人,一得到管仲,马上就向他请教为政之道。他说:"从前我们齐国的先君襄公,筑高台,修广池,耽乐饮酒,不理国政;鄙视圣贤,侮慢士人,只知宠爱女色;九妃六嫔,侍妾数百之多;食必粱肉,衣必文绣,而战士挨饿受冻;战马的补充等待的是游车用过的老马,战士的给养使用的是侍妾食用后的剩余;亲近歌舞、杂技艺人而疏远贤良大夫,所以国家不能日新月异地发展。我真担心有宗庙无人打扫、社稷无人祭祀的一天。请问该怎么办呢?"管仲回答说:"从前我们的先王周昭王和周穆王效法文王、武王的远迹,以成其名。集合高年硕德的人,考察人民当中表现好的,立典型以为模范。准备有格式的表卷,让人民原原本本地填写。然后用赏赐鼓励好人,用刑罚惩治坏人,治理人民始终如一。"桓公听到这里,很感兴趣,进一步向他请教治国之方。管仲提出了一连串的治国方案,桓公听后,佩服得五体投地,这才真正明白为什么鲍叔会如此崇拜管仲。于是,桓公立即任命管仲为齐国的大夫,并委以齐国之政。

当时,齐国刚经历了将近一年的内乱,局势仍不稳定。于是,齐桓公又召见管仲请教安邦之策。桓公问道:"国家能够安定吗?"管仲回答说:"您能建立霸业,国家就能安定;建立不了霸业,国家就不能安定。"桓公想的,就是如何尽快地稳定齐国、稳定君位,至于建立霸业之事,他连想也没想过。于是他略带不满地说:"我不敢有那么大的雄心,只求国家安定就成了。"管仲坚持要谈建立霸业的事,桓公还是说:"我不行。"管仲气愤地向桓公请求辞职,他说:"国君您免我于死,是我的幸运。但我之所以不死节于公子纠,是为了把国家真正安定下来。国家不真正安定,要我掌握齐国的政事而不死节于公子纠,我是不敢接受的。"管仲说完就走了出去。刚走到大门口,桓公又召管仲回来。管仲回来后,桓公流着汗说:"如果你一定要坚持,那我就努力图霸吧!"管仲躬身再拜,起来后说:"今天您同意完成霸业,那我就可以秉承君命执掌齐国大权了。"

齐桓公并不是不想称霸诸侯、号令天下,而是他知道自己缺点太多,没有信心。据说,他在委政于管仲的第三天,就曾推心置腹地与管仲讨论过他的缺点会不会影响他争夺霸主的问题。

这天,桓公找到管仲,问他:"寡人有三大缺点,还能把国家治理好吗?"管仲说:"我还不知道您到底有哪些缺点。"桓公说:"寡人不幸,喜好打猎,黄昏还要到薮泽野地打猎,直到田野静寂,不见野禽以后才回来。诸侯的使者不得当面致意,百官也无从当面汇报。”管仲说:“这虽然不是一件好事,但还不是最要紧的。”桓公又说:“寡人嗜好饮酒,夜以继日,诸侯使者不得当面致意,百官也无从当面汇报。”管仲说:“这虽然也不是一件好事,但也不是最要紧的。”桓么又说:“寡人还有一件污行,就是不幸而好女色,连姑姑姐姐都有留着不嫁人的。”管仲回答说:“这也不是一件好事,但仍然不是最要紧的。”桓公听管仲回答说自己的三大缺点都不是最要紧的,便怀疑管仲是不是个佞人,翻脸说:“这三者都可以,难道还有什么不可以的事情吗?”管仲回答说:“人君唯有优柔寡断和不奋勉为不可。优柔寡断则无人拥护,不奋勉则不能成事。”

齐桓公很赞同管仲的意见,但他觉得有些累了,想好好休息一下,就对管仲说:“您的意见很好,请您先回去,改日再详谈。”管仲见桓公刚才还同意奋勉,马上就想偷懒,于是不客气地说:“有些事马上就可以办,何必要改日呢?”桓公不太耐烦地问:“我们现在该做些什么呢?”管仲建议说:“公子举为人见闻广博而且识礼,好学而且言语谦逊,请派他到鲁国,以结国交;公子开方为人灵活而敏捷,可出使卫国,以结国交;曹孙宿为人有小廉而且有小聪明,十分谦恭而且善于辞令,正合乎荆楚的风格,请派他去那里,以结国交。”等齐桓公办好了这几件事,管仲才告退了。

管仲执政三个月后的一天,齐桓公又与他评论百官。管仲说:“升降揖让有礼,进退熟悉礼节,言辞刚柔有度,我不如隰朋,请任命他为‘大行’(负责礼仪和招待宾客的官)。开发荒地使之成为城邑,开辟土地使之增产粮食,增加人口,尽土地之利,我不如宁戚,请任命他为‘大司田’(亦作‘大农’或‘大田’,负责农业生产的官)。在平原广郊之上,使战车不乱、战士不退,鼓声一响而三军视死如归,我不如王子城父,请任命他为‘大司马’(负责军事的官)。判案公平,不妄杀无辜的人,不冤枉无罪的人,我不如弦宁,请任命他为‘大司理’(负责司法的官)。敢于冒犯君主的威严,进谏必忠,不怕死,不贪图富贵,我不如鲍叔,请任命他为‘大谏’(负责向君王指陈过失以劝谏的官)。这五个人我一个都比不上,但是要用我去换他们,我也不愿意。君主想要治国强兵,有此五人就足够了;但如果要图霸王之业,则有我管夷吾在此!”齐桓公完全采纳了管仲的建议,并让他们五人都受管仲节制。(参见《管子·小匡》《吕氏春秋·勿躬》《韩非子·外储说左下》)⑨

管仲虽被齐桓公任命为大夫,执掌国政,但他深知齐国的贵族地位高、财富多,难以治理。比如国、高二氏是周王室所任命的诸侯的上卿,比一般诸侯的卿大夫地位高出许多,而且掌握着齐国的实权。而自己则是“圉人”、商贾出身,地位低贱,后虽为公子纠之傅,再承蒙桓公信任被任命为大夫,但比起齐国的其他世袭卿大夫,地位不知要低多少。在这个等级社会,地位低贱的贫穷之人要去管理那些地位很高的纨绔子弟是相当困难的。于是,他向齐桓公说:“虽然臣能得到君主您的信任,但是臣的地位卑下。”齐桓公很聪明,一听就知道他需要什么,于是同意把管仲的等级提到高、国二氏之上。管仲又说:“承蒙君主的提拔,然而臣虽然地位提高了,但很贫困。”桓公想了想,决定把齐国都城里市场的租税赏赐给他。管仲又说:“承蒙君主您的惠赐,臣已很富有了,但是臣与君主的关系很疏远。”齐桓公沉吟片刻后,决定拜管仲为“仲父”。⑩

**注释**

① 此据《史记·郑世家》。又《左传》鲁桓公十八年云:“齐人杀子亹而轘高渠弥。”两记不同。

②《史记》云管仲“颍上人”,或以为乃今安徽颍上县人,错。今安徽颍上县乃秦汉之慎县,隋始置颍上县。《元和姓纂》云:“周文王第三子管叔鲜,受封于管,以国为氏,今郑州管城是也。”有人即以此为管仲先祖所封之颍上。按:据《史记·管蔡世家》,“管叔诛死无后”。无后应指绝封,是周公平定三监之乱后,管氏无国,当然不可能还有后裔以国为姓并世居于此。《左传》鲁僖公十二年唐孔颖达疏引晋杜预《世族谱》云“管氏出自周穆王”,宋郑樵《通

志·氏族略》则直云“齐管仲出自穆王”。杜预《世族谱》依据的是汉刘向之《世本》,应比宋人之管叔后人说更为可信。《左传》鲁成公十六年云:“未及,诸侯迁于颍上。”清顾栋高云:“《水经注》:颍水出颍川阳城县西北少室山,又东南过阳翟县北。阳翟,今禹州。”认为颍上在禹州。(《春秋大事表》卷八)杨伯峻《春秋左传注》认为颍上“当在今禹县境”。我们认为,颍上指的是颍水上游,司马迁时已不能确指管仲之先出自何处,故用了“颍上”这一含混的称谓。说其在今河南禹州,也只能是大概而言。

管仲之父,《史记正义》引韦昭云管严。按:《国语·齐语》韦昭注云“管严仲之子敬仲”,是管仲之父名严仲。严本为庄,因避汉明帝讳而改。《史记索隐》引《世本》云:“庄仲山产敬仲夷吾。”庄为谥号,山为名,管山死而有谥,应属于贵族阶层。

③ 管子生年史无明文。从齐桓公拜管仲为“仲父”一事,可知管仲年龄要比桓公大至少十岁以上,这是我们推论管仲生年的基本出发点。

《管子·大匡》云:“齐僖公生公子诸儿、公子纠、公子小白。使鲍叔傅小白,鲍叔辞,称疾不出。管仲与召忽往见之。”“使鲍叔傅小白”者,显然指的是齐僖公。据《大匡》和《吕氏春秋·不广》所记管仲、召忽与鲍叔“相与定齐国”的对话内容来看,此时管仲与召忽已为公子纠之傅。又从三人对话中显而易见地对齐国局势感到深深忧虑的情况,以及管仲对公子诸儿、公子纠、公子小白三人谁将定齐国的分析来看,这段对话应该是在齐僖公的晚年进行的。

那时,公子小白有多大呢?《大匡》记有一段管仲对小白的评价,云“小白之为人无小智,惕而有大虑,非夷吾莫容小白”。“无小智,惕而有大虑”的性格在幼年是看不出来的,但是在青少年时期就显露出来了。据此,我们可以把公子小白的年龄定在十五岁左右,这也是比较合乎情理的。

如果管仲比公子小白大十岁,那么当时他应该是二十五岁,但是从管仲的经历来看,这个年龄似乎太小了一些。

据史书记载,管仲在傅公子纠之前,曾经为“圉人”,又与鲍叔一道经过商,当过士兵,又曾“三仕三见逐于君”。如此丰富的人生经历,绝不可能是一个二十五岁的青年所有的。又管仲是破落贵族出身的士人,齐僖公也不可能把如此重任托付给这样一个年轻的士人。因此,管仲当时的年龄应该在三十岁以上。三十岁在当时被视为壮年,是一个成就事业的年龄,孔子说“三十而立”。据此,我们把管仲的出生年龄定在齐僖公初年(前730年),到这时他已三十二三岁,看来是比较合理的。

至于管仲的卒年,《史记》倒是有所记载。《齐太公世家》云:“(齐桓公)四十一年(前645年)……是岁,管仲、隰朋皆卒。”然《秦本纪》则云:“秦缪公十二年(前648年),齐管仲、隰朋死。”两者相差三年。哪一种说法是正确的呢?考《左传》鲁僖公十二年(前648年)夏,管仲“平戎于王”,还“受下卿之礼而还”,隰朋也于此年“平戎于晋”。《管子·戒》云:“管子遂卒。卒十月,隰朋亦卒。”隰朋比管子晚死十个月,然两人在同年夏天都还活着,当然不可能于同年去世。又《史记·晋世家》记晋惠公七年(前644年),公子重耳听说管仲、隰朋死,认为这是齐国急需贤佐之时,遂到了齐国(《十二诸侯年表》亦云此年“重耳闻管仲死,去翟之齐”),可见管仲是死于晋惠公七年之前不久。因此,把管仲的卒年定在齐桓公四十一年(鲁僖公十年、秦穆公十五年、晋惠公六年)是比较合理的。

④《吕氏春秋·不广》云:“鲍叔、管仲、召忽,三人相善,欲相与定齐国,以公子纠为必立。召忽曰:‘吾三人者于齐国也,譬之若鼎之有足,去其一则不成。且小白则必不立矣,不若三人佐公子纠也。’管仲曰:‘不可,夫国人恶公子纠之母,以及公子纠;公子小白无母,而国人怜之,事未可知,不若令一人事公子小白。夫有齐国必此二公子也。’故令鲍叔傅公子小白,管子、召忽居公子纠所。”可与《韩非子》《管子》相互参证。

⑤ 公子小白奔莒的时间,《管子·大匡》正文系杀襄公而立公孙无知之后,云:“……遂杀公而立公孙无知。鲍叔牙奉公子小白奔莒,管夷吾、召忽奉公子纠奔鲁。”公子小白奔莒与公子纠奔鲁均在“乱作”之后,此与《吕氏春秋·贵卒》所记同。《史记·齐太公世家》“桓公元年春”下云:“初,襄公之醉杀鲁桓公,通其夫人,杀诛数不当,淫于妇人,数欺大臣,群弟恐祸及,故次弟纠奔鲁。其母鲁女也。管仲、召忽傅之。次弟小白奔莒,鲍叔傅之。”品其文义,则二公子是在“乱作”之前奔鲁、奔莒。又《左传》鲁庄公八年云:“初,襄公立,无常。鲍叔牙曰:‘君使民慢,乱将作矣。奉公子小白出奔莒。乱作,管夷吾、召忽奉公子纠来奔。’”据此,则公子小白奔莒在“乱作”之前,公子纠奔鲁在

“乱作”之后。又《管子·大匡》“或曰”云:“明年,襄公逐小白,小白走莒。十二年,襄公薨,公子纠践位。”据其行文,“明年”应指襄公即位之后第二年,虽与《左传》所记不合,但亦可证公子小白是在襄公被杀之前奔莒的。

⑥ 公子小白与公子纠谁先入齐,管仲在何时何地射公子小白中钩,《史记》《管子》《吕氏春秋》中的说法不一。其中以《史记·齐太公世家》所记最富文学色彩。其云:“小白自少好善大夫高傒。及雍林人杀无知,议立君,高、国先阴召小白于莒。鲁闻无知死,亦发兵送公子纠,而使管仲别将兵遮莒道,射小白中钩。小白详(佯)死,管仲使人驰报鲁,鲁送纠者行益迟,六日至齐,则小白已入,是为桓公。桓公之中钩,详死以误管仲,已而载温车驰行,亦有高、国内应,故得先入立,发兵拒鲁。”据此,则公子小白先公子纠入齐,管仲射公子小白是在其由莒返齐之路上。此说有一些问题。

首先,据《左传》鲁庄公九年记载,就在齐雍廪杀公孙无知后不久,鲁庄公即与齐国的诸大夫在鲁国的暨会盟,约定立公子纠为君。这说明公子纠在齐国亦有内应,而《史记》则未提此事。

其次,据《管子》记载,公子小白回齐时只有护卫的三十乘兵车,而鲁国派管仲去拦截,兵车之数当不在此之下。《史记》也没有提到公子小白的随从、护卫与管仲带领的军队相战之事,说明当时应是管仲处于上风。那么,以管仲之智,怎么能在从容之情况下被公子小白所骗,实在令人不可思议。《吕氏春秋·贵卒》则云:“既而国人杀无知,未有君,公子纠与公子小白皆归,俱至,争先入公家。管仲扜弓射公子小白,中钩。鲍叔御,公子小白僵。管子以为小白死,告公子纠曰:‘安之。公子小白已死矣。’鲍叔因疾驱先入,故公子白得以为君。”据此,则是公子小白与公子纠同时入齐,在争入公家之战斗中,管仲射公子小白中钩。

又《管子·大匡》云:“桓公自莒先入,鲁人伐齐,纳公子纠,战于乾时,管仲射桓公中钩。”则以为公子小白先入,管仲是在乾时之战中射公子小白的。

但《管子·大匡》“或曰”所记又与此不同。其云:“襄公薨,公子纠践位。国人召小白。……鲍叔乃为前驱,遂入国,逐公子纠。管仲射小白中钩。管仲与公子纠、召忽遂走鲁。桓公践位,鲁伐齐,纳公子纠而不能。”据此,则是公子纠并未在无知杀襄公而自立时立即奔鲁。因此,当雍廪杀无知,即被立为齐君。后高、国二人召公子小白,公子小白入齐后与公子纠争战,管仲在此时射公子小白中钩。

《大匡》"或曰"云"公子纠践位",与他书所记不合,《左传》亦不曾言,暂且存疑。云公子纠与公子小白争战,管仲射小白,则与《吕氏春秋》合。我认为《大匡》"或曰"之说与《左传》比较吻合,又与《吕氏春秋》比较吻合,故本书此段材料主要取《大匡》"或曰"之说。

⑦ 以上材料主要采自《管子·大匡》,亦兼取《管子·小匡》之文。《小匡》与《国语·齐语》大抵相同,然多添加之处。如鲍叔荐管仲,说其不如管仲者有五,末云:"夫管仲,民之父母也,将欲治其子,不可弃其父母。"《国语》则无。又如鲁庄公把管仲捆绑起来装入囚车交给鲍叔,"鲍叔受而哭之,三举",以下"施伯从而笑之,谓大夫曰……"《国语》亦无。盖《管子》晚出,其所收管子事迹多经后人加工,亦有民间传说之类编入其中,故不免比《国语》更详细、更富戏剧性。

⑧《左传》鲁庄公九年云:"鲍叔帅师来言曰:'子纠,亲也,请君讨之。管、召雠也,请受而甘心焉。'乃杀子纠于生窦,召忽死之。管仲请囚,鲍叔受之,及堂阜而税(通'脱')之。"据此,则召忽在鲁人杀公子纠时即已自杀。《史记·齐太公世家》所记与《左传》同。然《管子·大匡》则云召忽"入齐境,自刎而死"。考虑到鲍叔所谓"齐杀"与"鲁杀"的问题,加之召忽之为人,本书在此处采《大匡》之说。

⑨《吕氏春秋》《韩非子》《新序》皆云"使东郭牙为大谏",而《管子·小匡》却云"使鲍叔牙为大谏"。按:《管子·小问》记桓公与管仲谋划伐莒时,被一个叫东郭牙的人预先泄露了消息。管仲推荐此五人之事在执政之初,当时何来泄露消息的东郭牙?或以为东郭牙即鲍叔牙,但无以为证,暂且存疑。

又,立为"大司理"之宾胥无,《韩非子·外储说左下》作"弦商",《吕氏春秋·勿躬》作"弦章",《新序·杂事四》作"弦宁",《管子·小匡》另一处作"弦子旗"。按,《管子·大匡》云:"桓公使鲍叔识君臣之有善者,晏子识不仕与耕者之有善者,高子识工贾之有善者,国子为李(理),隰朋为东国,宾胥无为西土,弗郑为宅。"负责司法的是国子,而宾胥无则负责西方诸国事务。据《晏子春秋·内篇谏上·景公饮酒七日不纳弦章之言晏子谏第四》,则弦章为齐景公时人,子旗为章之字,则弦子旗与弦章为一人。"章""商"古字通用,故弦章、弦子旗与弦商实乃一人。又《晏子春秋·内篇问上·景公问欲善齐国之政以干霸王晏子对以官未具第六》云:"昔吾先君桓公……左右过多,狱谳不中,则弦宁昵侍……"此弦宁为桓公时负责"狱谳"之官,应即"大司理"(即"理","大司理"是后人的称呼),与《新序》同。看来,桓公时为"理"的应是弦宁,"宁"与"商"形近易讹,故《韩非子》误作弦商,《吕氏春秋》误作弦章,而《小匡》则误作弦子旗(按,《小匡》这段为《国语》所无)。

⑩《论语·八佾》:"子曰:'管仲之器小哉。'或曰:'管仲俭乎?'曰:'管氏有三归,官事不摄,焉得俭!'"何晏《集解》引包咸曰:"三归,娶三姓女,妇人谓嫁曰归。"《史记·管晏列传》:"管仲富拟于公室,有三归、反坫,齐人不以为侈。"《正义》亦曰:"三归,三姓子也,妇人谓嫁曰归。"按《说苑·尊贤》云:"齐桓公使管仲治国,管仲对曰:'贱不能临贵。'桓公以为上卿,而国不治。桓公曰:'何故?'管仲曰:'贫不能使富。'桓公赐之齐国市租。……"与《韩非子》记载略同,然"三归"作"市租"。郭嵩焘据《管子·山至数》"则民之三有归于上矣"句及《国准》《轻重乙》《地员》诸篇考证,认为"三归者,市租之常例归之公者",非常精辟。今人或以三归为齐国市租之十分之三者,恐难以成立。《史记》说管仲"富拟于公室",孔子也说管仲"其侈逼上"(《韩非子·外储说左下》《说苑·尊贤》),可见管仲非常富有,如果他只得到齐国十分之三的市租,恐怕不能"富拟于公室""其侈逼上"。

# 第三章　管仲的事迹(中)

## ——作内政而寄军令

### 一、齐桓公委政管仲

《韩非子·难二》记载了这样一则故事：

晋国的使臣来到齐国，主管接待的官吏请示齐桓公该用什么礼节，桓公回答说："去问仲父吧！"如此三次。当时有一个优人(相当于今天的演员)见桓公把什么事都委托给管仲去管理，自己不操什么心，就油腔滑调地嘲讽说："当国君真是太容易了！第一次说'仲父'，第二次也说'仲父'。"桓公听到后，不但不生气，反而颇为得意地告诉优人："我听说'君主在求索人才上要花费很大的精力，在使用人才上却很安逸。'我得到仲父这样的贤才已经很困难了，得到仲父之后，还有什么事不容易做呢？"[①]

从这个故事我们可以看出齐桓公对管仲非常信任和依赖。但是，齐桓公也不是一开始就信任和尊重管仲的。

《吕氏春秋·赞能》记载了这样一件事：

管仲被鲁国用囚车送回齐国后，齐桓公隆重地用朝车把他接到齐国的宗庙，向齐国的祖先之灵推荐管仲，说："自孤(当时国君的自称)听了夷吾的议论后，眼更加明亮，耳更加灵敏。孤不敢擅自做主，敢以告诉先君。"向列祖列宗推荐完毕，桓公就转身以呼唤、命令的口气对管仲说："夷吾你帮助我！"管仲听桓公以命令的口气对他说话，转身就走。桓公自知失礼，马上向管仲道歉，管仲这才接受了桓公的任命。

《韩非子·外储说左下》还记载了这样一件事:

齐桓公打算拜管仲为“仲父”,征求诸大夫的意见说:“寡人打算拜管仲为仲父,同意的站在门的左面,不同意的站在门的右面。”有一个叫东郭牙的人却站在门的中间。桓公问他:“寡人拜管仲为仲父,下令说‘同意的站左面,不同意的站右面’,你为什么站在门的中间?”东郭牙反问桓公:“您看以管仲的才智,能不能谋取天下?”桓公毫不犹豫地说:“能!”东郭牙再问:“那么以他的魄力,是不是敢干大事的人?”桓公说:“敢!”东郭牙接着说:“您明知管仲的才智能谋取天下,而其魄力也敢干大事,您却把国家的权力完全交给了他。以管仲的才能,借助您的权势来治理齐国,难道不危险吗?”桓公听得直冒冷汗,承认东郭牙说得有理,于是命隰朋负责内务,只让管仲负责对外之事,以分管仲之权。(《说苑·善说》所记与此稍异)据说,管仲见桓公对他有防范之心,于是“筑三归之台,以自伤于民”(《说苑·善说》)。

桓公在即位之初,对管仲的建议也并非全部采纳。性急的桓公一即位就想实现霸主梦,向管仲提出要立即加强军备。但是管仲认为如果内政不修、国内经济得不到开发,那么对外用兵也不会有什么成果,表示反对。桓公不听,下令全国加强军备。为了筹集经费,奖励作战勇敢的战士,桓公还增加了关税和市场税,结果把齐国搞得很乱。鲍叔忧心忡忡地问管仲:“桓公以前曾答应您成就霸业,现在国家却越来越乱,您打算怎么办呢?”管仲回答说:“我们的国君性急,做事多后悔,姑且等他自己觉悟吧!”鲍叔仍然担心地问:“如果等他自己觉悟,那国家不就要受到损失了吗?”管仲自信地说:“不会。国家的政事,我还在暗中办理着,现在虽然混乱一些,但还有时间挽救。现在国外诸侯以及大臣,没有哪些能赶得上我们二人的,因此无人敢来侵犯我国。”后来,在朝廷里竟然发生为争夺禄位而互相残杀之事,说明管仲当时还不能控制齐国之政。

齐桓公二年(前684年)正月,齐桓公决定对鲁国用兵。管仲虽极力劝阻,但桓公根本不听,率师进入鲁境。鲁庄公本是个性情比较刚烈又崇尚武力的人,见齐军进攻鲁国,立即下令全国征发军队,与齐军一决雌雄。这时,有个叫曹刿的乡下人请求见庄公。临行之前,他的同乡人嘲笑他说:“这是那些肉食者(指贵族)管的事,你怎么插得进去?”曹刿自信地说道:“肉食者见识低下,不能从长远角度考虑问题。”见到鲁庄公后,曹刿劈头就问:“国君靠什么与齐国战斗?”鲁庄公回答说:“我不吝啬衣食,把他们都分给将士们。”曹刿摇摇头说:“这只是小恩小惠,而且只有部分人获得,人民是不会拥护并跟随您的。”鲁庄公又说:“向神献祭的牺牲、玉帛,不求多但求诚心。”曹刿又摇摇头说:“这只是未孚之小信,神不会保佑您的。”鲁庄公想了想,又说:“大大小小的案件,我虽然不能一一明察,但一定要办得合情合理。”曹刿这才点点头说:“这是忠诚,现在可以一战了。”

鲁军与齐军在长勺(今山东莱芜东北,或说在今山东曲阜北)相遇。曹刿请求与鲁庄公同乘一车以为参谋,庄公同意。齐军仗着人多势众,又有乾时之战的余威,便首先发动攻击,企图把鲁军一举歼灭。鲁庄公见齐军开始攻击,也想下令击鼓出击。曹刿马上阻止说:“别忙。”等到齐军发起第三次冲锋后,曹刿才说:“可以出击了。”于是,鲁庄公用力地敲起了表示进攻信号的大鼓。此时齐军经过三次冲锋后,已疲惫不堪,经不起养精蓄锐的鲁军猛烈的反击,大败而退。鲁庄公正想下令乘胜追击,曹刿又阻止说:“别忙。”说完,曹刿下车仔细地检查齐军逃亡时的车辙痕迹,发现印迹混乱,然后又爬到车轼上向齐军逃亡的方向看了一阵,见齐军旗帜不整,知道齐军确实败了,不是使诈,这才回过头来对鲁庄公说:“可以追击了。”鲁军一举把齐军赶出了国境,大胜而归。

长勺之战的失败给了齐桓公以深刻的教训,使他认识到如果不修内政、发展经济、充实国力,就绝不可能成就霸业。他后悔自己不听管仲之言而操之过急,决定采用管仲以前为他所定的治国方针,先治内、后治外,并委政于管仲,放手让他去干。[②]

在齐桓公的全力支持下,管仲进行了一系列的改革。

## 二、礼贤下士,因能授官

齐桓公曾问管仲:“怎样做才能使国家治理良好没有动乱、政治通明而不上下蔽塞?”管仲回答说:“只要做到明分任职,就能做到使国家治理良好没有动乱、政治通明而不上下蔽塞。”所谓“明分任职”,就是要“明确官吏的职务,而监督他们完成工作,胜任者留官,不胜任者罢免”。而“明分任职”的基础则是广招人才与“因能授禄”“录功与官”(《韩非子·外储说左下》引管子答桓公语)。在这一思想的指导下,齐桓公礼贤下士,广招贤才。

当时,齐国有一个处士(有才德而隐居不仕的人)名叫小臣稷。桓公思贤若渴,听到许多人称赞他的才德,便三次登门拜访,小臣稷都拒不见面。桓公并不生气,他说:“我听说布衣之士如果不轻视高官厚禄,就不会怠慢国君;而国君如果不好施仁义,也不能招来布衣之士。”结果,桓公五次亲访,小臣稷终于出来与他见了面。

春秋时期的人都非常重视等级、礼仪,迎接四方之贤才,当然要用高规格的接待礼仪。古代邦国在朝觐、祭祀和商议军国大事时,要在大庭中燃烧火炬,称为“庭燎”,并且根据爵位之高低,所用庭燎之数也有很大的差别,如:天子为一百,公侯为五十或三十不等。为了招徕人才,齐桓公竟僭用天子之礼节来接待士人。但是,一年过去了,仍不见士人的影子。这时,齐国东部农村有个乡下人自称擅长九九乘法口诀,前来应聘。齐桓公本不想见,但转念一想,一年过去了,连士人的影子也不见一个,如今好不容易来了一人,虽然算不上什么有用的才士,但也不应该遽然弃之,否则别人会耻笑自己。于是叫人把此人请了进来。桓公先不客气地将了他一军:“会九九之术算不了什么能耐吧,为什么请求见我?”乡下人回答说:“臣也不认为会九九之术是什么大才能。不过我听说主君设庭燎之礼以待士人,但过了一年都没有一个士人前来应聘。主君想过这是为什么吗?”乡下人看着桓公茫然的眼神,停了一会继续说:“士人之所以不来,是因为主君是天下著名的国君,四方之士人都自以为见解及不上主君,所以不敢来。九九之术是微不足道的技能,但是主君尚且加以重视,优礼微臣,何况那些拥有远远超过九九之术的才士?泰山不拒壤石,所以才那么高;江海不拒细流,所以才那么大。《诗》云:‘先民有言,询于刍荛’,意思就是说要集思广益。”桓公听后,对这个乡下人肃然起敬,连声夸奖道:“说得好!说得好!”并下令以礼优待此人。

齐桓公优待这个会九九之术的乡下人的故事就像长了翅膀,很快传遍了齐国,又传到整个中原地区,四方前来投靠齐桓公的能人志士蜂拥而至。齐桓公不但设立庭燎之礼,还注意接待好来自各诸侯国的客人。齐桓公委派隰(xí)朋管理东方各国的事务,委派宾胥无管理西方各国的事务。齐国国内每三十里设一驿站,准备好食品,设官管理。凡各诸侯国来的官吏,派专人、用车为他们负载行装。若是住宿,派人替他们喂马并以所备食品招待。如果待客标准与收费标准不当,则要追究管理者的罪。齐桓公还规定,凡国内官吏引荐其他诸侯国士人来到齐国做事,引荐得好,视所荐对象能力的大小,给予赏赐;引荐得不好,也不追究。齐桓公还派出“游士八十人,奉以车马衣裘,多其资币,使周游于四方,以号召天下之士”(《管子·小匡》)。后来齐国的强盛,除了管仲的各项改革之外,广招贤才以致齐国人才济济也是其中的一个重要原因。

在齐桓公选拔的众多人才之中,以宁戚和东郭牙最为著名。

宁戚是卫国人,听说齐桓公贤明,就打算前去投靠。但他非常贫穷,连穿衣吃饭都成问题,更不用说筹集旅费。于是,他找了一个替商人驾车的活,随商人来到齐国,晚上睡在齐都临淄的郭门之外。恰逢这天晚上齐桓公到郊外迎接客人,打开城门,清除道路,宁戚所驾的车也要让道。宁戚在挪动自己的车时,灯火辉煌之处,见桓公的侍从很多。他觉得这是一个极好的机会,于是一边在车旁喂牛,一边敲打牛

角慷慨悲歌道:

硕鼠硕鼠,(大老鼠啊大老鼠)
无食我黍。(不要偷吃我的黍)
三岁贯女,(多年一直侍奉你)
莫我肯顾。(你却从来不顾我)
逝将去女,(我将远走离开你)
适彼乐士。(去那安逸的乐土)
乐土乐土,(乐土啊乐土)
爰得我所。(是我理想栖身处)
硕鼠硕鼠,(大老鼠啊大老鼠)
无食我麦。(不要偷吃我麦子)
三岁贯女,(多年一直侍奉你)
莫我肯德。(你却不肯惠顾我)
逝将去女,(我将远走离开你)
适彼乐国。(去那快乐的国土)
乐国乐国,(快乐国啊快乐国)
爰得我直。(是我理想的好所在)
硕鼠硕鼠,(大老鼠啊大老鼠)
无食我苗。(不要偷吃我秧苗)
三岁贯女,(多年一直侍奉你)
莫我肯劳。(你却不肯慰劳我)
逝将去女,(我将远走离开你)
适彼乐郊。(去那快乐的郊野)
乐郊乐郊,(幸福的郊野啊幸福的郊野)
谁之永号。[3](谁还悲叹长呼号)

齐桓公听到后,拍了拍随从的手说:"多奇怪呀!这个唱歌的人绝非常人。"于是,桓公命人把宁戚叫来,与他同乘而归。回到宫中后,桓公赐给宁戚衣帽,等他穿戴好后,才正式接见他。宁戚向桓公陈述了他的治国思想,桓公听了很感兴趣。第二天,宁戚又向桓公陈述了他的外交思想,桓公听了非常高兴,就打算用他做大臣。朝廷中的群臣觉得桓公似乎草率了一些,反对说:"这个宾客是卫国人。卫国离齐国不太远,主君不如派人到卫国去了解一下他的情况。如果他果真是贤才,那时再用他也不晚。"桓公说:"不对。如果去调查,恐怕难免会发现一些小缺点。因为人的小缺点而忘记了人的大美德,这就是为人君主之所以失去人才的原因啊!"后来,宁戚成为齐桓公最得力的助手之一。

有一天,齐桓公与管仲秘密商量讨伐莒国之事,但还未正式宣布,全国已传得沸沸扬扬,到处都在传播着齐国将要攻打莒国的消息。桓公感到非常奇怪,这事只有他和管仲两人知道,从未向别人提起过,而管仲一向谨慎,绝不会擅自走漏消息,这是怎么回事呢?桓公百思不得其解,立即派人把管仲请来。管仲断言说:"国内肯定有圣人(才智过人的人)。"桓公听管仲这么一说,突然想起了一件事,忙对管仲说:"对呀,我想起白天曾看见一个服役的人,老是踮着脚跟向我们这边张望,会不会是此人呢?"管仲认为有此可能,就下令让当天服役的人明天再服役一天,谁也不许替换。

第二天,桓公和管仲一起站在高台上观察,见一个服役的人不时向这边张望一下,管仲对桓公说:"肯定是此人。"桓公立即命人把他请来,待以上宾之礼,分宾主站在台阶上。管仲问他的名字,他回答说叫东郭牙。管仲单刀直入地问道:"你是不是传播齐国要讨伐莒国消息的人?"东郭牙毫不隐讳地说:"就是我。"管仲又问:"我没有说过要伐莒,你为什么到处说齐国要伐莒?"东郭牙回答说:"我听说过:'君子有三种表情:面目开朗而呈和善愉悦之态的是有音乐时的表情;气色暗淡而有严肃之态的是有丧事时的表情;面色恼怒而身姿沉稳端庄的是有战争时的表情。'昨天,我看见您站在台上,面色恼怒而身姿沉稳端庄,这表示将有战争发生。又见您说话的口型,口张而不闭,像是发莒音,还见您用手指着莒国的方向。我再一想,现在诸侯中有谁对齐国不服呢?想来想去就只有莒国了,所以我断言齐国要征伐莒国了。"东郭牙后来由管仲推荐做了齐国的大夫,负责进谏。

为了更好地选拔人才,管仲还为齐国制定了一套制度,称为"三选""五蔽"。"三选"规定,各部门的长官,年终都必须书面报告其属官的成绩,并挑选属官中的贤者上报国君。国君在普遍调查其乡里的意见并加以考验后召见官长推选的贤者,与之交谈,仔细考察他的素质,以便了解他是否具有成就大事的才能。如果可以举拔,就待时用之。对于那些能对国君所询问的国家忧患之类的大事应对如流的特殊人才,还要再到其乡里调查了解其能力。如果没有大错,便提拔他做上卿的助手。这种以乡选、官选和国君选拔相结合的制度就是"三选"。与鼓励性的"三选"制度不同,"五蔽"属于惩罚性的制度。它规定,每年正月,乡长在汇报一年的工作时,要向国君报告其乡里有没有平时行义、好学、聪明、品性仁厚、孝悌之名闻于乡里的人。有就必须汇报,有而不报,叫作"蔽明",那就犯了五刑之罪。乡长还要汇报本乡有没有勇气、体力、筋骨强壮、出众的人。有就必须汇报,有而不报,叫作"蔽贤",也犯了五刑之罪。

选拔人才的目的在于使用人才为国家服务。在人才的管理和使用上,管仲注意到要使官吏的品德与地位相称、使官吏的功劳与俸禄相称、使官吏的能力与官职相称,并把这些看作是国家治乱的根源,称为"三本"。他认为,在一个国家,对于德义没有显著于朝廷的人,不可授予尊高的爵位;对于功业没有表现于全国的人,不可给予优厚的俸禄;对于主持政事没有取信于人民的人,就不能让他做大官。否则,不是"有过",就是"有失"。这是因为如果有德义不显于朝廷而身居高位的人,贤良的大臣就得不到重用;如果有功劳不著于全国而享有重禄的人,勤奋的大臣就得不到鼓励;如果有主持政事但不能取信于民而做了大官的人,有才能的大臣就不会出力。

在管仲看来,取得人才固然重要,但更为重要的是合理使用人才。他说:“天下不患无臣,患无君以使之。”(《管子·牧民》)怎样才能发挥人才的作用?除了要有一套任命、监督、考核等管理制度外,更重要的是要因能授官。管仲在官吏的使用上,正是遵循这一原则。隰朋聪明敏捷,善于处理一些微妙的关系,因而派他负责处理东方诸国的事务;宾胥无性格坚强、不畏强暴、坚持原则,因而派他负责处理西方诸国的事务;公子开方为人聪慧而敏捷,喜欢创新但不持久,因而派他出使诡薄而好财物的卫国;公子举为人恭谨而精纯,博闻知礼,多行小信,可以出使礼教之邦鲁国;曹孙宿为人博于政教而巧于辞令,不好立大义而好结小信,因而派他出使为政机巧文饰而好利、不好立大义而好结小信的楚国[④];鲍叔为人耿直,疾恶如仇,正好用来监督、考核官吏。其他如用宁戚负责农业、用王子城父负责军事、用弦宁负责司法、用东郭牙负责进谏,等等,皆遵循的是“因能授官”的原则。

## 三、管仲为政的特点

管子不但善于用人,更善于为政。司马迁在评论管子为政特点时说道:“其为政也,善因祸为福,转败而为功。贵轻重,慎权衡。”(《史记·管晏列传》)根据战国及秦汉时期所流行的管仲故事来看,管仲为政的特点大致可以概括为以下几个方面。

首先是注重大局。孔子曾赞扬管仲“知权”“量轻重”(《说苑·善说》)。当孔子的学生子贡批评管仲“不能为公子纠而死,反而辅佐杀公子纠的齐桓公,不是仁人”时,孔子表示反对,他说:“管仲帮助齐桓公称霸诸侯,一匡天下,人们到今还沾露他的恩惠。假如没有管仲,我们现在恐怕已像蛮夷那样‘被发左衽’了。怎么能像匹夫那样追求忠诚呢?如果管仲那样做,自杀于沟渎之中,那么现在谁也不知有他这个人了。”这说明孔子非常看重管子的重大局而不拘小节。前面我们曾经叙述过的"齐桓公认为自己有几大缺点,管仲认为皆不要紧,最要紧的是君主不能优柔寡断和不奋勉"的故事,就是管仲重大局的典型事例。

其次是能容人。正因为管仲为政注重大局,所以他在用人上,只注重人的优点和长处并加以充分利用,而对人的缺点和短处,只要无关大节则尽量包容。

《吕氏春秋·贵公》记载了这样一则故事,说管仲晚年曾生了一次重病,很危险,桓公非常担心,在探病的时候问道:"您的病相当重了,这是毋庸讳言的。假如病情危急,不幸而不愈,我将把国家托付给谁呢?"管仲回答说:"过去我尽心竭力,尚且不足以了解这样的人;如今我病重,危在旦夕,又怎能谈论这件事?"桓公忧虑地说:"这是大事啊!希望您能教导我。"管仲恭敬地答应了。他问桓公:"您想用谁为政?"桓公想了想说:"您看鲍叔行吗?"管仲回答说:"不行。我深知鲍叔。鲍叔为人清白廉正,看待不如自己的人,不屑与之为伍;偶一闻知别人的过失,便终生难忘。不得已的话,隰朋还行吧。隰朋的为人,既能记识世上的贤人而极力效法他们,又能不耻下问;既自愧其德不如黄帝,又怜惜不如自己的人。他对于国家政事,不该管的,就不去打听;他对于事务,不需要了解的,就不去过问;他对于别人,无关大节的,就装作没有看见。"(参见《管子·戒》)从这则故事中,我们可知管仲如何重视能否容人的问题。

虽然管仲不太在乎人们的小缺点,但憎恨那些品德恶劣、仗势欺人、搜刮人民、朋比蔽君、内外勾结的人,称其为"社鼠"。他认为治国最怕的就是这些"社鼠"。(参见《韩非子·外储说右上》)在管仲临终之前,桓公去探望他,管仲苦劝桓公不要接近卫公子开方、易牙和竖刁三人,因为这些人就是所谓的"社鼠"。但桓公不听,最终果然死在这些人的手里。

最后是管仲善于见机行事,因势利导,转祸为福,转败为功。

《吕氏春秋·达郁》中有这样一则故事,说管仲有一天宴请齐桓公,桓公正在兴头上,天却已经黑了,贪杯的桓公命人点上烛火继续喝酒。管仲劝阻说:“白天招待您喝酒,我占过卜;至于晚上喝酒,我却没有占过卜,您可以走了。”桓公不高兴地说:“仲父您年事已高,我跟您一道享乐的时间还有多久呢?希望夜里继续喝酒。”管仲乘机进谏说:“您错了。贪图美味的人道德就薄弱,沉湎于享乐的人最终要忧伤。壮年懈怠就会失去时机,老年懈怠就会丧失功名。我从现在起对您加以勉励,您怎么可以沉湎在饮酒中呢?”(参见《管子·中匡》)

齐国临山面海,有鱼盐之利,经济较诸国更为强大,是当时的富饶之地。齐国的都城临淄是列国中经济最为繁荣的都市。一天,齐桓公与管仲同车出游,一路上只见街上车水马龙,熙熙攘攘,道路每每堵塞不通,好一派兴旺发达的景象。路口街角之处,往往可以看见吹竽、鼓瑟、击筑(一种乐器)、弹琴的人们,悠悠扬扬的音乐吸引了大群的围观者。也有一堆人聚在一起斗鸡、下棋、踢毽。桓公见此兴旺景象,心中好不高兴,这是齐国国强民富的象征呀!但是,他发现很多人都穿着紫色的衣服,心中隐隐不快。当时,紫色染料非常昂贵,五件白色的衣服才抵得上一件紫色衣服。他想,这几年由于管仲的改革,百姓都富裕起来了。但是,像这样的奢侈之风不可长啊!怎样才能抑止这种奢侈之风呢?他侧身对管仲说:“我喜欢穿紫色衣服,紫色染料非常昂贵,但您看一国的百姓也都跟着穿紫色衣服,怎样才好呢?”管仲回答说:“国君为什么不试试别穿紫色衣服呢?您回去后就对左右侍从说:‘我特别讨厌紫色的气味。如果左右侍从中恰有穿紫色衣服来见的,国君就说:‘退开些,我讨厌紫色的气味。’”桓公答应照办。结果,据说侍卫中当天就没有穿紫衣的人了;第二天,临淄城再也找不到一个穿紫衣的人了;到第三天,全国就很难找到一个穿紫衣的人了。

其实,齐桓公本人的生活非常奢侈。虽然一个国君生活奢侈一点本身并不是什么大问题,但上行下效能够影响一朝甚至一国的风气,造成财物的极大浪费,这就不是什么小问题了。幸好,齐桓公是个知错能改的明君。有一天朝会之后,齐桓公对管仲说:“我国比较小,也不太富裕,但大臣们穿的衣服、坐的车子太奢华,我想限制一下行不行?”管仲回答说:“我听说过:‘君主品尝一下,臣下就要吃;君主喜爱漂亮衣服,臣下就要穿。’现在您吃的必是琼浆佳肴;穿的都是些昂贵的紫色绸缎、狐裘做的衣服。这就是大臣们之所以奢侈的原因啊!《诗》说:‘不躬不亲,庶民不信。’您想限制大臣们,为什么不从自身开始呢?”桓公沉思良久,才下定决心说:“好,就照您说的办。”于是在第二天朝会时,桓公换上了比较朴素的丝帛衣服,戴上了白色的帽子。大臣们见国君一身俭朴的打扮,从此也开始注意自己的衣着。一年之后,齐国的风俗俭朴多了。

据说,有一次桓公微服出访,遇到一个名叫鹿门稷的老人,已经七十多岁了,还是个鳏夫。桓公感慨万千,回去后就问管仲:“我国有没有老而无妻的人呢?”管仲虽日理万机,却非常留心民间的事,他想了想,回答说:“我记得有个叫鹿门稷的老人,已经七十多岁了,还没有妻子。”鹿门稷的遭遇唤起了桓公的怜悯心,他问管仲:“怎样才能让他也娶上妻子呢?”管仲早就在等这个劝谏的机会了,于是回答说:“臣听说:‘上面的人聚积财货,下面的百姓必然贫困;宫中有怨女,民间必然有老而无妻的人。’”桓公立即接受了管仲的劝谏,下令宫中凡未被国君临幸过的宫女,一律出嫁民间。

另外一个传说是,桓公有一次到平陵巡视,来到一户百姓家中,见这家只有一个老头,生活完全靠自己。桓公问他为什么没有人供养。老人伤心地回答说:“我本来有五个儿子,但家徒四壁,没有钱为他们娶妻。我让他们都出去打工,希望能赚些钱娶妻。现在他们都还没有回来。”桓公对老人一家的处境很是同情,于是送了五个宫女给老人的儿子们为妻。管仲知道这件事后,便到宫中见桓公,略带嘲讽地说:“您施的恩惠是不是太小了些?”桓公正为自己做了一件善事而洋洋得意，听管仲如此讽刺，心里很不高兴，问道："这话怎么说?"管仲不客气地批评说："如果都等到被君主您发现而施予恩惠，那么齐国有妻子的人就不多了。"桓公仔细一想，觉得有道理，忙请教说："那该怎么办?"一向重视建立制度的管仲建议说："请颁布法令，让齐国的男子二十而娶、女子十五而嫁。"桓公照办了。

齐桓公有一天带着随从外出打猎，在追逐一只鹿时来到了一个山谷之中。看此谷地势险峻、风景秀美，一向好游玩的桓公竟忘了追逐鹿，让驭者驾车缓缓而行，边走边欣赏山色美景。遗憾的是，大家都不知道这山谷叫什么名字。正在这时，迎面过来一位老人，桓公停车问道："请问这是什么山谷?"老人回答说："愚公之谷。"桓公觉得这个名字很奇怪，好奇地问道："为什么取这个怪名?"老人回答说："这是以我的名字命名的。"桓公更觉得奇怪了，说："我看老人家的样子，并非愚人，为什么用这样的名字?"老人叹了一口气说："让我慢慢说吧。我以前曾喂了头母牛，生了一头小牛犊，因为个头特别大，我卖了它后又用钱买了一匹小马驹。有个年轻人跑来对我说'牛不能生马'，便把小马驹牵走了。邻居们知道后，以为我很傻，所以把我住的地方叫作'愚公之谷'。"桓公听后笑了笑说："我看您老人家真是有点傻，您为什么要让那恶少把马牵走?"

第二天早朝后，桓公把这事当作笑话说给管仲听，没想到管仲听后却正襟下拜请罪说："这是我管夷吾的愚蠢呀！假如是尧为君主、皋陶为司法官，哪里会有随便把别人的马驹牵走的道理？如果有人看见恶少对这个老人如此强暴，必定不会袖手旁观。这个老人知道我们的司法不公正，没有地方讲理，所以才让恶少把马驹牵走。请让我们整顿吏治，绝不能再让这种事情发生。"后来孔子常用这件事教育他的弟子，说："弟子们记清：桓公是当时的霸主，而管仲则是有名的贤佐，在那时尚有以智为愚、颠倒黑白的事发生，何况那些不如桓公、管仲的地方!"

桓公一次到郊外游玩，见到一座废墟。他问一个乡里的农夫说：

“这座废墟以前的主人是谁?”农夫回答说:“是郭氏。”桓公感叹之余,又问这个农夫:“郭氏住的地方怎么会成了废墟?”农夫回答说:“因为郭氏这个人好善而疾恶如仇。”桓公以为自己听错了,满脸疑惑地问道:“好善而疾恶如仇,这是好的品德呀！为什么反而会衰败呢?”农夫回答说:“那是因为他好善但不能行善,疾恶如仇但不能去恶,这有什么用？所以他的家才会成为废墟。”

桓公回到宫中,把这件事告诉了管仲。管仲听后立即问桓公:“回答您的人是谁?”桓公当时根本就没有问这个农夫的名字,为难地回答说:“我不知道他是谁。”管仲揶揄地说:“我看您是另一个郭氏。”桓公明白管仲是批评自己好善而不能行,于是令人把这个农夫找来给予重赏。

一天夜晚,桓公与左右侍从一道痛饮,桓公大醉,不省人事,第二天才发现帽子丢了。桓公派人四处寻找,怎么也找不到。桓公感到很丢脸,一气之下,竟连续三天不上朝。管仲见桓公几天都不上朝,不知何故,便去见桓公。桓公把丢帽子一事告诉了他,管仲回答说:“这并非国君您的耻辱。您为什么不通过改善政绩来雪耻?”桓公被点醒,转忧为喜,于是命令打开粮仓救济贫困人家,清理监狱,把犯有小过错的人都释放了。不久,国内到处都流传着歌颂桓公的民谣。

有人曾给齐桓公出了一个谜语,谜面是:“一难,二难,三难。猜三件事。”桓公想了很久,仍然猜不中谜底,就把这个谜语告诉了聪明过人的管仲。管仲回答说:“所谓一难,即接近俳优而远离才士;所谓二难,即离开自己的国家而多次去征伐夷、狄、戎、蛮;所谓三难,即国君年老而迟迟不立太子。”桓公认为管仲说得好,不久就选定了太子。也许出谜者的谜底根本不是管仲回答的那样,但这并没有什么关系,管仲不过是借机进谏而已。

有一次桓公同管仲一道去视察马厩。桓公问管理马厩的官吏:

"马厩的事什么最难做?"官吏还没有回答,管仲就抢着说:"我曾经做过'圉人',知道得最清楚。最难的是立马栅栏。如果先用弯曲的木头,后来还得找弯曲的木头,结果都得用弯曲的木头,直木反而用不上了;如果先用直木,那后来还得用直木,结果都得用直木,弯曲的木头也就不可能用上了。"桓公当然明白仲父又在借机劝谕,让他用正直的人而远离谗佞小人。

管仲为政的第四个特点就是在不破坏现行体制的基础上实行以富国强兵为宗旨的大刀阔斧的全面改革。改革的内容包括内政、军事和经济等方面。

齐桓公在管仲刚被从鲁国押送回齐国后的与之第一次正式会面之时,就向管仲提出了如何安定齐国的问题。管仲回答说:"修旧法,择其善者而业用之,遂滋民,与无财,而敬百姓,则国安矣。"(《国语·齐语》)这就是管仲日后改革的总的原则和指导思想。

管仲的这段话包含三个方面的内容。第一个方面是"修旧法,择其善而业用之"。修旧法,即整饬西周的礼制,以修复文、武周公所创立但现在已经坠地的旧法。管子提出的具体应该效法的榜样是"世法文武远绩以成名"的周昭王和周穆王。这说明管仲的改革是在维护旧制度的基础上进行的。这样的改革虽然所受的阻力较小,但也具有相当的妥协性,这与管仲"知权"(灵活性)的性格很相称。后面我们将看到,实际上管仲的改革在许多方面已大大地突破了旧的制度,但管仲既不愿也不敢旗帜鲜明地与旧制度相对抗。第二个方面是"遂滋民,与无财",即大力发展经济,让人民富裕起来。第三个方面是"敬百姓"。所谓"百姓",并不是今天的"老百姓"的含义,而是指贵族,"敬百姓"就是要团结和依靠贵族。管仲曾对桓公说"政不旅(遗弃)旧(功臣故旧),则民不偷(苟且)"(《国语·齐语》),并建议他要"修旧宗"(《管子·小匡》),就是此意。

## 四、管仲的内政改革

齐桓公在第一次正式接见管仲时,就坦诚地向他请教如何收拾襄公遗留下来的混乱局面。桓公说:“从前,先君襄公修筑高台,居于其上,以显示自己的尊贵、威严。他仅对游猎捕射感兴趣,而不理国政,鄙视圣贤,轻侮士人。他喜好女色,除了九妃、六嫔之外,宫中还藏有美妾数百。他吃的必是精米肥肉,穿的必是彩绣花纹的织锦衣服。将士们却挨饿受冻,战马的补充等的是游车用完的老马,战士的给养靠的是侍妾食用剩下的。嬉戏玩乐的俳优簇拥左右,贤能之士却远抛身后。这致使国家至今毫无生机、发展停滞。我担心国家因此而败亡,宗庙社稷因此而被毁,后人的洒扫祭奠因此而断绝。我冒昧地向您请教,对此危局,应该怎么办呢?”管仲回答说:“我们的先王周昭王和周穆王学习和继承文王和武王的业绩,获得了好的声誉。他们组织德高望重的老年人,选择、考查并推举庶民中的德才兼备之士,由朝廷树为典型,作为庶民的楷模;建立了相应的法度,树立权威,与之密切配合;坚守治国之本,重视庶民的生计;用赏赐的方法劝勉庶民向善,用刑罚惩处他们的过失;提倡尊老爱幼之俗,使其成为庶民的道德规范。”当齐桓公问怎样才能把管仲说的这些变成可以具体操作的政令或措施时,管仲以“昔者圣王之治天下也”为依托,提出了一套具体的方案。属于内政的主要有两点,即“参其国而伍其鄙”和“四民分居”。

“参其国”就是将国都及附属的郊区分为三个部分。管仲把国都分为二十一个乡,其中工商之乡六个、士乡十五个,国君和世为齐国上卿的高子、国子各领五个士乡[⑥]。不但国都的土地和居民被一分为三,就连国政、官宰、百工、市商以及山林川泽也随之一分为三。国都内的行政区划是“五家为一轨,十轨为一里(五十家),四里为一连(二百家),十连为一乡(二千家)”,分别由轨长、里司、连长、乡良人(或乡大夫)率领。

“伍其鄙”就是将国都以外齐国其他的地区划分为五个部分，称为“五属”。具体的行政区划是：以三十家为一邑，由邑有司管理；十邑为一卒（三百家），由卒帅管理；十卒为一乡（三千家），由乡帅管理；三乡为一县（九千家），由县帅管理；十县为一属（九万家），由属大夫管理。五属的大夫各自治理一属，他们主要负责属内的司法工作，划分田界之类的事由县帅负责，其余的一般政事则由乡帅全权负责。[7]

从以上《国语·齐语》所记载的管仲“参其国而伍其鄙”的具体做法来看，管仲对国和鄙（亦所谓的“野”）采取的是完全不同的居民编制方式，这就是周代传统的“国野分治”制度，其内涵却与周代的制度大相径庭。

周代居民编制的基本单位是“邑”，这是由原始聚落发展而来的村社共同体。邑在春秋之后又称为“书社”（简称“社”），学者一般称之为“公社”或“农村公社”。“社”和“邑”在春秋时期是同一概念，只是“社”是就这一共同体有共同的土地之神——社神而言的，而“邑”则是就居住地而言的。邑有时也称作“鄙”，它的范围很小。《穀梁传》庄公九年云：“十室之邑，可以逃难，百室之邑，可以隐死。”可见邑小的只有十户，大的也不过百户左右。社或邑是没有国野之分的。《晏子春秋·内篇·杂下》中说齐桓公曾“以书社五百封管仲”（《荀子·仲尼》中作“与之书社三百”），同时齐桓公还给予鲍叔二百九十九邑（见齐《素命镈》铭文）。《左传》鲁昭公二十年记鲁昭公削三桓不成，流亡在齐，齐景公送给他自莒疆以西的千社。《论语·宪问》中说管仲“夺伯氏骈邑三百”。这些都看不出邑和社有什么区别。

然而经过管仲改革后的齐国，国与野中邑一级的行政区划则有所不同。在国中，把以前井田制下“方井而里”的“里”作为一级行政组织[8]，规定以五十家为一里，并在里中增设了“轨”这一与军队中最基本的战斗单位“伍”相应的居民编制[9]。显然，管仲这一改革的目的在于把国中的居民组织与军事组织对应起来，以保证齐国的军事或武装力量。而在国之外的鄙野,则仍然沿袭以前的邑制。因为鄙野不是武士之乡,所以没有必要在邑下建立“轨”一类仿军事组织的居民组织。但是,为了扩大或补充兵源,管仲在鄙中也选拔了一些“秀民”为士,这就在客观上一定程度地打破了国野分制的制度。

对于国中的里,管仲采取的是军事化的管理。里的长官称“里尉”,“尉”是来源于军队的称谓。同里的居民集中住在一个修筑有围墙,只有一条进出道路,只设一个进出门户的里中。里门是可以锁住的,钥匙由里尉掌管,里尉任命一个“闾有司”(战国时称“监门”),按时开闭里门。闾有司也行监察之责,负责监察出入的人们,并直接向里尉报告情况。对于那些进出不遵守时间、穿戴不合时宜、家眷亲属及其他人中行迹异常的,闾有司一经发现,就随时上报。[11]

每年正月,五属大夫都要回朝廷述职,由国君考核其治绩。对治绩不佳者,国君加以谴责:“划归你治理的土地、农民和他人一样,为何唯你治绩不佳? 教化推行得不好,地方就不能治理好。一次、两次尚可宽赦,如果第三次仍然如此,则罪不可赦。”同时,国君还要求属大夫和乡大夫汇报在其辖地内有没有平时为义好学、慈爱孝顺父母、聪明正直仁厚、有功于民,而在乡里有好声誉的人,有没有武勇、膂力出类拔萃的人,有没有不慈爱孝敬父母,不敬兄长,不爱护弟兄,扰乱乡里,骄横、邪恶、凶暴,不遵行君长之令的人;有就必须上报,否则将受到惩罚。乡长等官吏每年年终还必须进行书面总结,上报其各级下属官吏的治绩,并向朝廷推举贤才,通过“三选”之后,或由国君命为上卿的属官,或量其才干而任以其他官职。

春秋时期,诸侯国君虽然名义上是其封国内土地和人民的所有者,所谓“封略之内,谁非君土? 食土之毛,谁非君臣”(《左传》昭公七年),但国中的土地和人民,除了国君掌握的一小部分外,大部分都分封给卿大夫作为采邑了。理论上,邑主死后,要交回其封地,称之“致邑”,但实际上都是由其子孙世袭,只不过要经过一次再封的手续加以确认。卿大夫对采邑的实际所有权是被人们认同的“制度”。所以《礼记·礼运》说:“天子有田以处其子孙,诸侯有国以处其子孙,大夫有采以处其子孙。是谓制度。”因为采邑成为卿大夫的世袭领地,所以卿大夫在采邑之内可以仿效诸侯国的形式设置朝廷官职,建立武装,还有征税、征赋、征役之权。他所统属的臣民,与他为君臣关系,要效忠于他并为他尽各种各样的义务。采邑实际上是独立的政权机构,是微而具的国家,而诸侯国君则是通过卿大夫的采邑来间接地统治其国家。因此,在诸侯国内,除采邑外,没有更进一步的地方行政区划。

管仲所创置的乡里制(国中是乡、连、里、轨;鄙野是属、县、乡、卒、邑)则在一定程度上打破了旧的采邑制度,通过建立各级地方行政机构,把地方的行政权力集中到朝廷。这一改革的影响是深刻的,它为后世的郡县制提供了样板。但是,这一深深触及卿大夫利益的改革措施为什么不见激烈反对的迹象?从《国语·齐语》所记载的桓公对乡大夫、属大夫政绩考核的内容来看,这些地方行政长官的主要事务似乎偏重于教化和地方治安方面,还没有触动采邑主的主要权利。这样的改革举措正体现了管仲为人稳重而不激进的性格特点。

此外,管仲改制后的可以由国君直接控制的地方行政机构,特别是县的建制,本应该对齐国政治、军事和经济的发展起到至关重要的作用,但是这一作用在齐国似乎并没有很好地表现出来,至少在军事上和经济上没有很好的表现。从军事上看,由于只局限于选拔秀民为“士”,而把广大的“野人”拒之门外,因此只能起到补充部分兵源的作用,而不能大规模地扩大齐国的兵源,致使齐国的军队一直局限于每军一万人、总兵力三万人的规模。即使在管仲时代,这些兵力也只能勉强支撑齐国的霸业。实际上,在管仲执政的后期,齐国对诸侯的控制就因为兵力不足而显得难以为继,面对楚国的咄咄逼人之势只好无可奈何地忍让、退缩。(参见本书第四章第五、六节)从经济上看,广大的“野鄙”也没有为齐国的称霸事业提供有力的财政支持,只不过是为齐国贵族们重新分配利益提供了方便。据《国语》记载,经过管仲改革后,齐国共有五十个县,但是齐桓公一次就赏赐给管仲十七个县作为其采邑。也许齐国后来不止五十个县,但不事扩张的政策也不会使齐国有很多的县,况且齐国的功臣、贵族不少。试想,到最后国家真正能够控制、能够收取赋税的县有多少?

"士、农、工、商"四民分居是管仲内政改革的另一个重要举措。

当齐桓公问管仲怎样才能"定民之居,成民之事"时,管仲回答说:"对于士、农、工、商四民,不能使他们杂居。杂居就会使言语杂乱,人们就会轻易改业。"桓公又问:"怎样划定士、农、工、商的居处呢?"管仲回答说:"从前圣王安置士人,使他们居住清静之地,同时将工匠安置在官府之内,将商人安置在商业市场区,将农民安置在田野。如果令士人集中居住,为他们选定清静之地,那么其父老之间谈的是君臣之义,子弟之间谈的是孝敬父母,为官事君者谈的是恭谨尽职,孩童们谈的是敬重兄长。他们自孩提时就耳濡目染,习惯于祖辈从事的职业,长大后也安心为士,不会见异思迁。因此父兄的教导不需严厉督促也能教好,子弟的本领无须劳神苦练便能掌握。所以士的子弟永远为士。令工匠集中居住一区,他们便会仔细考虑不同季节采选不同的原料,选择不同的工作,分辨原料的质地优劣,经认真权衡,节省用料;原料的选用务求符合它们软硬疏密等性质。他们天天起早贪黑地劳作,将自己的产品推销四方,并以此教导子弟。他们之间相互谈论工事,展示产品,比赛技巧,提高水平。他们整天从事此业,并以此来教育子弟,子弟从孩提时就耳濡目染,长大后也思想安定,不会见异思迁。因此父兄的教导不需严厉督促也能教好,子弟的本领无须劳神苦练便能掌握。所以工匠的子弟永远为工匠。令商人集中居住一区,他们观察四时、风雨旱涝的不同民需,并注意本乡货源丰歉,从而预测市场物价。他们负任担荷、赶车驾马,周游四方,以己所有,易其所无,贱买贵卖。他们每天早晚从事此业,也以此教导自己的子弟。他们相互间谈论亏赢,互通买卖时机,交流对物价的了解。他们从孩提时就耳濡目染,长大后也思想安定,不会见异思迁。因此父兄的教导不需严厉督促也能教好,子弟的本领无须劳神苦练便能掌握。所以商贾的子弟永远为商贾。令农民集中居住,他们根据一年四季的不同需要,制作适宜的农具,如耒、耜、枷、镰之类。在天气还比较寒冷的时候,便铲除野草,修整土地,待时而耕。耕作季节,深耕后急速播种、平土,等待时雨降临;雨后便携带各种农具,起早贪黑,在田中劳作。干活时或脱去上衣,或头戴草笠,或身穿草衣,汗流浃背,两足泥土,毛发肌肤在烈日下曝晒,竭尽四肢之勤,如此不辞辛苦地在田中劳作。他们从孩提时就耳濡目染,长大后也思想安定,不会见异思迁。父兄的教导不需严厉督促也能教好,子弟的本领无须劳神苦练便能掌握。所以农民的子弟永远为农。"

管仲"四民分居"的改革表面上看正如他自己说的一样,是"昔圣王"的古制。在西周时代,实行国野分治,只有国人才有当兵的权利和义务,而野鄙之人则只有出租、出赋、服役的义务。可以说国与野之分也是士与农之分,国人居住的地方就是士乡,而鄙野之地就是农乡。《左传》鲁定公四年记成王分封周公之子伯禽以"殷民六族:条氏、徐氏、萧氏、索氏、长勺氏、尾勺氏。使帅其宗氏,辑其分族,将其丑类,以法则周公",其中索氏为绞制绳索之工族,长勺氏、尾勺氏皆为制造酒器之工族,已为学者所公认。又记载成王分给武王幼弟康叔以"殷民七族:陶氏、施氏、繁氏、锜氏、樊氏、饥氏、终葵氏",学者一般同意陶氏即制陶的工族,施氏即制造旗帜的工族,繁氏即制造马缨的工族,锜氏即制造锉刀的工族,樊氏即编制造篱笆的工族,饥葵氏、终葵氏则可能是制造锥子的工族。可见工匠也是聚族而居的。商贾是否也聚族而居,没有文献可依据,但很可能也是像士、农、工一样地聚族而居。这种不同职业的人分别聚族而居就是管仲"四民分居"制度的基础。

"工商食官"(《国语·晋语四》)是西周的一项制度,现代学者一般认为西周工商的经营活动是在政府的控制之下,是“官工”“官商”,而非个体的自由经营。

但是,在《尚书·酒诰》中曾提到允许商遗民从事长途贩卖的商业活动,使其能奉养父母,似乎是允许商人有某种程度上的经营自由,也许这种优惠政策只是出于安抚殷商遗民的政治需要。

然而,至少在春秋初期,官商制度并不是完整的。管仲、鲍叔都曾为私商,而宁戚则曾受雇于私商。实际上,周代是否有过完整的“官商”制度也是可疑的。比较符合客观实际的情况是,“官商”制度只是说政府控制整个社会的商业活动,包括规范商业行为、严格市场管理、干涉大宗货物的买卖、控制关卡等商业道路,但不排斥私人经商。

韦昭在《晋语四》的注中说的“府藏皆有贾人,以知物价。食官,官廪之”中的“官贾”只是商贾的一种,私贾仍然大量存在。《管子·乘马》中有“知贾之贵贱,日至于市,而不为官贾者”,可证私贾确实是存在的。《周礼》中有“司市”“胥师”“贾师”等官,负责管理正式的市场和临时的集市交易;又有“质人”一官,负责大宗买卖的契约合同的公证(即“质剂”)。《礼记·王制》则规定了哪些商品在禁止销售之列:“圭璧金璋,不粥(鬻)于市;命服命车,不粥于市;宗庙之器,不粥于市;兵车不中度,不粥于市;布帛精粗不中数,幅广狭不中量,不粥于市;奸色乱正色,不粥于市;锦文珠玉成器,不粥于市;衣服饮食,不粥于市;五谷不时、果实不熟,不粥于市;木不中伐,不粥于市;禽兽鱼龟不中杀,不粥于市。”这些都反映了政府对商业活动的控制。至于像《诗·卫风·氓》所讲的那种“氓之蚩蚩、抱布贸丝”的民间交易,政府的控制与干涉就更少了。

西周政府对工匠的控制由于技术上的原因似乎更为严格。早在西周初年的大分封时,周王就曾分给鲁、卫两国以原为商朝控制的工匠家族。这一事实不仅反映了周人对殷商遗民的控制与压迫政策,而且反映了周人对工匠的集中管理制度。

《周礼・冬官・考工记》说官工是政府的“六职”之一:“国有六职,百工与居一焉。……或审曲面势(仔细研究材质物性),以饬五材(石、土、木、金、革),以辨民器(制作成民用器物)……或治丝麻以成之。……审曲面势,以饬五材,以辨民器,谓之百工。……治丝麻以成之,谓之妇功。”《礼记・曲礼》则说:“天子之六工,曰:土工、金工、石工、木工、兽工、草工,典制六材。”周代金文中也屡见“百工”一词,往往与“臣妾”并列,政府则设专门官吏以“仆驭(驱使、管理)百工”(吴闿生《吉金文录》卷三)。

《考工记》所记载的官工共有三十种之多:“凡攻木之工七,攻金之工六,攻皮之工五,设色之工五,刮摩之工五,搏埴之工二。”《周礼》中有“工正”一官,负责官工的管理。当然,除“官工”外,私人工匠也存在,《管子・乘马》中就有“不为官工”的“私工”。

在“工商食官”的制度下,工商业者的地位非常低贱。金文中百工常与处于奴隶地位的臣妾并列,而西周的士大夫们则强调“君子以远小人,不恶而严”(《易・恒卦》)。因此,“士人夫不杂于工商”(《逸周书・程典》),工商“出乡不与士齿”(《礼记・王制》)。贵族们甚至不能进入市场参加交易,否则将会因破坏周人小心翼翼维护的等级秩序而受到惩罚。《周礼・地官・司市》中说:“国君过市,则刑人赦,夫人罚一幕,世子罚一帛,命夫罚一盖,命妇罚一帏。”

管仲的“四民分居”的改革,表面上看是在维护“士大夫不杂于工商”的旧制度,所以管仲强调这是“昔圣王”的制度,实质上却与旧制度大相径庭。

在周代,“士大夫不杂于工商”是基于等级观念,因为当时工商业者的地位低于普通农民(庶人),而接近“臣妾”(家奴),所以才“不与士齿”。而管仲则对工商与士农一视同仁,说“士、农、工、商四民者,国之石民也”(《管子・小匡》),即认为工商同士农一样都是国家的基本人民,这就在认识上把工商的地位提高了,反映出了政府不再歧视工商的态度。而管仲之所以仍要提倡“四民分居”,则更多的是出于防止农民改业工商(“民移”“民迁”)和保持职业稳定性的需要。因此,管仲的“四民分居”的出发点并不是按等级来划分社会集团、决定居住区域,而是按职业来划分社会集团、决定居住场所,这是其与旧制度根本不同之处。

管仲进行“参其国而伍其鄙”以及“四民分居”的内政改革,主要目的还在于“正卒伍”“修甲兵”。正如他自己所说,是“作内敌而寄军令”,即通过建立新的乡里制度,寓兵于民,把国中的居民组织与军事组织相配套,建立军政合一的体制。

管仲之所以不死于公子纠,是因为他要干一番大的事业,这种事业就是他勉励齐桓公要做的“称霸”诸侯。管仲是个非常自信的人,他认为要治理好齐国是非常容易的事,只需要隰朋、鲍叔一干人辅佐桓公就行了,用不着他管仲。但是,若想使齐国称霸诸侯,则非他管夷吾莫属。而要称霸诸侯,就必须成为军事大国。要维持这样的军事大国地位,则必须有强大的经济力量来支撑。管仲的改革,就是围绕这一中心来进行的。

管仲认为,要成为军事大国,不能单靠整顿军队、修治甲兵来完成。他对齐桓公说:“您要整顿军队、修治甲兵,其他大国也将整顿军队、修治甲兵;您有征战的举动,各国诸侯的大臣就有了防御的准备。这样是难以迅速得意于天下的。您想迅速得意于天下诸侯,就应该行事有所隐蔽,行政有所藏寓。”

管仲称他的方法是“作内政而寄军令”。具体的做法是:在士乡,以五家为轨、十轨为里、四里为连、十连为乡,这是居民编制;每家至少应有一人应征当兵,一轨五家各出一人则为五人,由轨长率领,刚好与军队中的基本作战编制“伍”相吻合;一里五十人,由里有司率领,刚好相当于军队“小戎”的编制,同时也相当于两乘兵车的人员配置[12];一连二百人由连长率领,刚好相当于军队“卒”的编制;一乡两千人,由乡良人率领,刚好相当于军队“旅”的编制;五乡合计一万人,正好是一军的编制。齐国有十五士乡,共有三军,每军一万人,合计有兵力三万。所以《管子·小匡》称齐国“有教士(训练好的士兵)三万人,革车(兵车)八百乘”。三军分别由齐桓公和世为齐国上卿的国、高二氏率领。

由于实行“四民分居”,各司其业,所以武士相比农、工、商来说,基本没有生活上的担忧。由于他们从小就生活在武士集团之中,或潜移默化,或耳濡目染,自觉地与这一集团认同,不会见异思迁,这就使军人的心理素质比较稳定。士乡的人在农闲之时要参加军训,即“春蒐秋狝”。“春蒐”是以春天打猎的形式进行训练,主要是训练撤退和回师;“秋狝”则是以秋天打猎的形式进行训练,主要是训练进攻和出兵。

管仲认为,采取划分士乡的做法还有一个好处,那就是:同伍之人家,人与人朝夕相处,家与家比邻而居,世世同处,童年便在一起玩耍,有祭祀时一起向神祈福,发生丧事一起参加丧仪。这些人是祸福与共,因此在夜战之中,卒伍的士兵听声音就能分清敌我,可以避免战阵混乱,白天作战瞥一眼便知敌友;驻防则一起娱乐,行军作战则相互协助,若有死伤则一样悲伤;用于防守则生死与共、坚不可摧,用于作战则团结一心、攻击力强。管仲自信地对齐桓公说:“国君有了三万这样的将士,统帅他们纵横天下,讨伐无道之国,保卫周室。即使大国的君主,也无人能与我们抗衡。”

然而,事后的发展证明,管仲是过于自信了。诚然,经过管仲的改革,齐国拥有当时数量最多(当时诸侯之军,小国不过一军,较大的如鲁、卫等国,不过两军,只有像齐国这样的头等大国才有三军)、装备最精良、素质最稳定的三万甲士,可以纵横天下,无人与之抗衡。但是,由于管仲过于守旧,不敢也不愿打破国与野的界限,没有允许“野人”当兵,所以极大地限制了齐国的兵源。到后来,各国纷纷扩充军队,特别是楚国和晋国,由于吸收鄙野居民当兵,军事力量大增,而齐国仍然是那三万甲士,再要纵横天下,就显得力不从心了。

## 五、管仲的经济改革

商贾出身的管仲最善于理财。他既有商人审时度势、权衡轻重的灵活性,又有政治家注重大节、果敢坚毅的气魄,因此其经济改革的力度比其政治改革的力度更大,收效也更为显著。在齐桓公当政的四十多年间,由齐国主持的战事、会盟比齐襄公时期多出若干倍;而齐国对诸如卫、邢、杞等国的无偿援助更是多于其他时期;齐桓公的奢侈、腐化程度不亚于齐襄公,就连管仲也是“其侈逼上”。但是,齐国的经济并没有因此而凋敝,反而有力地支撑着齐桓公蒸蒸日上的争霸事业,这都有赖于管仲大刀阔斧式的经济改革。

管仲认为,欲“王天下”,必须“国富而粟多”(《管子·治国》)。但是,怎样才能做到这一点呢?管仲把发展农业放在了首位。

周代的土地制度是土地王有制。《诗经·小雅·北山》所说的“溥(普)天之下,莫非王土。率土之滨,莫非王臣”正是这种土地王有制的反映。周天子虽然理论上是全国土地的最高主宰,但是,由于周代实行的是分封制,全国除王畿之外的大部分土地都被大大小小的诸侯所实际拥有;而在封国之内,诸侯国君对封土内的土地拥有完整的所有权。这就如《左传》鲁昭公七年所讲的:“封略之内,何非君土?食土之毛,谁非君臣?”同样,诸侯国君再把其大部分土地分封给卿大夫,让他们建立采邑,采邑主也实际拥有其封地内的土地所有权。采邑主再把大部分土地分封给士,士才是最终真正拥有土地的人。为了保证土地理论上的王有制,周王朝的土地是不能私自交易的,这称之为“田里不鬻”。当然,“田里不鬻”的制度不但不损害各级土地占有者的实际利益,而且保障了他们对实际拥有土地的所有权,因此被视为基本的“周礼”而被各级贵族所承认。

从周天子到诸侯国君以及卿大夫都留有部分自己的土地,称之为“公田”。由于这部分自留地远比分给一般农民(庶民)耕种的土地大，所以又称之为“大田”或“甫田”。而普通庶民耕种的土地则称之为“私田”。

农民在自己私田（份地）上进行劳动，收成供自己养家糊口；同时，还得在公田上无偿地劳动，公田的收成归各级贵族。这样的经济制度被战国时人（如孟子、《周礼》一书的作者）整理并理想化，就成了《孟子》和《周礼》两书讲述的“井田”制度。[13]

《诗经》中有许多反映庶人（农民）在周天子的大田（即公田）上进行集体劳动的诗句。《周颂·噫嘻》写道：

噫嘻成王，（成王轻叹作祷告）
既昭假尔，（招请先公与先王）
率时农夫，（要我率领众农夫）
播厥百谷。（去到田野播百谷）
骏发尔私，（田官推动耒与耜）
终三十里。（尽在三十里耕耘）
亦服尔耕，（大家配合来耕地）
十千维耦。（五千耦耜万人犁）

两千人同时在大田里进行耕种，这是何等的规模！

《周颂·载芟》则真实地描写了农民全家参加公田劳动的情景：

载芟载柞，（又除草来又砍树）
其耕泽泽。（田地翻耕松土壤）
千耦其耘，（千对农夫齐耕耘）
徂隰徂畛。（前往洼地与高坡）
侯主侯伯，（家主带着长子来）
侯亚侯旅，（子弟晚辈都到场）
侯彊侯以。（来了壮汉与雇工）
有嗿其馌，（地头吃饭声音响）
思媚其妇。（想把妇女来讨好）

有依其士，（小伙子们真强壮）
有略其耜。（耒耜尖刃多锋利）
俶载南亩，（首先翻耕南亩田）
播厥百谷，（往那田里播百谷）
实函斯活。（种子发芽生机旺）

由于较近的血缘关系，周初的庶民对作为姬姓族长的周天子怀有较深的感情，他们唱道：

有渰凄凄，（乌云密布遮满天）
兴雨祈祈。（大雨滂沱潇潇下）
雨我公田，（纷纷扬扬洒公田）
遂及我私。（连带洒落我私田）
（《诗·小雅·大田》）

属于那些卿大夫采邑上的公田，其规模比王室的公田要小得多。在此公田上劳动的农夫（庶民）与公田的所有者“公子”“曾孙”的血缘关系更为直接，其人际关系也要亲密得多。《诗·小雅·甫田》对此有生动的描述：

曾孙来止，（曾孙亲自来田野）
以其妇子。（带着妻子和儿女）
馌彼南亩，（饭菜送到南亩边）
田畯至喜。（田官见了喜洋洋）
攘其左右，（唤来左右农夫们）
尝其旨否。（尝其饭菜味如何）
禾易长亩，（禾苗茁壮盖田垄）
终善且有。（今年定有好收获）
曾孙不怒，（曾孙心情非常好）
农夫克敏。（夸奖农夫真勤劳）

《豳风·七月》本是一首农事诗，但其中反映了当时农夫们生活和生产的情况。诗中提到，当农夫们在田间为“公子”劳动时，其妻子儿女要送饭到田间；农夫们的衣服由公子提供，而农夫的妻女则要为公子制作丝绸衣裳和裘衣；若公子的女儿出嫁，农夫之女可能要作为媵妾陪嫁；农夫除了替公子耕种田地外，还要替公子酿酒，修缮房屋；到了年末，公子便邀请农夫们到家族的公堂上去痛饮一番，以此联络感情。“朋酒斯飨，曰杀羔羊，跻彼公堂，称彼兕觥，万寿无疆！”看来，农夫与公子暂时还保持着较为融洽的关系。正因为如此，农夫们在公田上的劳动还有一定的积极性，公田的收获也相当可观。

《诗·周颂·良耜》描写王室的公田庄稼丰收景象道：

获之挃挃，（挥镰收割唰唰响）
积之栗栗。（粮食堆积节节高）
其崇如墉，（谷物高耸如城墙）
其比如栉。（粮食密集如栉梳）

《小雅·甫田》歌颂卿大夫的公田丰收景象道：

曾孙之稼，（曾孙庄稼获丰收）
如茨如梁；（高高堆积如屋梁）
曾孙之庾，（曾孙仓库满满装）
如坻如京。（如同小丘和山冈）
乃求千斯仓，（赶紧增加千座仓）
乃求万斯箱。（赶紧增加万个箱）
黍稷稻粱，（黍稷稻粱都丰收）
农夫之庆。（农夫庆贺喜洋洋）
报以介福，（报告神灵求大福）
万寿无疆。（互相祝万寿无疆）

到了西周中后期，井田制度遇到了危机。一方面，靠血缘亲情关系来维系的贵族与平民的亲密关系，经过若干代后变得淡薄起来。农民对公田的热情减弱甚至消失了，他们在公田上敷衍、应付式的劳动使公田的产量一年不如一年。与此相反,他们把更多的精力、更大的热情用于自己份地上的劳动。如果有了多余的劳动力,他们宁愿去开辟荒地,增加私田。另一方面,在西周中期,“田里不鬻”的土地制度开始遭到破坏,土地交换甚至土地买卖的情况陆续出现。⑭

土地易主也造成了农民与田主关系的变更,土地的新主人与农民往往没有太近的血缘关系,这也会导致主人的残暴与农民的怠工,结果是“公田不治”。“公田”在西周后期已变得无利可图,所以周宣王即位后,“不藉千亩”,废除了在公田上举行亲耕的仪式,“公田”已是穷途末路。

这种“公田不治”的情况到春秋时期更为严重。《诗·齐风·甫田》是齐襄公时代的作品,诗中描写道:“无田甫田,维莠桀桀(不要耕种那大田,密密麻麻稗长生)。”可见当时“公田不治”的情况何等严重!

管仲改革时,齐国不但“公田不治”的情况极为严重,贵族们侵吞国君的公田、掠夺农民的土地和国家的山林川泽的情况也很严重。有些失去土地的农民进入城市,从事工商业,称之为“民移”。这些情况导致了国家财政收入的锐减。面对这一现实,当心情焦虑的齐桓公问管仲“如何对待伍鄙的农人”时,管仲提出了“相地而衰征,则民不移”(《国语·齐语》)的对策,作为其重用民力、尽其地力发展生产的政策。“相地”是观测、评定土地,以区分土地的肥瘠、好坏;“衰征”是依土地等级来征收赋税,即韦昭在《齐语》注中说的“视土地美恶及其所出,以差征赋之轻重也”。“相地而衰征”是按土地的等级来征税,可见它是以取消公田和私田的划分为前提的。由于这种征税的办法比较合理,使农民的负担相对平均,因而能够起到稳定农业人口的作用,能使“民不移”。

根据战国时人追述管子事迹和思想的作品——《管子》一书的记载,“相地而衰征”的过程大约分为三个步骤⑮。

首先是相地,又称“正地”“相壤”。《管子·乘马》中说:“正地者,其实必正。长亦正,短亦正;小亦正,大亦正。”正即测量,就是说无论土地的宽狭、大小,都要测量和分出等级的好坏,并将土地分成上壤(上等田地)、间壤(中等田地)和下壤(下等田地)三等。“田策相员”,以土地和农业政策相辅而行。《管子·乘马》中说,山林川泽不能生产粮食,依其能否生产树木、可否捕捞鱼虾,从百亩折合一亩粮地到五亩折合一亩粮地不等。旱地八尺见水的,轻征十分之一。地势愈高,减征愈多。至四十尺见水地,减征一半。涝洼地五尺见水,轻征十分之一。地势愈洼,减征愈多。一尺见水的洼地与水泽等同。各种土地的分类,都是折合成耕地面积,还依自然地理状况,划分为渎田、丘陵、山地三类,并按地势、山泉及谷、木、草的出产分为二十五种地,又把上土、中土、下土各分为三十种。这些虽然不一定全是管仲“相地”的内容,但管仲的“相地”至少应该包括土地大小、位置的测量与土地质量的鉴定。

其次是“均地分力”。“均地”是把“维莠桀桀”的公田分给各农户去耕种,具体方法是把公田和农民的私田一起拿出来平均分配。“分力”是指打破公田、私田的界限后,实行授田制(一般是每户一百亩,约合今三十一亩多一点)下一家一户小农经济的分散经营。这是继取消公田、私田划分办法以后出现的一种新的土地关系,主要在五鄙中推行。齐国的井田制(即农村公社田制)因此而发生了很大的变化,即由有公田变为无公田。与之相应,公田时代的劳役地租也为非公田时代的实物地租所代替,“相地而衰征”的新税收制度也只有在这种情况下才能够真正实行。

实行“均地分力”后,农民耕种自己的份地,其劳动的勤惰直接影响其收获的多寡;因此,农民生产的积极性被大大地激发。正如《管子·乘马》中所说:“均地分力,可以使农民知道农时。农民会关注季节的早晚、光阴的紧迫和饥寒的威胁。这样,他们就能晚睡早起,父子兄弟全家关心劳动,不知疲倦、不惮劳苦的工作。”

但是,通过“均地分力”后,齐国并没有完全取消公田,齐国的公室按照传统仍然保留了一小部分公田,以其收成为祭祀尝新之用。不过这时的公田不再由农夫们“助耕”,而是由士、工、商来助耕。凡国中的士、工、商,每人每年参加三天的义务劳动,为国君的公田“助耕”。(参见《管子·乘马》)由于这时的“公田”数量很少,所以在公田上采用的这种旧式的“助耕”方式在社会生产中已不占主导地位了。

最后是“与之分货”。《管子·乘马》中说:“与之分货,则民知得、正(征)矣;审其分,则民尽力矣。是故不使而父子兄弟不忘其功。”就是说,农民明确知道自己应得部分和土地所有者的征收部分,农民和土地所有者共同分配土地上的生产物,即实行地租分成制。实行地租分成制后,分租比例固定,多产多得,耕者就会为增加产量而尽力,就会起早贪黑、不惮劳苦。

由于农户分到的土地有好有坏,其收成也就有多有少,因此为了使农民的负担平均一些,不同土地的纳税额也应有所不同,这自然就产生了“相地而衰征”的税收原则。

至于国家对采邑主和自耕农的税收额,据《管子·大匡》的记载,是“赋禄以粟,案田而税。二岁而税一。上年什取三,中年什取二,下年什取一,饥岁不税”,就是说按照田地多少来征收田税。农民以粮食来完税,每两年交一次。年成好时,交十分之三;中等年成,交十分之二;下等年成,交十分之一。若遇灾荒,则不交税。农民每年的负担一般是十分之一的税,这与西周时代相同。古代农民的土地税额并不太高,这并不是说他们的负担比较轻,因为当时农民的主要负担不只是税,还有沉重的赋役。

管仲除了为齐国建立了一套新的土地制度和税收制度,以保证农民安于土地并激发农民的生产积极性外,还以各种手段来保障和促进农业生产的发展。他曾告诫齐桓公:“无夺民时,则百姓富;牺牲不略,则牛羊遂。”(《国语·齐语》)不要因为滥用劳役而妨害农时,耽误生产;不要强征牛羊,影响畜牧业的发展。管仲主张在搞好粮食生产的同时,也要发展农村的家庭纺织业和畜牧业。他说:“务五谷,则食足;养桑麻,育六畜,则民富。”(《管子·牧民》)

管仲的农业改革虽然能使农民安于土地,使社会稳定下来,并能在一定程度上增加财政收入,但他清楚地知道,单靠农业收入是不能使齐国成为经济强国的。他以敏锐的眼光把改革深入到了工商业中。

齐国历来有重视工商业的传统。据说姜太公初封于齐国时,齐国是“盐碱地,人烟稀少”。但是,齐国“依山傍海”,可以通过发展工商业来带动农业的发展。于是有雄才大略的姜太公在实行“简其礼”“因其俗”政策的同时,又“鼓励妇女从事纺织刺绣,提倡工艺技术,开通鱼、盐的贩卖”,大力发展工商业。结果使“别国的财物、人才纷纷流入。所以,齐国制造的衣服饰品遍及天下,东海、泰山之间的诸侯,都穿戴整齐去齐国朝拜”,齐国成了“膏壤千里,宜桑麻,人民多文采布帛鱼盐”(《史记·货殖列传》)的东方大国。正是齐国这种重工商的传统为管仲的改革打下了基础。

当齐桓公向管仲提出“财用不足若何”的问题时,管仲提出了“官山海”(《管子·海王》)的建议。所谓“官山海”,就是指由国家控制山海资源,并实行“盐铁专卖”的制度。表面上看,这种“官山海”的政策与西周厉王时荣夷公的“专利”政策是一致的,其实却大不相同。厉王的“专利”,是由国家全面垄断工商山泽之利,旨在剥夺工商业者和贵族的利益;而管仲的“官山海”,则实行的是民办官营,即由民间生产,而由官府统购统销,这虽然也部分地剥夺了工商业者的一些利益,但基本上双方是互利的。

管仲的“官山海”政策是以两种人们生活必不可少的东西——盐、铁为出发点。他曾经算了一笔账:十口之家,就有十人要吃盐;百口之家,就有百人要吃盐。盐是人们生活的必需品,如果一个成年男子每个月吃盐五又三分之一升(古齐升一升容量合今197.6毫升,可盛盐0.371市斤),一个成年妇女每月吃盐三又三分之一升,一个小孩每月吃盐二又三分之一升。以一对夫妇三个小孩的五口之家计算,每月吃盐十五又三分之二升,全年吃盐一百八十八升(合今69.75市斤)。管仲认为,人们对盐的需求量这么大,又不能自己生产,必须到市场购买,虽然价格比成本贵几倍,但是不得不买,这就使盐的专卖有巨大的利润。

管仲称齐国为"海王之国",认为应当开发"渠展(指济水入海处)之盐"(《管子·海王》)。他为齐桓公筹划的办法,首先是允许把盐的生产权下放给私人。"请君伐菹薪,使国人煮水为盐,征而积之。"(《管子·轻重甲》)即允许人民采伐枯柴,煮海水制盐,由官府征购积存,然后由官府运往国内外销售。

春秋时期的社又称为"书社",这是因为当时把一社的户口都书写在版图上,可见那时已有了较严格的户籍制度。管仲仿照户籍制度而制定了"盐策"。他让地方上统计吃盐人的性别、年龄,一一登记在"盐策"上,按人口分男女、长幼等级,采取按户计口授盐的配给方法。供应的标准是:男女大小平均每人每月供盐三升。官府在销售食盐时,除了按道路远近和损耗多少加价外,还要把盐税加在盐价中。管仲认为,可以在盐价上加税,每升加半钱到二钱是不容易察觉的。如果每升加二钱,一釜(百升为釜)可得钱二百,一钟(二釜为钟)得钱两千,千钟得钱二百万。万乘之国人口千万,每日售千钟,得钱二百万,十天得钱两千万,一月得钱六千万。而征人口税,可征的成年男子只占全国总人口的十分之一,每人每月征三十钱,全国每月可征人头税三千万。现在虽然没有征老人、小孩的人头税,但是盐的专卖已可得到相当于两个万乘之国的人头税总数。[16]可见按"盐策"计口授盐,只看得到我们给予百姓的好处,而看不到我们剥夺百姓的钱财,实际上国君已获得了成倍的利益。国家在每天大量地销售食盐中,会积累大量财富,表面上却不曾征税,也就不至于激化矛盾,引起百姓"嚣号"不安。

据称,自管仲实行食盐专卖政策、开放盐池后,煮盐的人纷至沓来,多得像赶集一样,齐国在四个月之内竟得盐三万六千钟。为了维持国家对盐的垄断权,防止因生产过剩或积压而使盐价下跌,同时也为了防止过多的劳动力流向煮盐业而影响农耕,管仲对煮盐的时节严格控制,只准在头年的十月到第二年的正月这四个月的农闲季节煮盐;到了孟春二月,农事开始,便下令"北海之众毋得聚庸煮盐"(《管子·轻重甲》)。由于控制了盐的生产量,就能保证盐的价格不下降。如果销售到国外,还可以抬价出售,甚至可抬高到成本的四十倍。管仲对桓公建议说:"盐价抬高了四十倍,国君您可按这四十倍高的盐价,沿着黄河、济水,把盐卖到梁、赵、卫和濮阳。"[17]这就等于"砍柴煮盐以取得天下之人的收入"。天下之人因为无法减少盐的进口而不得不拿出这笔钱。

早在商朝,人们已开始对铁有所认识,不过那时的铁还是陨铁。到了西周后期,开始有了原始的熟铁(称"块炼铁"或"鍒铁""海绵铁")。到了春秋之时,随着鼓风技术的改进,炉温进一步提高,铸铁开始出现了。当时的铸铁远没有青铜光亮,所以被称为"恶金",而青铜则被称为"美金"。青铜虽然光亮,但产量远不如铁,而且价格昂贵,不能普及于日常生活,特别是不能普及于农业生产。因此,在西周时期,虽然有发达的青铜工业,但农民的生产工具仍然是石器、骨器、木器之类,只有极少数的金属工具。自从铸铁术发明后,便因其产量大、价格低、性能好的优势,迅速普及开来,成为人们生活的必需品。特别是铁被用于制造农业生产工具,极大地提高了农民的劳动生产率,使单家独户的小农生产蕴含了极大的潜力。农民不但可以耕种好自己的份地,尚能投入多余的劳动力来开辟山林荒地。农民投入自己份地的劳动越多、越热情,就对公田的劳动越冷淡、越消极,"公田不治"的现象也就越严重。从这个意义上说,铁器的发明和推广使用还起到了破坏"井田制"的作用。

管仲对桓公说:“妇女必须有针和剪刀,才能进行缝纫;农夫必须有耒、耜和大锄,才能进行耕种;工匠必须有斧、锯、锥、凿,才能完成其工作。如果没有这些铁制工具而想做成事的,恐怕天下还没有。”因此他建议:下令在一支针的销售价格上增加一钱,三十支针所加的钱就相当于一个人一月的人头税;在每把剪刀的销售价格上增加六钱,五把剪刀所加的钱就相当于一个人一月的人头税;在每把铁耜的销售价格上增加十钱,三把铁耜所加的钱就相当于一个人一月的人头税;其他铁器的销售价格可以类推。

在铁器的生产上,管仲不同意由国家垄断铁的生产与开采。他认为,假如由国家垄断,那么不外乎征发罪犯和奴隶去生产,或者以徭役方式征发百姓去生产。如果是征发罪犯和奴隶去开发矿山,伐木铸铁,那么罪犯和奴隶逃跑的事不好解决;如果征发人民入山开矿冶铁,会导致人民对政府的仇怨,一旦有战争,他们会因怨恨政府而不肯为国家作战。这样一来。国家没有得到开矿冶铁的好处,反而会引起内忧外患。因此,由国家垄断经营的方法不可取。管仲的意见是:“好的方法是交给人民经营,算好它的产值,计算它的赢利,由百姓分七成利,君主分三成利。”君主所得的三成作为专卖税,实质上是产品税。国家得到的铁和铁器,一部分供给官营工业生产,一部分供给农民、工匠和军器工场。

在铁器的销售上,也实行类似食盐专卖的政策。铁器的销售全由官府所属的机构来经营,按居民的户籍来供应,加价出售。

这样一来,无论是妇女、农夫或工匠,只要你使用铁器,就得向官府纳税,而实际上人民又离不开铁器。表面上看,没有课税之名,但实际上谁也逃脱不了国家的课征。

管仲的“官山海”政策,还包括诸如“立三等之租于山”(《管子·山国轨》)的林业政策以及贵金属的专卖等内容,但以盐铁的专卖为主要内容。

在对外贸易上,管仲也是持积极鼓励的态度。《国语·齐语》说:“通齐国之鱼盐于东莱,使关市讥而不征,以为诸侯利,诸侯称广焉。”这就是说,打通与东莱(姜姓之国,在今山东龙口东南,盛产鱼盐)的商业通道,命令关卡和市场管理官吏对各国客商只加以稽查,而不征税,以此使诸国蒙利,诸侯因此而称颂桓公的宽厚。

“关市讥而不征”实际上只限于鱼、盐,这是因为齐国从东莱(东莱为齐所隔,不能直接把鱼、盐等货物销往中原各国)以低价大量地收购鱼、盐,再加价销往各国,即《管子·海王》所说的“有海之国(指东莱)售盐于吾国,釜十五(或曰:‘十五当作五十’),吾受而官出之以百”。表面上看,齐国没有征收关税,示惠于人;但实际上通过加价的转口贸易,齐国大赚其钱。管仲真不愧是精明的商人。

在一般商品的关税问题上,由于齐国是工商业大国,所以管仲极力主张低关税政策。《管子·幼官》记齐桓公在第三次会盟诸侯(齐桓公七年,公元前679年)时,曾与各国达成关税协议:“市赋百取二,关赋百取一”,即约定市税为百分之二、关税为百分之一。在第四次盟会(桓公八年)上又规定,与会各国要“修道路,偕(同)度量,一(统一)称(衡)数”。这都是为商业贸易提供便利。低关税对齐国特别有利,但对工商业不发达的诸侯国来说,未必有利。虽然齐国以霸主的身份强行通过了“关赋百取一”的关税盟约,但各国实际上并没有完全照办,所以在齐桓公十九年(前667年),齐国自己也把关税提高了一倍,采取“五十而取一”(《管子·大匡》)的新关税。[18]

管仲认为边关是引进外国货物的重要门户,因此特别重视边关的管理。为了防止官吏滥征关税,他曾严肃、郑重地通告各处关卡说:“征于关者,勿征于市;征于市者,勿征于关。虚车(空车)勿索(不要索取关税),徒负(徒步背负商品到市场进行买卖者,指小商贩)勿入(不要征税),以来远人。”(《管子·问》)

为了吸引各国的商人到齐国经商,管仲除了采取低关税政策外,还在生活给养上给外商以优惠。《管子·轻重乙》记载齐桓公曾问管仲怎样才能招徕外商,管仲建议说:“请您下令为诸侯国来的商人修建客舍,来一乘车的外商免费供给伙食,来三乘车的外商再加供给马的饲料,来五乘车的外商除享有上述优待外,还派给服侍人员。”据《管子·大匡》记载,当时齐国每三十里设置一驿站,驿站中储有食物,以招待各诸侯国来的使节和商人。为吸引外商,管仲真是不择手段。据说,他甚至设置女闾(妓院)二百,以安行商。由于齐国采取了以上种种优惠措施以招徕商人,所以各国的商人纷纷到齐国经商。《管子·轻重乙》称当时“天下之商贾归齐若流水”。

管仲的一系列富有成效的经济改革收到了“通货积财,富国强兵”(《史记·管晏列传》)的效果,齐国一跃而成为中原的经济大国。正是靠雄厚的经济支撑,管仲协助齐桓公在中原的争霸中干出了一番轰轰烈烈的事业。

**注释**

①《吕氏春秋·任数》《新序·杂事四》所记与此略同。然《吕氏春秋》作“有司请事于齐桓公”,《新序》作“有司请吏于齐桓公”。按:事,古文作叓(《盂鼎》);吏,古文作叓(《说文》)。二者形近易误,故《新序》之“吏”字应据《吕氏春秋》改为“事”。

②《韩诗外传》卷六云:“齐桓公困于长勺,疾据管仲、宁戚、隰朋而匡天下。”可见齐桓公是经过长勺之败后才真正信赖并依靠管仲等人的。

③《吕氏春秋》高诱注云宁戚“歌《硕鼠》也”。毕沅《〈吕氏春秋〉校正》云:“孙云:‘《后汉书·马融传》注引《说苑》曰:宁戚饭牛于康衢,击车辐而歌《硕鼠》,与此正合。’”又引卢文弨说:“案,《史记·邹阳传》集解引应劭曰:‘齐桓公夜出迎客,而宁戚疾击牛角商歌曰:南山矸,白石烂,生不遭尧与舜禅,短布单衣适至骭,从昏饭牛薄夜半,长夜曼曼何时旦。’”此歌出《三齐记》。《艺文类聚》又载一篇云:“沧浪之水白石粲,中有鲤鱼长尺半。敝布单衣裁至骭,清朝饭牛至夜半。黄犊上坂且休息,吾将舍汝相齐国。”李善注《文选》成公子安《啸赋》又载一篇云:“出东门兮厉石班,上有松柏兮清且兰。粗布衣兮

缊缕,时不遇兮尧舜主。牛兮努力食细草,大臣在尔侧,吾当与尔适楚国。”三歌真赝虽不可知,但合之亦自成章法。“仁和陈嗣倩云:‘疾商歌,殆非一歌也’,今故具录以备参考焉。”按:此三歌体裁绝不类《诗经》,当属后人伪托。宁戚歌《硕鼠》,取其“莫我肯顾,逝将去女,适彼东土”之意,与当时情景及宁戚心理非常吻合。

④ 此据《管子·小匡》。《管子·大匡》云:“季友之为人也……可游于鲁。”盖公子举与季友为一人。又鲁国另有季友,为鲁桓公之子,鲁庄公之弟。《小匡》之“曹孙宿”,《大匡》作“蒙孙”,“蒙”可能为“曹”之误。

⑤《说苑·尊贤》云:“桓公问于管仲曰:‘吾欲使爵腐于酒,肉腐于俎,得无害于霸乎?’管仲对曰:‘此极非其贵者耳,然亦无害于霸也。’桓公曰:‘何如而害霸?’管仲对曰:‘不知贤,害霸;知而不用,害霸;用而不任,害霸;任而不信,害霸;信而复使小人参之,害霸。’桓公曰:‘善。’”此说与《管子·小匡》所记不同。

⑥《管子·小匡》云:“公帅十一乡,高子帅五乡,国子帅五乡。”与《国语·齐语》异。盖国君除帅五士乡之外,也统领工商之六乡。

⑦《国语·齐语·管仲佐桓公为政》云:“是故正之政听属,牧正听县,下政听乡。”韦昭注以“正”为五正(长)、“牧”为五属大夫、“下政”为县帅,恐不确切。按:《管子·小匡》有“武政听属,文政听乡”“立五乡以崇化,逮五属以属武”之句,是“正之政”应即“武政”,“下政”应即“文政”。明刘绩《管子补注》以“正”为治罪、“牧”为划分田界、“下”为一般政务,其说近之。

⑧ 西周时期的基层组织,见于金文的只有邑,如《宜侯夨簋》铭文中有赏赐“厥宅邑卅又五”之记载。而“社”字虽屡见于殷商卜辞(写作“土”),但并不是指地方基层组织。作为地方组织的“社”或“书社”之词只见于春秋后期和战国时人的著作。《周礼·地官·遂人》中有“五农为邻,五邻为里”之语,《说文》“社字下云:‘《周礼》:二十五家为社’”,是以《周礼》之里为“书社”(简称“社”)。《周礼·地官》中尚有“里宰”一职,其职责是:“掌比其邑之众寡……以岁时合耦于耡,以治稼穑,行其秩叙,以待有司之政令,而征敛其财赋。”此外,《逸周书·大聚》中有“以乡为闾(即里)”“合闾为教”之句。又《尚书·酒诰》《逸周书·商誓》中皆有“里居(“居”为“君”之误)”一词,周代铜器

铭文（如《史颂簋》）中也有“里君百生（姓）”一词。学者把这个“里君”与《管子·小匡》的“里君”混为一谈，遂以“里”为周代地方基层组织。实际上，西周的地方基层组织只有“邑”，“社（书社）”和“里”之名均晚出。《晏子春秋》说齐桓公给管仲五百书社，而《素命镈》则记齐桓公给鲍叔二百九十九邑，可以肯定，《晏子春秋》说的书社就是指“邑”，可见当时称“邑”不称“书社”。《论语》说管仲夺伯氏骈邑三百，也是称“邑”不称“书社”。虽然“书社”一词此时早已出现（《左传》昭公二十五年云：“齐侯曰：‘自莒疆以西，请致千社，以待君命’。”哀公十五年云：“因与卫地，自济以西，禚、媚、杏以南，书社五百。”），但是好古的孔子则乐意用“邑”一词。《周礼》一书的形成不早于战国中期，现在有许多学者认为它是齐国稷下先生的作品，至少说它出于战国时期的东方国家学者之手应该没有多大问题，因此其记载的“里”和“闾”制都不能说明是西周的制度。《逸周书》也晚出，其“闾”制也不是周制。至于《酒诰》和《逸周书》及周金文中提到的“里君”，学者也有不同的意见，说它和作为基层组织的里没有多大联系，应该是不错的。另外《左传》曾提到周灵王时宋国执政乐喜“使伯氏司里”（襄公九年），又提到宋国的执政子罕把向他献玉的人“寘诸其里”（襄公十五年），说明当时已有“里”这一行政组织，但其时去管仲改革已一百多年。总之，我们认为，“里”作为一级地方行政组织开始于管仲改革。

⑨ 以五家为一组的居民编制见于《国语·齐语》《管子·小匡》《管子·立政》《管子·乘马》《周礼·地官·遂人》《周礼·地官·大司徒》《周礼·地官·小司徒》《周礼·地官·序官》等篇，显然均源于《国语》（按：《小匡》乃抄《齐语》，《管子》其他诸篇均成于战国齐的稷下先生，《周礼》也很可能出自稷下先生之手）。可见它是管仲改革后才出现的居民编制。

⑩《国语·齐语》鄙中的邑下没有“轨”之建制。这并不是漏记，因为鄙人没有当兵的权利和义务，所以没有必要按军队“伍”的编制来组织居民。《管子·乘马》《管子·度地》两篇在都（即属）下的居民编制中，均提到了“伍”的编制，这当然是后人的依托。在战国之时，由于国、野之别已被完全打破，野人也有服兵役的权利和义务，所以各国均仿照“国”的编制，在野中也普遍建立“伍”的组织，以至当时人已不清楚“伍”（或“轨”）的居民编制在以前只存在于国中，这才造成了一些混乱。

⑪《国语·齐语》中没有"里尉",只有"里有司"。"里有司"(《管子》作"闾有司")原是一里之长,主要责任是监察和军事。后来,随着战争发展的需要,居民组织和军事组织更进一步配合,于是在里中又设置了专门负责军事的"里尉"一职。而以前的"里有司"的地位随之下降,到战国时,更成为"贱役"。"里尉"一职虽然不是管仲改革的产物,但从"里有司"演变到"里尉",透露了"里有司"的军事性质。

⑫《通典》引《司马法》佚文曰:"凡主军,一人曰独,二人曰比,三人曰参,比参曰伍,五人为列。"《尉缭子·制谈》曰:"古者士有什伍。"《尉缭子·伍制令》曰:"军中之制,五人为伍。"《左传》鲁桓公五年记繻葛之战,郑子元"为鱼丽之阵,先编后伍,伍承弥缝"。《周礼》记述周代的出军情况是"会万民之卒伍""会车人之卒伍"。可见当时军队最小的编制是"伍"。"伍"以五人为一组,与之相配套的武器则是所谓的"五兵"。"五兵"的说法有异。《周礼·夏官·司右》云:"凡国之勇力之士,能用五兵者属焉,掌其政令。"郑玄注引《司马法》曰:"弓矢围(惠栋《九经古义·周礼下》云:'围当作圉,古御字作圉,《管子》《墨子》皆然,郑《注》作围,传写之误,今《司马法》为御字,从俗作也。'其说可从),殳矛守,戈戟助。"今本《司马法》云:"兵惟杂","兵不杂则不利","凡五兵五当,长以卫短,短以救长,迭战则外,皆战则强"。这些都是说要有不同武器的配合,才能最有效地发挥出武器的杀伤能力和自保能力。而以五人为一组,正是为了最有效地使用武器。《司马法》又曰:"二十五人为两。"这是说每乘战车的编制是二十五人。这种以二十五人为"两"的编制,据蓝永蔚先生《春秋时期的步兵》一书考证,认为是西周后期才出现的,这是正确的。他认为西周的两,下属一什三伍。一什是承袭的殷制,是十个贵族甲士;三伍则是平民步卒。这可以从《尚书》和周代铜器铭文中得到印证。唯其说春秋时期的攻车编制是每乘七十五人,尚有可论之处。我们认为,春秋后期的攻车编制是七十五人,应该没有什么问题。但若说春秋前期的攻车编制也是七十五人,恐怕与文献记载不合。《诗·鲁颂·閟宫》云:"公车千乘,朱英绿縢,二矛重弓;公徒三万,贝胄朱綅,烝徒增增。""公车千乘"与"公徒三万"对言,显然是以此三万公徒配其千乘公车,那么就是每乘战车三十人。《閟宫》一诗是春秋鲁僖公时期的作品,那么鲁国的战车是以三十人为乘(实际是战士二十五

人,另有五人是杂役)。但蓝先生说这是守车编制,而不是攻车编制,攻车编制是七十五人为一乘。其主要依据是朱熹按《周礼》的编制人数所推算的每军一百二十五乘,认为“若按照这样编法,《闷宫》的千乘就要编成八个军,比当时的霸主晋国还要多两个军”,显然说不通。我们且不说《闷宫》一诗所含的夸张成分,就因周公的特殊地位,使鲁国的文物制度多同于周王室的事实来看,说鲁国的军队编制至少不在晋国之下应该是说得过去的。蓝先生所举的几条说明春秋时攻车的编制是每乘七十五人的《左传》材料都是春秋后期的,而早于鲁僖公之时的只有杜预的《注》,都不足以证明春秋前期的攻车编制是七十五人。《司马法》佚文云:“革车一乘,士十人,徒二十人。”蓝先生说徒二十人包括五名杂役是正确的,但断定这只是西周之制恐怕与事实不合。《左传》鲁闵公二年云:“齐侯(齐桓公)使公子无亏帅车三百乘,甲士三千人以戍曹。”这与《司马法》“革车一乘,士十人徒二十人”的编制相合,应是二十五人的编制。蓝先生也承认这一点,但他仅据杜预《注》中有“车甲之赋异于常,故《传》别见之”之句就轻率地把它说成是仪仗部队。当时卫国为狄人所灭,齐桓公把卫国的五千遗民重新安置,并立卫戴公于曹。这时的卫国没有任何的武装力量,不堪一击,所以齐桓公才派公子无亏“帅车三百乘,甲士三千以戍曹”,保卫新建立的卫国。此时,卫国需要的是能够战斗的武装力量,要仪仗部队干什么?管仲改革,作内政而寄军令,把齐国的“国中”分为十五士乡,每五乡一军,每军一万人,计三军三万人,这是齐国的基本武装力量。《管子·小匡》中说当时齐国有“教士三万人,革车八百乘”,是符合实际的。若以每乘七十五人的编制来算,那么八百乘应有“教士”六万人,还不算杂役和后备人员,这显然与史实不合。若以每乘二十五人的编制来算,则八百乘应有“教士”两万人,再加上杂役和后备人员,可能达到三万人。以此与《左传》鲁闵公二年以及《诗·鲁颂·闷宫》的记载相互印证,可以证明至少在春秋前期,攻车的编制应是每乘二十五人,而不是春秋后期的七十五人。

⑬ 西周有没有井田制度?如果有,那是什么形式、什么性质?对此,史学界有不同的看法。胡寄窗在《有关井田制若干问题的探讨》(载《学术研究》,1981 年第 4 期)一文中否定有井田制的存在,认为孟子所拟定的井田模式是不可能实现的。陈昌远在《周代井田制度简论》(载《人文杂志》,1982 年《先

秦史论文集》)一文中提出井田之井是用以灌田的水井,从而否定西周曾实行井田制。赞成西周曾实行过井田制的学者较多一些,主要是西周封建论者,也有一些主张西周是奴隶社会的学者,他们大多数把井田制与农村公社联系起来。如金景芳在《论井田制度》(齐鲁书社 1982 年版)一书中就认为井田制就是农村公社,它是奴隶社会的土地所有制。赵俪生在《从亚细亚生产方式看中国古代史上的井田制度》(载《社会科学战线》,1982 年第 3 期)一文中同样把井田制同农村公社等同起来,并从土地国有、水利灌溉、农村公社、专制主义和地租赋税合一五个方面来说明井田制具有亚细亚生产方式的特性。徐喜辰在《井田制度研究》(吉林人民出版社 1982 年版)一书中认为井田制就是古代公社所有制,它存在于夏、商、周三代。在西周时期,"国"中和"野"里都有公社及其所有制即井田制。他说:"居住在'野'里的多是夏商族后裔,仍然保有着过去的公社形式,'公田'和'私田'在空间上是明显分开的。他们除了耕种'私田'外,还要助耕'公田'。但是,周族奴隶主贵族在其率领公社农民到各封国构筑城池武装殖民时,在'国'中,表面上并没有在空间上和'私'田相对的'公田'存在,而实际上把'公田'集中在一个地区,每年由'国'中的公社农民集体耕种,这就是古代文献中所说的'籍田'。"吴慧在《井田制考索》(农业出版社 1985 年版)一书中认为,井田制起源于原始社会末期,夏、商、周三代相继沿袭下来。他"原则上也同意井田制的由来与公社土地制度有关,但认为最早的公社是父系家长制的农族公社——或称父权制家庭公社、家长制大家庭:最早的井田制家族公社的土地公有制。以后井田制在很长时间内还是保留着家族公社的遗迹,到成为与农村公社(村社)有联系的土地制度,那已是较晚时候的事情了"。所谓"较晚的时候",吴慧指的是春秋时期。赵光贤在《周代社会辨析》(人民出版社 1980 年版)一书中认为西周时期同时存在井田制与农村公社田制。两者有相似之处:其一,农村公社是以土地公有为基础的,而周代的井田制也是在土地公有的原则上建立起来的;其二,农村公社有份地,井田制则实行受田(即私田);其三,两者都有公田;其四,农村公社有贡赋,井田制下有租税。两者的不同之处:一是,井田制的一个重要特点是它必须包括公田和私田,而村社的公田可有可无;二是,井田制下有劳动地租,而村社的贡献在性质上不同于经济剥削形式的地租;三是,井田制下私田的授予与村社的份地性质不同,前者的实质是为了给领主提供劳动力,而后者则是为了满足社员生活的需要。

⑭ 我们对井田制的理解是:

首先,它就是农村公社。其次,它的基本内容是公田和私田的区分。再次,它普遍存在于周代的"国""野"之中,实质上没有区别。只不过存在"国"中的由于土地平整,形式上更为整齐划一,而孟子和《周礼》的作者就是依据这种较为整齐划一的形式来描述井田制的。他们在描述时,又运用了他们的想象力。最后,在井田制下,农民在公田上的劳动属于劳役地租性质,因此它具有封建剥削的性质。

⑮ 西周中期已有了土地转让的事实。如传世的《格伯簋》(周恭王时器)铭文记叙格伯将四匹好马交付给倗生后,析券成交。格伯又做了盟誓,踏勘划定所交换田地的疆界,并由书史把其事记录在案。1975 出土的裘卫祀器(《卫盉》《五年卫鼎》《九年卫鼎》,均为周恭王时器)都记有土地交换的事实。其后周孝王、周厉王时期的青铜器铭文中也都发现有土地转让的记录。

参见王阁森等:《齐国史》,山东人民出版社 1992 年版;吴慧:《中国古代六大经济改革家》,上海人民出版社 1984 年版。

⑯ 关于《管子·轻重》篇写成的年代,有的学者认为是在西汉,有的学者认为是在战国,我们比较倾向于成书于战国说。即便如此,其叙述管子言行亦多为战国时人的依托,但并非毫无根据。比如"官山海"政策,我们根据《国语·齐语》的某些记载,再结合齐国史的相关研究,认为是管仲改革的产物。如果没有工商业的改革,齐国的财政既要维持奢侈的桓公和管仲等贵族的生活,又要支持一系列争霸活动,这是难以想象的。从后面的一章我们可以看出,齐桓公的争霸活动与后来晋文公、楚庄王等的争霸活动大不一样,他并不是为齐国的利益而东征西讨。相反,齐桓公的表现给人一种"侠肝义胆"的感觉,这是孔子评价他"正而不谲"的原因所在。至于《轻重》篇中所说的人口数据,显然是依据作者所处年代的人口情况(尚有夸张成分,战国时人喜欢用夸张的口气讲话,比如苏秦、张仪等的游说)。管仲之时齐国到底有多少人口,由于文献不足不能臆测。《国语·齐语》中的"参其国而伍其鄙",似乎为我们提供了一个齐国人口的准确数字,对此进行计算,国中每乡有两千户,如果以每

户平均五口人计算，则有一万人。国中共有二十一乡，那么就有二十一万人。鄙野每乡三千户，每县九千户，每属九万户，仍按每户五口人计算，则每属有四十五万人，五属共有二百二十五万人。通计国、鄙，那么齐国共有人口二百四十六万。这自然会产生一些疑问：是否每邑都是标准的三十户？是否每县都是标准的九千户？是否每属都是标准的九万户？实际上这些不可能是标准的，那么管仲的"参国伍鄙"的划分方法就只能看作是一种意向性的大概方法。据《晏子春秋》记载，管仲有五百邑的封地；据《素命镈》记载，鲍叔有近三百邑的封地。而《论语》则说管仲夺伯氏三百邑。三百邑的人数相当于一个县的人口数，也是齐国鄙野总人口（按《齐语》计算）的五十分之一。齐国像管仲、鲍叔、伯氏这样的卿大夫尚有很多，还有公室，这些大大小小的贵族所占有的土地恐怕不止五十个县。由此可见，齐国当时的人口应该比《齐语》记载的多得多。

⑰ 按：梁、赵是战国时的国名，可见此篇是战国时人的作品，但其所反映的情况，则很可能是管仲时代的。梁、赵、卫三国和濮阳地区都是不产盐的，所以管仲才建议把盐价尽量上抬，这已不仅是获取暴利的问题，而且是管仲擅长的商战策略。此外，春秋时齐国的附近另有一梁国，其说见后。

⑱《管子·乘马》云："关市之赋，黄金百镒为一箧，其货一谷笼为十箧。其商、苟在市者三十人，其正月、十二月，黄金一镒（二十两为镒），命之曰正（征）。"由此可见，当时的关市之税的确很低。

# 第四章　管仲的事迹(下)
## ——尊王攘夷

### 一、初霸诸侯

齐桓公即位之初,中原比较强盛的国家是鲁国、宋国和郑国。齐国要想称霸中原,首先就要使这三国屈服于齐。以辅佐齐桓公争霸为己任的管仲,自然会把争取三国的归服作为齐国首要的任务。

鲁庄公在长勺之战大败轻敌冒进的齐军之后,便不把其他诸侯国放在眼里,下令鲁师入侵宋国。宋、鲁关系时好时坏,多年来却没有直接的武装冲突。鲁军的突然入侵,令一向争强好胜的宋湣公恼怒异常;但是,鲁军刚打败了实力很强的齐国,当然不是好惹的,宋湣公又担心宋军敌不过鲁军。正在宋湣公左右为难之时,一心想挽回自己面子的齐桓公派人到宋国,联络宋湣公一道出兵讨伐鲁国。宋国正恨鲁国偷袭,巴不得有齐国这样的大国支持,一听说齐要伐鲁,当然高兴,立即派出军队。这年(前684年)六月,齐、宋联军向鲁进攻,一直打到鲁国都城附近的郎地(今山东曲阜南)。

面对两个大国的联合进攻,鲁庄公有些胆怯了,在行动上显得有些举棋不定。这时,鲁国的大夫公子偃建议说:"宋国的军队不整齐,可以一击而败。宋军一败,齐军孤掌难鸣,自然也会退兵。请下令向宋军发起攻击。"鲁庄公犹豫再三,还是不敢出兵。公子偃见鲁庄公畏敌不进,就擅自下令鲁军悄悄地从雩门(鲁都的南门)出击,向宋军发动突然攻击。为了一击见效,他让人用虎皮披在战马身上,宋军的战马因此受惊。马一受惊,战车就失去了战斗力,宋军连忙后退。这时,鲁庄公见公子偃偏师出击,也来了勇气,于是率领鲁国的大军向宋军发起总攻,在乘丘(今山东兖州西北)大败宋军。齐军见宋军大败,知道大势已去,也就撤了回去。

长勺之战的惨败和这次伐鲁的失败,使齐桓公认识到两个问题:一是霸业不是一蹴而就的,争霸必须从内政开始;二是必须完全信任和依靠管仲等人,放手放权。

谭国(今山东章丘西)是齐国东边的一个小国,在公子小白出逃莒国路过谭国时,谭国的国君没有对他以礼相待。及公子小白返回齐国即位,各诸侯国皆派使臣祝贺,谭国又没有派人来祝贺。齐国便以此为借口,在这年(前684年)十月,大举出兵,一下子就把谭国消灭了。谭国的国君逃到了莒国避难。

齐桓公三年(前683年),齐桓公娶周王室之女共姬为妻。按以往惯例,王室之女下嫁,必须有一个同姓诸侯主婚,而在山东一带,主婚者一般是鲁国。

古代婚姻有所谓的"六礼",即纳采、问名、纳吉、纳征、请期和亲迎。据《仪礼·士昏礼》,所谓纳采,是男方首先向女方提出婚姻请求,女方如果同意,男方就以雁(信鸟,取其守信之义)为贽礼,故曰"下达纳采用雁"。纳采之后,男方就向女方询问所聘之女的姓名和年龄,目的是要卜之于宗庙,占其吉凶(类似今天的算命),看两人是否相配,这称之为"问名"。纳采与问名是同时进行的。男方取得女方的姓名和年龄后,便回家卜之于宗庙。如果卜象显示吉利,就要再到女方家回话,婚事由此而定,称之为"纳吉"。纳吉时男方又要向女方献上表示信义的雁,故曰"纳吉用雁"。纳吉订婚之后,男方要向女方赠送"玄纁、束帛、俪皮",称为"纳征"。"征"有成意,意即婚姻之事已基本谈成,以后此女已属男方,一般不准再许配别人。纳征在春秋时又称为"纳币"。《公羊传》庄公二十二年云:"冬,公如齐纳币。"何休注云:

“《礼》言纳征,《春秋》言纳币,《春秋》质也。”就是说纳征是比较文雅的说法,而纳币则是比较粗俗的说法。纳征之后,男方就回家通过卜筮选定成婚日期,然后派人通知女方,表面上是请女方决定婚期,故曰“请期”。请期时,男方仍然要向女方献雁。到了成婚之日,新郎要亲自到女方家迎接新娘,称为“亲迎”。亲迎回家后,男女双方再行合卺之礼。至此,婚礼告成。

由于齐桓公娶的是王室之女,而齐国和王室的地位并不是平等的,所以要由一个和齐国地位相当的同姓诸侯来主婚,周王室把新娘送到主婚者之国,再由主婚者之国把王室之女嫁给齐侯。这样,齐国并没有同周王室直接商谈婚嫁之事,自始至终都是通过主婚者之国来进行的,这就避免了不同等级之人行礼的许多麻烦和难堪。这次的主婚者就是鲁庄公。因此,齐桓公到鲁国亲迎共姬就为改善齐、鲁日益恶化的关系提供了良机。但是,心高气傲的齐桓公没有珍惜这次机会,即使到了鲁国,也不愿同鲁庄公打照面,这让鲁庄公很丢面子。

《诗·召南·何彼襛矣》一诗描述了美丽的王姬下嫁齐桓公的盛况[①],诗云:

何彼襛矣?(怎么那样秾丽绚烂)
唐棣之华。(如同唐棣花般美丽)
曷不肃雝?(怎么那样齐整庄重)
王姬之车。(那是王姬出嫁的车)
何彼襛矣?(怎么那样秾丽绚烂)
华如桃李。(如同桃李花般娇艳)
平王之孙,(那是周平王的孙女)
齐侯之子。(那是齐襄公的公子)
其钓维何?(什么东西钓鱼最好)
维丝伊缗。(用丝麻撮成的鱼钱)
齐侯之子,(那是齐襄公的公子)
平王之孙。(那是周平王的孙女)

再说宋国与齐国联合伐鲁,不但没有得到任何好处,反遭乘丘之败,真是旧仇未去又添新恨。宋湣公实在咽不下这口气,又在第二年夏天以报乘丘之仇为旗号,单独出兵,入侵鲁国。鲁庄公亲自带兵御敌,双方在鄑地(今山东汶上县南)展开激战。在乘丘之战中,鲁军靠的是发动突然袭击而获得胜利的,因此在鄑之战中,鲁军故伎重演,没有等宋军布置好阵势就发动了攻击。一向缺乏灵活性的宋军禁不住鲁军的猛烈冲击,很快就败下阵来。宋大夫南宫长万(宋万)被鲁庄公用金仆姑(矢名)射中,被鲁庄公的车右歂孙活捉。后来,在宋国人的请求下,鲁国才把宋万释放。

宋万回国后,宋湣公有一次与他一同去打猎,比赛谁打的猎物多,并下了赌注。在打猎时,宋湣公和宋万为了争夺道路,互不相让。宋湣公恼怒之下,便辱骂宋万说:"以前我很尊敬你,现在你却做了鲁国人的俘虏,我不再尊敬你了。"

宋万是宋国有名的大力士,为鲁人所俘,是他一生的奇耻大辱,宋湣公却以此来侮辱他,这让他对宋湣公怀恨在心。第二年秋天,宋万在蒙泽(今河南商丘东北)杀死了宋湣公。

宋大夫仇牧闻变,带着武器去湣公处护卫,见宋湣公已被杀死,便一头撞在宫门上,当场毙命。宋万又在东宫的西面杀掉宋国的执政太宰华督,立公子游为君。宋国的诸公子纷纷逃到萧邑(今安徽萧县西北)避难,公子御说则逃到了亳邑(今河南商丘东南)。宋万派其子南宫牛及其党羽猛获率师包围了亳邑。

这年冬天,萧邑的萧叔大心及宋国的诸公子借用曹国的军队进行反攻,杀掉了南宫牛以及宋万拥立的新君公子游,而立宋湣公的弟弟公子御说为君,是为宋桓公。

宋万带着他的母亲逃到陈国,猛获逃到卫国。宋桓公派人到卫国去要求引渡猛获。卫惠公不想交人,卫大夫石祁子说:"不能不交。天下之人都有共同的是非好恶标准,为宋国所憎恶的人却为我国所保护,保护他有什么好处?得到一人却失掉一个国家,与恶人相近而抛弃了友好邻邦,这是不合算的。”于是,卫惠公把猛获交给了宋国。

宋国又向陈国行贿,要求引渡宋万。陈宣公因收了宋国的东西,态度就大不一样。他怕力大如牛的宋万不好控制,就用美人计灌醉宋万,然后把他装进皮袋子中送到宋国。宋国把宋万和猛获皆处以醢刑(把人杀死做成肉酱,是当时常见的酷刑)。

宋国的内乱为齐桓公确立霸权提供了良机。齐桓公在齐桓公五年(前681年)春召集陈国、蔡国、邾国以及宋国之君,会盟于齐国的北杏(今山东东阿县境内),商量如何安定宋国、巩固宋君之位。

实际上,自萧叔大心等借曹师平定宋万之乱、立宋桓公之后,宋国就逐渐安定下来,已不存在君位未定的问题。可见,齐桓公召集诸侯会盟于北杏的真正目的不是为了安定宋国,而是为了显示自己的权威。唐孔颖达在《左传》庄公十三年“春,会于北杏,以平宋乱”条下“正义”说:“此云平宋乱者,宋万已诛,宋立新君,其位未定,齐桓欲修霸业,为会以安定之。”虽然孔颖达的立场是褒扬齐桓公,但也从中看到了齐桓公是利用宋国之乱来“修霸业”。

虽然在“北杏之会”上,诸国订了“若没有周天子的命令,诸侯不得擅自征伐”的盟誓,但齐国因为拥有征讨不服从天子之命的诸侯的特权,并不受盟约的约束。这年六月,齐国便以比邻的小国遂(今山东肥城南)没有参加“北杏之会”为借口,灭掉了遂国,并派齐军戍守遂国故地。

“北杏之会”是齐桓公第一次召集诸侯开会,虽然参会的诸侯并不多,但它的召开,显示了齐桓公的霸主之气。

齐桓公与管仲在如何争当中原霸主的问题上,意见并不一致。齐桓公比较倾向于用武力征服,而管仲则主张“兢于德”,反对“兢于兵”。他认为“内政之不修,外举义不信”(《管子·大匡》)。管仲的做法是:先修明内政,使齐国成为诸侯的楷模,然后以德、义、信使诸侯归服,并重建周代的道德观念和秩序。管仲理想的新秩序虽然仍以周天子为精神领袖,但是由齐国来维持的。他希望齐桓公称霸的目的是恢复西周初年的情景。那时,周天子一统天下,而齐国的姜太公则拥有征讨所有敢不听命于周天子的诸侯之大权。这就是管仲所理解的“霸主”,他所希望的,就是让齐桓公做像姜太公那样的“霸主”。

但是,桓公对重建早已坠地的周天子的权威、恢复荡然无存的以周天子为中心的旧秩序并没有管仲那样大的兴趣。他所理解的“霸主”,就是要所有的诸侯皆听命于他、服从于他,如有不服,就以武力征伐。因此,齐桓公所热衷的是扩军备战、整饬军队。

因此,每次齐桓公想加强军事力量,或想出兵征伐不服从齐国的诸侯时,管仲就要反对(参见《管子·大匡》)。管仲曾建议齐桓公改善同四邻的关系。他的方法是:“审查我们的边境,归还侵占各国的土地,订正与邻国的封界。不但不接受邻国的财货,还要拿出自己的皮币,不断聘问各国诸侯。这样来安定四邻,四邻就同我国亲善了。”当齐桓公问管仲:“我想南征,应依靠哪国?”管仲回答说:“依靠鲁国。应归还侵占他们的常、潜两地,使齐国大海有屏蔽、小海有围墙,环山都有栅壁。”当桓公问:“我想西征,应依靠哪国?”管仲回答说:“依靠卫国。应归还侵占他们的台、原、姑与漆里,使齐国大海有屏蔽、小海有围墙,环山都有栅壁。”当桓公问:“我想北征,应依靠哪国?”管仲回答说:“依靠燕国。应归还侵占他们的土地、柴夫、吠狗,使齐国大海有屏蔽、小海有围墙,环山都有栅壁。”但齐桓公在即位之初就曾伐鲁、灭谭、灭遂,与四邻的关系非常紧张,这与管仲亲善四邻的计划大相径庭。

对管仲的心态,齐桓公并不理解,他想的只是如何征服别国。两次伐鲁的失败,并没有使齐桓公放弃武力征服鲁国的打算。公元前682年,齐桓公又派军队进攻鲁国。管仲虽极力劝阻,但齐桓公不听。

齐国这次伐鲁三战皆捷,夺得了鲁国的许多地方。鲁庄公在齐军猛烈的攻势下又胆怯了,他怕齐军继续进兵,不得不向齐国割地求和,献上遂邑等地,以换得喘息的机会。

不久,齐国灭掉了齐、鲁两国的邻国——遂。这种“杀鸡儆猴”的策略果然有效,鲁国对齐国更加感到害怕,一方面加强防守,另一方面派人到齐国去寻求和谈。齐桓公见鲁国已经屈服,也就同意和谈,双方相约在柯地(今山东阳谷东北)会盟。鲁国的使臣还对齐桓公说:“鲁是小国,当然不带兵器。若带兵器开会,就是以战争状况传闻于各国诸侯,还不如不带兵器。这次会盟请大家都不要携带武器。”齐桓公同意了。

这年(前681年)冬,齐鲁两国在柯地会盟。临行前,齐桓公下令随员都不准带兵器。管仲反对说:“不行。现在各诸侯国对您都很嫉恨,您还是就此告退为好。您真的想借盟会来削弱鲁国,各诸侯就会把‘贪’名加在您头上。以后有事,小国愈加顽抗,大国也组织防备,对齐国不利。”他又对桓公分析说:“鲁国人怎么会真的不带兵器?曹刿的为人,强硬而狠毒,不是能用盟约来解决问题的。”但桓公不听管仲的劝告。

果然不出管仲所料,鲁国君臣都暗藏着武器前来会盟。鲁庄公在临行前曾与曹刿密议。曹刿问道:“您是怎么打算的?”鲁庄公叹了口气说:“寡人是生不如死啊!”曹刿献计说:“那么请您对付齐君,我对付齐臣。”庄公明白曹刿的意思,表示同意。

正当齐桓公以胜利者的姿态得意扬扬地与鲁庄公举行会谈之时,鲁庄公与曹刿交换了一下眼色,就从怀中抽出了暗藏的剑指着齐桓公说:“鲁国的边境,离国都只有五十里了,也不过一死而已。”他左手举着剑对着桓公,右手指着自己说:“我们同归于尽吧,我死在您的面前。”管仲闻变,立即向前奔去,却被曹刿用剑挡住。曹刿厉声喝道:“两位国君将改变原来的计划,谁也不准上去!”

齐桓公被鲁庄公用剑逼着,吓得不知如何是好。管仲镇静地高声问道:“你们想怎么样?”曹刿代鲁庄公说:“希望你们退回侵占的鲁国土地。”管仲对桓公说:“请您答应他们。”齐桓公连声说:“好,好……”曹刿怕齐桓公反悔,又要求与齐桓公签订盟约,齐桓公又同意了。看见齐桓公在盟约上签了字,曹刿立即丢下剑,神态自若地回到了自己的位置上。

齐桓公受到劫持,心中大怒,不打算履行盟约,还要杀掉曹刿。管仲劝阻说:“不能这样。如果贪图小利来满足自己,将弃信于诸侯,失去天下的支持,不如退回侵占他们的土地。”齐桓公这才把侵占的鲁地全部退给了鲁国。

齐桓公的讲信用为他的霸业打下了良好的基础,后来史家评论说:“桓公之信著乎天下,自柯之盟始焉。”(《公羊传》庄公十三年)

宋国也是西周时期的大国之一,而且地位在齐国之上。春秋之时,王室衰微,凡是有些实力的诸侯国都跃跃欲试,想乘机获得一些好处。而一些野心勃勃的大国诸侯,更是积极活动,争做霸主。宋国本是大国,而且春秋初期宋国的几位君主皆是有野心的人,因此他们都积极参与中原的争霸活动。只不过生不逢时,遇上了郑庄公和齐襄公两位强有力的人物,使得他们的活动黯然失色。但是,他们从没有服输,一直在努力经营。

宋桓公即位之初,由于国家刚刚经过内乱,国力大损,因此被迫参加了由齐桓公召集的“北杏之会”。然而,齐桓公对宋国内政的干预使年轻气盛的宋桓公极为恼火,他实在想不通:“偌大的一个宋国为什么偏偏要受齐国的主宰?你齐国可以灭人之国、侵人之地,为什么我宋国就不能自由发展?”加之,宋国与齐国一向关系较好,而和鲁国对抗了多年,齐国明知这种关系,却又和宋国的对头鲁国会盟和好,这也让宋桓公咽不下这口气。于是,宋桓公决定不管什么盟约不盟约的,要自行其是,有利就上。

就在齐国与鲁国会盟的这一年,宋出兵伐杞(杞国是夏禹之后,周初封于雍丘,在今河南杞县)。齐桓公早就想压服宋国,见宋竟敢背叛“北杏之盟”出兵伐杞,就与管仲商量对策。他说:“我本来就想讨伐宋国,只是担心诸侯会去救援。杞国是伟大君主的后代,而现在宋国要去讨伐他,我想去救,行不行?”管仲向来不主张武力解决问题,他回答说:“我看不行。我认为,自己内政不修明,向外举兵行义就无人信服。您现在要对外举兵行义,实行先外后内的政策,对各国诸侯来说,这样做可以使他们信服吗?”桓公坚持说:“此时不救,恐怕以后就找不到理由伐宋了。”管仲回答说:“一个诸侯国的君主,不应该贪恋土地。贪地必然勤于动兵,勤于动兵必然使人民困乏,人民困乏则君主只好多行欺诈了。欺诈如果做得机密而后动兵,还是可以战胜敌人的,但对人民行诈就不能取得人民的信任。不信于民则必然要发生动乱,国内一动乱就会祸及自身。所以古人懂得先王之道,总是不在军事上互相竞争。”桓公听管仲讲了一大堆道理,也不知该如何处理这件事,又问道:“那么该怎么办呢?”管仲建议说:“依我之见,不如派人以重礼去宋国交涉。交涉不成,您就收留杞君并加以封赐。”齐桓公还是拿不定主意,又找鲍叔商量。鲍叔说:“您最好按管夷吾的意见行事。”齐桓公这才勉强同意了,并派曹孙宿出使宋国。但是,宋国的国君根本不听劝解,坚持对杞用兵。②

齐桓公见宋桓公不给面子,心中大怒,便在第二年(前680年)春天联合陈国和曹国一道伐宋,并且请周王室派军队相助。齐国之所以要向周王室请示,主要是为了使这次伐宋行动得到王室的承认和支持,显得合法。这是齐国第一次利用周王室来给自己的行动添上正义和合法的色彩,也是管仲“尊王”策略的初步运用。周僖王经过了很长一段时间的观望,最后还是派出了一支军队,由单伯率领,与齐、陈、曹的军队会师伐宋。不过,当单伯率领的王室军队出征时,联军早已进入了宋国的郊区。

宋桓公虽然态度比较强硬,但当联军即将兵临都城下之时,也害怕了起来,派人求和,表示愿意服从齐国。齐国的目的已经达到,也就撤兵而去。

这年冬天,齐桓公以宋国的归服为借口,召集各国诸侯在齐国的鄄(今山东鄄城北)开会。前来赴会的有宋、卫、郑三国国君和周王室的大夫单伯。会上订立了"养孤老,食常疾,收孤寡"的盟约。在春秋时期的众多盟约中,这个仅仅就慈善问题而订立的盟约是比较特殊的。实际上,齐国召集各国来这里会盟的目的,哪里可能只是为了订立一个扶老济贫的慈善协议?但是,碍于有代表周王室的大臣单伯在场,所以没有进行什么实质性的谈判,又不得不有个会盟结果,所以才订了这么一个冠冕堂皇的盟约。

会后,单伯回去复命。齐国等单伯走了之后,在第二年(前679年)春天再次与与会诸侯在鄄订立了"田租百取五,市赋取二,关赋百取一,母乏耕织之器"的盟约。这个盟约的主要内容是低关税协定。由于齐国是工商大国,所以这个盟约对齐国就显得十分有利。虽然与会诸侯为了保护自己的经济,不赞成这种低关税政策,但齐国还是利用它的影响,强行通过了这一盟约。所以,史学家都把这年春天的鄄之会看成是齐桓公称霸的开始。

这年秋天,宋国的附庸国郳(亦作"倪""兒",亦称"小邾""小邾娄"。在今山东滕州东,或曰在今山东枣庄西北)背叛宋国。宋桓公因上年出兵伐杞而受到诸侯的讨伐,这次再也不敢擅自做主征伐郳国,于是请求齐国做主。齐桓公以霸主身份率领宋国和邾国(亦称"邾娄",即"邹",建都在今山东曲阜东南,郳即由邾分出)之师伐郳。

就在宋国全力伐郳、国内空虚之际,郑国乘虚而入,攻打宋国。

郑、宋两国原是世仇。郑庄公去世后,宋国对郑国内政横加干涉,把宋女生的公子突强行送回郑国为君,是为郑厉公。后来因郑厉公不满贪得无厌的宋庄公无休止地索贿,郑、宋两国再次兵戎相见。当厉公出逃,昭公复位,宋国又转而支持占据栎邑的郑厉公。宋庄公还曾与齐、鲁、卫、陈等国联合,想把郑厉公强行送回郑国复位,但这次行动没有成功。于是,宋国又派军队帮助郑厉公据守栎邑,使郑昭公一直不敢对栎邑用兵。后来,公子亹和公子仪相继为郑君,皆与占据郑国南部栎邑的郑厉公相安无事。

齐桓公六年(前 680 年)春,郑厉公在栎邑组织军队向郑国国都进攻,在大陵活捉了郑国的大夫傅瑕。傅瑕对厉公说:“您如果放了我,我将帮助您回国为君。”厉公与他订立盟约后把他放了。这年六月,傅瑕杀掉了郑君子仪和他的两个儿子,迎回厉公。

郑厉公是继郑庄公之后颇有才干的君主,其作风与其父很相像。他一复位,首先就杀掉了出卖其君的傅瑕,并派人对不支持他的郑国元老原繁说:“傅瑕有二心,周法律对此有规定,他已经受到惩罚了。凡迎接寡人而无二心的,寡人都赞成。至于伯父您的问题,寡人希望与您讨论。寡人出逃时,伯父您没有表示要让寡人回来;现在寡人回来了,您又不亲附寡人。寡人对此很是不满。”原繁知道厉公已有杀他之意,回答说:“我们的先君桓公,命令我的祖先主管宗庙。社稷(国家)有主,心里却偏向外逃之人(指厉公),还有什么比这种背叛更严重的?一旦主掌社稷,那么全国之人,谁不为其臣子?臣下我无二心,天可明鉴!子仪在位已十四年了,而阴谋迎接国君您的,难道不是有二心吗?庄公的儿子有八个,如果都以官爵行贿,鼓励臣子背叛并且都能成功的话,那么您将怎么办?臣子我已听到了您的命令了。”原繁说完后就自缢而死。

郑厉公复位后,不但不感谢宋国帮他据守栎邑,反而恨宋国干涉郑国的内政,又怕宋国再来索贿,于是主动发起攻击。此举一是表明他并不对贪婪的宋国感恩图报,二是表明他没有忘记郑、宋两国原是世仇。

宋国正全力伐郳之际,郑国突然入侵,宋国只好放弃伐郳的计划,回师自救,并请齐国帮助宋国向郑国报复。

齐桓公八年(前678年)夏,齐国约卫国一道出兵,会同宋师讨伐郑国。由于有齐国给宋国撑腰,郑厉公不敢反抗,只好向联军求和。这年十二月,齐国召集宋、陈、卫、郑、许(姜姓诸侯国,在今河南许昌东)、滑(姬姓诸侯国,在今河南睢县西北)、滕(姬姓诸侯国,在今山东滕州西南)等国国君在宋国的幽地开会,鲁庄公也派人参加了这次盟会。这是齐桓公初年最大的一次盟会,从此东方诸侯基本上归集到了齐国的旗帜之下。

在这次盟会上,齐国又让各诸侯国签订了"修筑道路,统一度量标准,统一计量标准,森林湖泽的利用要有开放和关闭的时间限制"的旨在便利各国间商业贸易往来的盟约。这个盟约与在鄄地订的盟约都是为了打开各国的商业大门,让齐国的商品顺利进入各国的市场。当然,它客观上也有利于各国之间的商贸往来。

在春秋初期,郑国一直是中原的霸主。在郑庄公时期,齐国的国君都是追随郑国,而且在齐国被戎人攻打之时,是郑国出兵拯救了齐国。可是现在情况却颠倒了过来,齐国一跃而成为中原的霸主,郑国反而要向齐国朝贡。很有才干且又心高气傲的郑厉公实在难以接受这一事实。他没有像陈、曹、卫等诸侯国国君一样到齐国去朝见齐君,只是派其执政的大夫郑詹为使臣去齐国。齐桓公霸气十足,见郑厉公不亲自到齐国朝见,显然是没有把他这个霸主放在眼里,一怒之下,就把郑詹扣留了下来。

这年(齐桓公十年)夏天,被齐国灭掉了的遂国遗臣因氏、颌氏、工娄氏、须遂氏图谋复国。他们用酒肉犒劳齐国的戍卒,齐国的戍卒不知是计,一个个喝得酩酊大醉,被遂人全部杀死。齐桓公此时正全力争取中原,无暇顾及,此事暂时被搁置起来。

齐桓公十一年(前675年),齐桓公与宋桓公在鄄地会盟。按当时的婚俗,诸侯国君娶妻,其所娶妻之国的同姓诸侯国也要女子随同出嫁,称之为“媵”。当时,陈国国君娶姬姓诸侯之女为妻,同时以鲁国的女子为媵。鲁庄公就派大夫公子结送鲁女去陈国。路过鄄地时,正好遇上齐、宋两国的国君在此结盟,公子结一时心血来潮,就擅自以鲁君的名义与齐桓公和宋桓公结盟。

齐桓公因为鲁庄公曾支持公子纠与他争夺君位,又曾在柯之盟上劫持他,对鲁庄公一直耿耿于怀,早就想找机会报复。只是鲁庄公的母亲是自己的亲姐姐,她又多次斡旋,替鲁国说情,所以齐桓公一直没有借口伐鲁。后来,齐在幽地召集各国国君盟会,鲁庄公没有赴会,只是派使臣与会。齐国曾拘留了郑国的执政郑詹,后来郑詹逃到鲁国,鲁庄公收留了他。而且在齐国与宋国两国国君会盟之时,鲁国竟使媵臣参加会盟。齐桓公决定以此为借口,出兵伐鲁,给鲁庄公一个惩戒。同年冬,齐国联合宋国和陈国进攻鲁国的西部边鄙,因为只是想给鲁国一个警告,所以并没有深入鲁地。

周庄王时,庄王很宠爱妾王姚。王姚为庄王生了一个儿子,就是王子颓。庄王爱屋及乌,也很宠爱王子颓。庄王死后,由太子胡齐即位,是为周僖王。周僖王即位五年后去世,由年轻的太子阆即位,是为周惠王。周惠王即位后,夺取了王子颓的老师蒍国的菜园作为王室的苑囿。大夫边伯的房子靠近王宫,也被惠王占有了。周惠王还夺取了大夫子禽、祝跪和詹父的田地,收回了膳夫石速的俸禄。这些被贪婪的周惠王剥夺了土地、园圃、房屋、俸禄的大夫遂串通起来阴谋作乱,投靠到在周桓王时被周王夺取了十二邑的苏氏门下。

周惠王二年(齐桓公十一年)秋,以苏氏为首的五个大夫打着王子颓的旗号进攻周惠王,但没有攻入王宫。苏氏见大事不妙,就带着王子颓逃到卫国。卫惠公因为周王室收留了他的政敌公子牟黔,所以支持王子颓。而周惠王也怕叛乱者再次进攻,逃到了温地(今河南温县西南)。后来,苏氏联络卫国和南燕伐周。同年冬,卫国和南燕及苏氏带着王子颓进入成周,立王子颓为王。

周惠王逃到温地后，就向郑厉公求救。郑厉公立即抓住这个“勤王”的机会，在第二年（前 674 年）春天发兵攻打王子颓，但是没有成功。郑厉公硬攻不行，就出面调解，与南燕国君仲父谈判。周惠王却不愿意与叛乱分子妥协，郑厉公因为和周惠王的意见不一致，当然调解不成。郑厉公当机立断，设计抓住了南燕国君，并把周惠王安置在他的根据地栎邑，又到成周去把王室的宝器取来放置在栎邑。这年的冬天，王子颓与五大夫一起喝酒，在酒宴上，用了历代的乐舞。郑厉公抓住这一点去做王室执政虢叔的工作，他说：“寡人听说过：‘哀乐失时，殃咎必至。’而今王子颓歌舞不倦，这是乐祸啊！司寇执行死刑之时，国君要因此去掉乐舞，何况这是乐祸呢？篡夺了王位，哪有比之更大的祸？面临灾祸却无忧惧之心，忧患必然随之而来。您何不迎回惠王呢？”虢叔说：“这也是我的心愿啊！”

齐桓公十三年（前 673 年）春，郑厉公与虢叔在郑国的弭地再次碰头，商量讨伐王子颓之事。这年夏天，郑国与虢国联合向王城进攻。郑厉公带着周惠王从圉门攻入，虢叔则攻破了北门。郑、虢之军杀掉了王子颓以及支持他的苏国、边伯、子禽、祝跪和詹父等大夫。周惠王复位后，把虎牢（今河南荥阳汜水镇）以东的郑国故土赐给了郑厉公。

就在郑厉公平定王室之乱、以“勤王”之功来争雄诸侯，干着一番轰轰烈烈的大事之时，齐桓公却仿佛不知有王室之乱似的，不闻不问，一点行动也没有。王室之乱本应是他争霸的好“题目”，他却没有加以利用，反让野心勃勃的郑厉公独占其功。要不是郑厉公在平定王室之乱后没几个月就去世了，凭他的才干和手腕，很可能组织另一个足以和以齐国为首的东方诸侯集团相抗衡的西方诸侯集团，那样，齐桓公的霸业就很难成功了。齐国在这件事上的迟钝与被动说明，齐国的决策者们当时还没有完全形成以“尊王”“攘夷”为口号的争霸策略。

这时，齐桓公一心想做的，只是如何征服鲁国。自郎之战后，齐国在与鲁国的争斗中逐渐占据上风。鲁庄公和曹刿虽然在柯之盟上劫持齐桓公,要回了被齐国夺去的土地,但由于管仲的灵活处理,反使柯之盟成了齐桓公讲究信义的典范。此后宋、郑等东方诸侯国纷纷归集到齐国的旗帜之下,鲁国更显得孤立。鲁庄公的母亲文姜是齐桓公的姐姐,当然不愿看到齐、鲁关系搞得如此紧张,便往来于齐、鲁之间,想调解两国的关系。但是,一来齐桓公对鲁庄公支持公子纠一事记忆犹新,还不肯原谅他;二来鲁庄公也是一个不肯委曲求全的强硬人物,所以调解没有取得实质性的成果。文姜调解不成,又跑到莒国,想把同样受到齐国严重威胁的莒国拉到鲁国一边,如果鲁、莒联合,那么齐国就不敢对鲁国轻举妄动。

但是,莒国这时正被管仲的商战搞得狼狈不堪,国力受到了极大的削弱。

莒国和其邻近的莱国虽然算不上大国,但实力也不弱,要想征服它们,使之归集到齐国的旗帜之下,也不是一件容易的事。特别是莱人,早在齐太公(即姜太公)时,莱人就曾与齐人争夺过营丘(后为齐国的都城),可见其实力不弱。后来,齐与莱长期对立,谁也吃不掉谁。齐国要全力争取中原,当然要解决这个后顾之忧。所以,齐桓公在即位后就与管仲商量对付莱、莒的办法。他说:“莱、莒有农田,又特产紫草(染料作物,当时紫色很珍贵),国力很强,如何对付?”管仲向来不喜欢以武力解决问题,所以他首先想到的办法是商战。他回答说:“莱、莒之国的山上出产紫草,我们却出产铜。您派遣白徒之卒(未经训练的士卒)在庄山采矿冶铜,铸铜为货币,再用它高价购买两国的紫草。”

莱国的国君听说齐国要以高价购买本国出产的紫草,非常高兴。“铜币是人们所珍重的,而紫草则是我国的特产。用我国的特产去换取齐国所有的铜币,这样一来,”他得意地对左右说,“齐国终将被我们兼并。”于是莱国之人纷纷放弃了农业生产,而去种植获利颇丰的紫草。莒国的情况也同莱国差不多。管仲见两国都弃农去种植紫草,于是命令隰朋让铸铜的徒卒都回家去种庄稼。

第二年，齐桓公就下令禁止进口莱、莒两国的紫草，莱、莒两国的紫草卖不出去了。因为大家都跑去种紫草，不种庄稼，致使粮价昂贵，每钟粮食竟高达三百七十钱。而齐国的粮价却低到每钟十钱，莱、莒之民纷纷来投靠齐国，莱、莒国力因此大损，不得不归服齐国。

莒国倒向齐国，使鲁、莒联盟的计划流产，鲁国更加孤立。这时，在管仲的策划下，一场旨在打击鲁国经济的商战也拉开了帷幕。

当时，鲁国和梁国人民都擅长织绨（一种比罗厚而且色彩光亮、质地润滑的丝织品），管仲要齐桓公带头穿以这种高档丝织品为原料织成的衣服，并让桓公左右的侍从也穿绨织的衣服。上行下效，齐国人纷纷穿上了绨织品，一时，穿绨织的衣服成了齐国人的一种时尚。虽然绨的需求量因此猛增，供不应求，管仲却不允许也擅长纺织的本国人生产绨织品，而是从鲁、梁两国进口。为了使鲁、梁两国之人深信齐桓公的确喜爱穿绨织品，管仲还让齐桓公特意穿着绨织的衣服到齐国与这两国交界的泰山南面去炫耀了十来天。管仲还引诱这两国的商人说："你们为我织十匹绨，我给你们三百斤铜；如果织了百匹，我就给你们三千斤铜。这样一来，你们两国即使不向人民征收赋税，财用也足够了。"鲁、梁两国之人不知是计，见织绨大有赚头，纷纷放弃农业生产，转而织绨。而鲁国和梁国的国君还鼓励全国人民织绨。由于两国弃农织绨，农事因此荒废，粮价暴涨，饥民猛增，对于国家的紧急赋税，没有人交得出来。而齐国见两国农业陷入窘境，便下令关闭与鲁、梁通商的关口，不再进口两国的绨织品，造成了两国经济上的重大灾难，两国难民纷纷涌入齐国。这些难民的流入，给正缺乏劳动力的齐国注入了大量的新鲜血液，使齐国的荒地被大量开发，齐国的经济因此而大大发展。而与之相反，鲁、梁两国由于大量劳动力的外流，致使大量田地无人耕种，国力大大下降。春秋初期还算比较强盛的鲁国经此沉重打击，迅速衰落了。

鲁庄公虽然好斗,但是外交上的孤立、国力的削弱、齐国的军事威胁,使他再也拿不出勇气也没有本钱与齐国继续斗下去,终于在其母亲的斡旋下,倒向了齐国。

齐桓公十四年(前 673 年)秋,鲁庄公的母亲文姜去世,齐桓公和鲁庄公都痛失亲人,以此为契机,两国开始修好。第二年的七月,齐国的上卿高傒与鲁国的使臣在鲁国的防地(今山东费县西北)会盟。同年冬,鲁庄公又亲自到齐国纳币,欲娶齐桓公的妹妹为妻。这件事后来受到史学家的批评,说鲁庄公在母亲去世不到两年就办喜事是失礼(《左传》杜预《注》)。又说诸侯婚娶,应该派遣卿大夫去纳币,诸侯不该亲自去纳币,这也是失礼。这些当然都是迂腐之见。鲁庄公此时急于娶齐女与亲自到齐国纳币都是有政治目的的,他是想通过政治联姻来与齐国修好,消除来自齐国的压力与威胁。

鲁庄公是这样一种脾性的人,当他处于上风之时,就趾高气扬,不把敌人放在眼里;一旦处于下风,精神就垮掉了,完全没有了斗志,连尊严也会抛弃。母亲文姜在世时,他尚有所依靠,觉得齐桓公总会看在自己姐姐的份上不至于对他这个外甥过分逼迫;所以还能摆着架子,既不参加鄄之会盟,又只派使臣参加幽之会盟,对齐国摆出一副若即若离的样子。文姜的去世,使鲁庄公失去了最后的依仗,所以马上毫无尊严地倒向齐国一边。

鲁庄公亲自到齐国纳币,在齐国逗留到第二年(前 671 年)春才返鲁。

这年夏天,齐国举行隆重的社神祭祀,并检阅军队。为了威慑鲁国,齐桓公又邀请鲁庄公到齐国参观社神祭祀。鲁国的大夫曹刿劝鲁庄公不要去,但他又不好直接批评庄公的胆怯与无自尊,只得搬出一套关于礼的陈腐议论,想以此劝阻庄公。他说:“您不能去齐国。礼,是用以整饬人民的。诸侯会聚,所讨论的无非尊王室、修臣礼,让诸侯向王室出多少贡赋,使小国朝见大国。诸侯等级、爵位相同,就以大小决定先后次序,有敢不朝会者,则以大军讨伐之。诸侯听命于周王。若周王出巡四方,就召集诸侯开会,大习朝令之礼。如果不是这样,国君就不行动,国君有所举动都要被史官记载下来的。”言下之意,齐国只是诸侯国,鲁国与之地位相等,因此庄公不能像赴天子之会那样赴齐国之召。

鲁庄公没有接受曹刿的劝告,风尘仆仆地跑到了齐国。刚刚返回,齐桓公又召他在齐国的谷地相见。这年冬天,齐桓公又在郑国的扈地召鲁庄公与之会盟。从齐桓公故意捉弄鲁庄公的这几件事来看,说齐桓公气量大恐怕与事实不符。

鲁庄公一面疲于应付齐桓公的召会,一面又极力讨好新娶的哀姜,为新娘子“丹桓宫楹”“刻桓宫桷”,把宫室、宗庙盛饰一番。但是这个新娘子也是个极富个性的女子,她不满意庄公的结发之妻孟任,所以庄公到齐国亲迎,她却死活不肯与庄公同行。庄公无奈,只好自己先回鲁国。拖延了几个月,哀姜才姗姗而来。鲁庄公为了讨好她,命令鲁国的大夫及同姓宗妇在拜见她时一律用币作见面礼。按当时礼俗,男女所送的见面礼是不一样的。男人送的礼物“大者玉帛,小者禽鸟”,而妇女送的礼物则是“榛、栗、枣、干肉”,这是“男女有别”的体现。所以,后来的史学家又批评他“非礼”。

压服了鲁国之后,齐国又把矛头对准郑国和陈国,开始干涉这两国的事务。

郑文公四年(前669年),齐国入侵蔡国。郑国受到齐国的压迫,就与南方的楚国修好,想以楚国为外援与齐国抗衡(《左传》文公十七年《郑子家告赵宣子书》)。齐国当然不能容忍郑国与楚国修好,便要郑国在齐、楚之间来一个泾渭分明的选择。

陈国向来追随齐国,但是在齐桓公十四年(前672年),陈国发生了内乱。陈宣公有一个宠爱的妾,为他生了一个儿子,名叫妫款。陈宣公打算立妫款为太子,就杀掉原来的太子妫御寇。妫御寇有一个好朋友妫完(又称陈完),是陈厉公的儿子。陈厉公杀掉了陈宣公的哥哥太子妫免,后来陈宣公与其兄利公和庄公又共同设计杀掉了厉公。因为这层关系,所以妫完害怕宣公乘机把他也杀掉,就逃到了齐国。齐桓公因为妫完是有名的贤人,又是陈厉公之子,就想任命他为齐国的卿。妫完推辞说:“我这个羁旅之臣,侥幸获得宽宥,生活在您的宽明政治之下。您赦免我使我免于罪戾,不成为负担,这已是君主您的恩惠了。我获得的已经够多了。怎敢有辱国君的高位,致使别人说您的闲话呢?请以死告。《诗》说:‘翘翘车乘,招我以弓。岂不欲往,畏我友朋。’”桓公于是任命他为齐国的工正(负责手工业的官)。陈、田两字古代相通,所以陈氏又称田氏。后来妫完的后人在齐国发展壮大,到战国之初,终于代替姜氏而成为齐国之君,史称“田氏代齐”。这是后话。

虽然春秋时期废嫡立庶以及由此而引发的君位之争、宗室内乱层出不穷,但是具有浓厚守旧意识的管仲是不愿看到这类事情发生的。在后来的“葵丘之会”上,齐国还让参会的各诸侯国签订了“无易树子”的盟约。作为霸主的齐桓公,也感到有责任对陈国杀太子御寇一事进行过问,于是,齐国对郑国和陈国都施加压力,迫使郑国选择齐国,又迫使陈国对杀太子御寇一事认错。当郑国与陈国都表示愿意按齐国的意思办理时,齐桓公在齐桓公十九年(前667年)夏天召集鲁、宋、陈、郑四国的国君在幽地会盟。周惠王见齐桓公在管仲的辅佐下以“尊王”为号召,致力于恢复周代的道德伦常观念和秩序,与以前从不把周天子放在眼里的霸主显然不同,于是在这一年派王室卿士召伯廖“赐齐侯命”,即正式承认齐桓公为霸主,并请齐桓公讨伐曾帮助王子颓的卫国。

卫国本来一直追随齐国,卫惠公曾参加了齐国于齐桓公六年和七年两次召集的鄄之会盟,在齐桓公八年又追随齐国讨伐郑国,并参加了同年召开的幽之会盟。但是,自卫惠公去世(卫惠公于齐桓公十五年,即公元前671年去世)后,新继位的卫懿公就再也没有参加过齐国组织的会盟和征讨。齐国对此已极为不满,早有兴师问罪的意向,只是苦于找不到更充足的征讨理由。因此,当召伯转达了周惠王的意愿后,齐桓公就欣然接受了。

第二年(前666年)春,齐桓公就打着周天子的旗号举兵伐卫。卫懿公也不甘示弱,发兵抵抗。经过一番激战,卫军被彻底击垮。齐桓公以周惠王的名义严厉斥责卫国帮助王子颓作乱。卫懿公在齐国大军压境的情况下只得俯首认罪,并拿出许多财货宝器向齐桓公行贿,齐桓公这才满意地带着卫国送的贿赂离去了。

到此时为止,中原诸国(除晋国等少数西方诸侯国外)完全归集到了齐国的旗帜之下,而唯齐国马首是瞻了。

## 二、存邢救卫

周穆王时,王室大夫祭公谋父曾向周穆王说起过"先王之制",即:"邦内甸服,邦外侯服,侯、卫宾服,蛮、夷要服,戎、狄荒服。"(《国语·周语上》)所谓"邦内"指的是王畿之内,即《诗经·商颂》诗句"邦畿千里,维民所止"中的"邦畿";"甸"指的是王田,意即王室直接控制的土地;"服"指的是"服其职业"。"邦外"是指周王室分封的诸侯国,"侯、卫"则是《尚书·康诰》中所讲"侯、甸、男、采、卫"的缩写,皆是邦外诸侯,只是其距王室距离远近不同。"邦内"和"邦外"是周王朝直接控制的地区,也可以说是周王朝的本土地区,称之"诸夏",意即华夏族诸侯国。在此"诸夏"之外,是众多的少数民族,称之"蛮、夷、戎、狄",即南蛮、东夷、西戎、北狄。

周代的"南蛮"种类繁多,有荆蛮、越、闽、庸、濮、麇、蜀、巴、髳、微、僬侥、越裳等。春秋之时,人们"往往不能举其号,第称蛮曰'群蛮',称濮曰'百濮'以概之。其种实繁,其地为今某州县亦难为深考"(顾栋高《春秋大事表·四裔表》)。南蛮以楚(荆蛮)最为强盛。

“东夷”是东方少数民族的总称。西周之时,史书记载较多的是淮夷、徐戎以及奄和蒲姑等。春秋之时,东夷集团主要分为莱夷(亦称东夷)、淮夷两大部分。莱夷建立的国家有任、宿、须句、颛臾、邾、莒、郯、鄫、介、根牟等。这些国家都很小,其立国大都在今山东境内,为商代东夷人的后裔。淮夷是指淮水流域的夷人,有徐夷(亦称徐戎、徐方)和舒夷(包括舒蓼、舒庸、舒鸠等)。淮夷也是商代东夷人的后裔。

“西戎”是支系很多、名号繁杂的西方少数民族的总称。顾栋高说西方戎族“随地立名,随时易号”(《春秋大事年表·四裔表》),这是实情,因此其族系很难判明。春秋时期的戎族支系,见于记载的主要有骊戎、邽戎、冀戎、扬拒之戎、泉皋之戎、伊洛之戎、陆浑之戎、蛮氏戎、茅戎、阴戎、九州之戎等,主要活动于今甘肃、青海、陕西一带。其中陆浑之戎(阴戎、九州戎)、茅戎、蛮氏戎等向东移徙于中原地区,与华夏族杂居。西戎一般是商代氐羌的后裔。

“北狄”是北方少数民族的总称。在西周之时,北方的少数民族见于记载的主要有薰育(音 xūn yù,又写作獯鬻、荤粥)、猃狁(音 xiǎn yǔn,又称猃狁、岩允)、犬戎(畎夷)和肃慎等。春秋之初,北方的少数民族一般称作“戎”,有北戎和山戎。到鲁庄公三十二年(前 662 年)之后,则多称“狄”而少称“戎”。可见“北狄”是后人对北方少数民族的称呼。

蛮、夷、戎、狄,有的臣服于周王室,有的没有臣服于周王室。在西周之时,周王朝与这些少数民族国家或部落有战有和。总的来看,在西周前期,周王室对臣服于周的少数民族主要采取安抚的政策,这就是祭公谋父所说的“修名”与“修德”。因此,周王朝与这些少数民族的关系相对较好。但自西周中期以后,先有周昭王南征荆蛮,次有周穆王西征犬戎、南征徐戎,继有周厉王、周宣王与淮夷、徐戎的战争,以及与猃狁、荆蛮西戎的战争。周王朝对周边少数民族“修刑”的结果,导致了民族关系的全面恶化。这一情况延续到周末,以致西周的灭亡也与戎人扯上了关系。

春秋之初，王室衰微，自顾不暇，已经不能承担抵抗周边少数民族内侵的任务。而中原各诸侯国的力量则相对比较分散，没有哪一国有足够的实力能够单独对付夷狄（泛指周边少数民族）的入侵，也没有哪一国想到要把中原各国联合起来一同对付夷狄。中原的“霸主”想到的无非是乘周王室衰微、无人能约束自己之际多为自己捞一些好处，华夏诸国实际上是有“霸”而无“主”。在这种情况下，以前强大的周王朝对周边各少数民族形成的威胁与压力顿然消释了。这使它们得以顺利地发展，并反过来对中原华夏诸国形成威胁与压力。

春秋时期，对中原诸夏构成严重威胁的是“南夷”与“北戎”。后人说当时的情况是：“南夷与北戎交，中国不绝若线。”所谓“南夷”，主要是指楚国；而“北戎”则是指北方的少数民族，即“狄”，又称“戎狄”。

北方的戎狄在春秋之时尚处于游牧阶段，它们对中原农业地区的侵扰，往往是毁城破室，掳掠一空，带有巨大的破坏性，所以春秋时期的华夏族人对戎狄都很憎恨，往往以禽兽视之。管仲说：“戎狄豺狼，不可厌也；诸夏亲昵，不可弃也。”（《左传》鲁闵公元年）周定王也曾说：“戎狄之人贪图财物，举止轻率，贪心而不讲礼让，他们气血不畅，像禽兽一样。”王室大夫富辰说：“狄，豺狼之德也。”（《国语·周语中》）晋国的大夫魏绛也说：“戎，禽兽也。”（《左传》鲁襄公四年）

春秋时期，戎狄南下，即使中原诸如鲁、齐、郑等大国都难免其祸。

鲁隐公二年（前 721 年）春，鲁隐公与戎人在鲁国的潜地（山东济宁南）会面，继续鲁惠公之时的友好往来。戎人提出与鲁隐公订立盟约，鲁隐公虽然同意与戎人和好，却碍于华夷之防，没有同意订立盟约一事。但是这年八月，鲁隐公与戎人在唐地（今山东金乡县境）订立了盟约。《左传》说是由于“戎请盟”，但很可能是因为戎人对鲁国施加了压力，鲁隐公才不得不放下架子，与戎人订立友好盟约。

戎人曾去朝见周平王，并向王室进贡，但王室的大夫凡伯对戎人很不礼貌，以致戎人怀恨在心。鲁隐公七年（前 716 年），周平王命凡伯到鲁国去聘问,在其返回途中,于楚丘(今河南濮阳境)遭到戎人攻击,凡伯也被戎人活捉。戎人竟敢在中原大地上明目张胆地攻击周天子的使臣,可见其势力很强。

鲁隐公九年(前714年)冬,北戎竟大举入侵当时的霸主之国郑国,郑庄公亲自率军与戎师对阵。久经沙场的郑庄公在戎师面前仍不免有所畏惧,对左右说:“他是步兵,我是车兵,我真担心我军被戎师侵凌。”公子突(即后之郑厉公)建议庄公把主力分为三处伏兵,然后以敢于上阵打仗又不齿于败退的轻卒与戎兵相战,让他们故意失败,以引诱戎兵深入埋伏区。他说,戎人打仗的特点是:打胜了互不相让地争功,打败了又互不相救地逃跑。如果我们派出诱敌的轻卒败了,戎兵必然争胜贪功而猛追;但遇到我们的伏兵袭击后,必然又会迅速逃走。这样,他们前后不愿相救,我们再用一部分伏兵发动攻击,就可得胜。郑庄公同意了公子突的计划。果如公子突所料,戎人的前队在追郑的轻卒时遇到郑的伏兵,立即后逃,郑大夫祝聃加以追击,三处伏兵尽起,将戎兵截为两段,前后夹击,中埋伏的戎兵尽被歼灭,戎师大败而逃。

但是,戎人并没有因这次侵郑的失败而龟缩北方,略微休整之后,又卷土重来。鲁桓公二年(前710年)九月,戎人又让新即位的鲁桓公与其在唐地订立盟约。

鲁桓公六年(前706年)夏,北戎又出动大军向中原的东方大国齐发动攻击。在北戎的猛烈攻击之下,齐国难以自保,齐僖公只得向当时的霸主郑庄公求救。郑庄公派太子忽(即后来的郑昭公)率师救齐。郑军大败戎师,还俘虏了戎人的大良、二良两帅,杀死了三百名甲士。戎人经此惨败,其南下的嚣张气焰才稍稍收敛。此后近三十年间,再没有戎人南侵的记录。直到鲁庄公十七年(前677年)夏,鲁庄公追击南下侵鲁的戎人,一直追到济水西岸;鲁庄公二十年(前674年),齐征伐戎人;鲁庄公二十四年(前670年)秋,戎人又入侵曹国;鲁庄公二十六年(前668年),鲁国又向不断来骚扰的戎人开战。可见这时戎人已恢复了元气,重新对中原各诸侯国形成威胁。

致力于恢复周代秩序的管仲不但对周王室怀有特殊的感情,而且对夷狄也极力排斥,于是他针对王室衰微、蛮夷猾夏的情况提出了“尊王攘夷”的口号。一方面是以“尊王攘夷”为号召,把中原华夏诸国归集到齐国的旗帜之下,完成齐桓公的“霸业”;另一方面也是通过“尊王攘夷”的活动,在一定程度上尽量恢复周代的社会秩序。既然要“攘夷”,就不能坐视“夷人”(泛指蛮、夷、戎、狄)对中原的侵凌。齐国在“攘夷”方面确实做了许多工作。

燕国是西周初期分封的重要封国,建都于蓟(今北京市西南)。它是周王室控制燕山南北和辽西一带戎狄部落的军事据点,也是周王室的北部屏障。在燕国的北面,即燕山以北,是所谓的“山戎”,意即生活在山区的戎人。由山戎的一支建立的孤竹国,在殷商之时已经建国,属于殷人的一部分,其故城在今河北卢龙县境。春秋时期,山戎也在南下,到齐桓公称霸中原之时,山戎已经南下到燕山以南。山戎的南下直接威胁着燕国的生存,因而在鲁庄公三十年(前664年),燕庄公就派人向齐国紧急求救,希望齐国能帮助燕国把山戎赶回燕山以北地区。

齐桓公接到燕国的求援后,就在同年冬天邀请鲁庄公到齐、鲁交界的鲁济紧急磋商,商量一同出兵救燕。鲁庄公起初同意与齐桓公一道征伐山戎,后来因惧怕道路遥远而没有去。齐桓公只得率领齐军北上,深入到今河北昌黎一带。山戎不敌齐军,向荒漠一带逃遁[3]。齐军尾随追击,但在荒漠之中迷了路。管仲说:“老马之智可用也。”管仲让士兵把老马放在队伍前面,任它自走,军队尾随其后,才得以走出迷途。这就是“老马识途”一语的来历。后来,齐军在山区中又找不到水喝,隰朋说:“蚂蚁冬天生活在山的南面,夏天生活在山的北面,蚂蚁巢穴之下必定有水。”士兵遂四处寻找蚁穴,终于掘地而得水。

齐桓公赶跑山戎之后,让燕庄公恢复召公(燕国的始祖,周文王之子)时的政治,并向周王室纳贡,尽臣子的礼节。燕庄公对齐桓公很是感激,亲自送齐桓公出国境。两人一路交谈,不知不觉竟出了燕国边境,到了齐国境内。齐桓公知道后,就问熟知礼节的管仲:"诸侯相送,可以送出国境吗?"管仲回答说:"不是天子,就不能送出国境。"桓公说:"这恐怕是燕君害怕我,所以明知送出了国境是失礼,也不肯告诉我,我不能让燕君失礼。"于是,桓公把燕君送到的地方都割给燕国。中原诸侯听说此事后,都非常敬佩齐桓公的仁义,甘愿归服于齐国。

齐桓公对鲁庄公临阵退缩非常不满,于是在齐军回国后不久,就带着战俘到鲁国去献俘报捷。按当时的礼制,诸侯若在对少数民族的战争中获得胜利,应该向周天子献俘报捷,以此来威慑夷狄;如果是诸侯之间的征伐,就不能献俘报捷。也就是说,诸侯之间是不能相互献俘报捷的。所以,《左传》作者批评齐桓公向鲁庄公献俘报捷是"非礼"。实际上,齐桓公向鲁庄公"献戎捷"是一种报复性示威行为。

鲁庄公怀着畏惧的心情忐忑不安地被迫接受了齐国的"献戎捷"后,就想办法讨好齐国,弥补自己的错误。鲁庄公想的办法直接而有效,那就是替齐国实际决策人和执政者管仲建筑城堡,通过讨好管仲来讨好齐桓公。于是在齐国"献戎捷"后的第二年(齐桓公二十四年,前662年)春,鲁国为管仲在穀地(今山东平阴西南)的采邑筑城。从此以后,直到齐桓公去世,鲁国就完全听命于齐国,再也不敢稍有反抗之心。

齐桓公二十四年冬,狄人(即戎人)又对邢国(今河北邢台境)大举进犯。邢向齐求救,齐桓公因伐山戎长途征战,很是劳累,意欲休整一时。管仲对桓公说:"戎狄的性情如同豺狼,贪得无厌;诸侯国都是亲戚,不能抛弃不管。安乐就像毒药,留念不得。《诗》云:'岂不怀归,畏此简书。'简书就是诸侯相互救援的协定。请您去救邢国以践行简书(指诸侯盟会时所订的盟约)上的诺言吧!"齐桓公于是在第二年

(前 661 年)春起兵救邢。狄人见齐兵出动,就主动撤退了。

两年后,狄人再次向邢国大举进攻,邢又向齐求救。鲍叔劝齐桓公暂时不要出兵,先让邢与狄人相互消耗,狄人实力被消耗,齐国就显得更加重要了。在鲍叔看来,扶危之功不如存亡之德大,所以晚出兵可以消耗狄人实力,而齐国出兵的损失会大大减小,对齐国来说是有利的;如果邢被狄人灭亡,那时齐再帮助邢国复国,其"存亡"之名也是很美的。

齐国这次没有急于出兵救邢,而是派人联络宋国和曹国一同出兵。三国联军姗姗到达邢国的聂北(今山东茌平西)后,却又按兵不动,表面上是在寻找战机,实际上是坐山观虎斗。邢人在城内苦苦死守,盼望诸侯的救兵与他们里应外合,把狄人赶走,可是诸侯的救兵却一直在聂北观望,迟迟不肯出动。而狄人明知邢有援兵在背后,却丝毫没有知难而退的样子,仍然猛打猛攻。邢人的精神崩溃了,完全没有了斗志,于是纷纷逃出城,跑到诸侯的军队中避难。齐桓公这时才下令诸侯之师向狄人发动攻击。狄人好不容易攻下邢国,正准备大肆掳掠一番,没想到诸侯联军却在此时发动了猛烈攻击,只好仓皇退却。诸侯联军紧追不舍,很快把狄人赶出了邢国。

齐桓公鉴于邢国的都城在狄人攻击时大部已被烧毁,而且距狄人太近,就决定把邢国的都城迁到夷仪(今山东聊城西),并率领诸侯帮助邢国筑城。在这次迁移中,诸侯之师帮助邢国把财物器用统统搬到了新都,一点也没有攫为己有。不但如此,齐国还无偿地送给了邢国百辆战车和一千名带甲的士兵。邢国人迁到了新地,又有新建的城市可以居住,都很高兴,就像回家似的,后来史称"邢迁如归",并把它作为齐桓公的美德义举之一。正如鲍叔事先预料的一样,齐国既消耗了狄人的实力,自己又没有什么损耗,还获得"存亡"的美名。

狄人在向邢国连续发动攻击的同时,也向与邢国相邻的卫国发动了大规模的攻击。

此时卫国的国君是卫惠公的儿子卫懿公。在前面我们曾经讲过，卫惠公是卫宣公之妾齐女之子，后来他与卫宣公的正夫人一同说太子伋的坏话，致使卫宣公派刺客杀死了太子伋，才得以立为太子。(参见本书第二章第二节)因此，惠公的继立，引起了卫国人的不满，卫国的左、右公子乘机作乱，攻击惠公，并立太子伋的弟弟黔牟为君，惠公逃到齐国避难。八年后，齐襄公以周天子的名义率诸侯伐卫，杀掉左、右公子，惠公复位，卫君黔牟逃到周王室避难。惠公复位后，因为周王室收留了黔牟，所以曾帮助王子颓作乱。齐桓公十七年(前669年)，惠公去世，由其子即位，是为卫懿公。虽然齐襄公强行让惠公复位，但是卫国人对惠公极为不满，巴不得让其早日败亡。卫懿公即位后，这种仇恨思想就随之转移到了他的身上。

卫懿公也算不上一个好的国君，他好玩奢侈，淫乐无度。他喜欢养鹤，接近痴狂。他给鹤修建了豪华的住处，喂以上等的食品，甚至在他出门时，也为他的鹤准备了“轩车”。当时的礼制，不同等级的人乘坐的车子是有严格区分的。天子乘坐的车为最高级别，称之“大路”；诸侯国君的车子次一等，称之“路车”；卿大夫乘坐的车子又次一等，称之“轩车”；再次一等的车子称之“饰车”，是士人乘坐的；至于一般的平民百姓，则只能乘坐牛车或徒步而行。卫懿公给他的鹤乘坐的是大夫一级的“轩车”，表明他给鹤以大夫的礼遇。古人最重礼数，对卫懿公这样荒唐的做法自然十分反感。加之卫懿公把心血、精力以及财物都花在了鹤的身上，必然会荒疏政事、不恤民情，这更加深了人民对他的仇恨。因此，当狄人大举进攻卫国之时，卫国人都不愿替卫懿公卖命。他们对卫懿公说:“让鹤替你打仗吧！它们不是也有禄位吗？我们哪能打仗呢?”

卫懿公这时才明白了事情的严重性。国人不肯打仗，他就亲自上阵。临行前他送给卫大夫石祁子一个玉玦(玦含诀别的意思)，表示他将以死殉国；又给大夫宁庄子一柄象征权力的弓矢，让他们守卫都城。

还给二人以临事择便处置的权力,并让其夫人也听命于二人。经过这番安排后,卫懿公就披甲上阵了。他让卫国的大夫渠孔为他驾车、大夫子伯为他的车右,又命大夫黄夷为前锋、大夫孔婴为后卫,浩浩荡荡地向狄人杀去。双方在卫国荧泽展开决战,结果卫军大败。但一心求死的卫懿公不愿苟活,一直不肯撤去主帅的旗帜,因此被狄人杀死,卫军也全军覆灭。卫懿公最后的勇敢终于为他洗去了一些荒唐国君的耻辱。

在卫与狄交战之时,狄人俘虏了卫国的史官华龙和孔礼,并乘胜追击卫国的残兵败将。华龙和孔礼对狄人说:"我们是卫国的史官,掌管卫国的祭祀。如果你们不放我们回去向神灵禀告,你们就不可能得到卫国。"狄人很迷信,就把二人放回。二人回国后就向石祁子和宁庄子报告了卫军全军覆没、卫懿公战死的消息,并说:"不能再待在这里了。"于是石、宁二人下令让卫国的人连夜弃城逃走。等狄人赶到时,卫国已是一座空城。狄人方知上当,又紧紧追杀,在黄河边上追上了卫人。卫人不堪一击,又大败。狄人对卫人大肆杀戮,最后渡过黄河而保住性命的卫人只有七百三十人。因为黄河对岸有宋桓公亲自率领的宋军把守,所以狄人才没有敢进一步追杀。

宋桓公把从卫国逃出的七百余人,连同卫国共邑(今河南辉县市)和滕邑的人集中在卫国的曹邑(今河南滑县西南),总共五千人,并与卫人一道在此搭好栖身的草棚,在草棚里拥立戴公为卫君。

齐桓公这次没有像郑厉公平定王室之乱那次一样,对卫国之事不闻不问,他在管仲和鲍叔的策划下迅速采取了行动④。他派公子无亏率领三百乘兵车并以三千甲士帮助卫国防守,又送给卫国国君车马,祭服,牛、羊、豖、鸡、狗等家畜以及建房屋用的木材;送给卫君夫人鱼轩(以鱼皮为饰的车子,是国君夫人乘坐的)和重锦(锦之熟细者称之为重锦,是高级的丝绸)三十两(匹)。不久,戴公去世,由其弟继立为君,是为卫文公。齐桓公又带领诸侯在楚丘(今河南滑县东)为卫国建立国都。由于齐桓公的妥善安排，卫国人也忘掉了灭国的耻辱，史称“卫国忘亡”。

在卫国被狄人灭亡之时，卫懿公的妹妹许穆夫人想回国探望，但囿于当时礼节，不能回国，于是写了一首哀婉的诗来悼念卫国之亡，以表达自己对祖国的思念之情。这首诗后来被孔子收入了《诗·鄘风·载驰》之中。全诗如下：

载驰载驰，（车马疾驰快奔走）
归唁卫侯。（回国慰问我卫侯）
驱马悠悠，（驱马而行路悠悠）
言至于漕。（行旅匆匆到漕邑）
大夫跋涉，（大夫跋涉来追赶）
我心则忧。（我心既哀又忧愁）
既不我喜，（没有赞成我赴卫）
不能旋反。（要我返回也不成）
视尔不臧，（你们想法都不好）
我思不远。（并非我思不深远）
既不我嘉，（没人赞成我赴卫）
不能旋济。（要我返回也不成）
视尔不臧，（你们想法都不好）
我思不閟？（并非我思不谨慎）
陟彼阿丘，（登上高高的山冈）
言采其蝱。（采集贝母解愁肠）
女子善怀，（女子多愁又善感）
亦各有行。（各人心里有主张）
许人尤之，（许国之人责怪我）
众稚且狂。（实在幼稚又狂妄）
我行其野，（我车行驶在郊野）

芃芃其麦。(麦子茂密又繁盛)
控于大邦,(前往大国寻支援)
谁因谁极?(谁肯前来帮我忙)
大夫君子,(许国大夫君子们)
无我有尤。(不要把我来责备)
百尔所思,(你们纵有百般计)
不如我所之。(不如我亲自去)

## 三、与楚国的竞争

对中原华夏诸国构成严重威胁的,还有一个被中原诸国以夷狄视之,其文化却与中原诸国非常接近,甚至超过某些中原国家的南方大国——楚国。

楚国自称是出自中原的颛顼高阳氏(传说中的黄帝之孙)。屈原在《离骚》中说自己是"帝高阳之苗裔兮",其直接祖先就是帝喾高辛氏的火正祝融。但是,这个以"芈"为姓的国家实际上是尧舜时"三苗"的后裔。⑤

殷商之时,楚国臣属于商王朝。《诗·商颂·殷武》云:"维汝荆楚,居国南乡。……莫敢不来享,莫敢不来王,曰商是常。"殷墟卜辞有"南土受年"之语。"南土"指商王畿之外的南方,其中自然也包括楚国。从殷墟卜辞中还可以发现,殷商王朝不但关心"南土"的收成,还在此派有官吏,驻有重兵。考古工作者在楚人故地湖北盘龙城殷商时期的遗址中,也发现了与北方殷人文化十分接近的文化遗存。这些都证明当时的楚国与商王朝有十分密切的关系,说它是臣属于商王朝的一个南方方国,恐怕不会错。但是,具有反抗、叛逆传统的楚人并不甘心于做殷人的臣属、受殷人的剥削和奴役,他们具有强烈的独立意识。因此,殷、楚之间的征服与被征服的战争就不可避免了。《诗·商颂·殷武》描写了殷王武丁亲自率兵征伐楚国之事。诗云:

挞彼殷武,(殷王武丁神勇英武)
奋发荆楚。(率领王师讨伐荆楚)
深入其阻,(深入敌方崇山险阻)
裒荆之旅。(众多楚兵成了俘虏)
有截其所,(横扫荆楚所属领土)
汤孙之绪。(成汤子孙功业建树)

虽然神勇的武丁暂时把楚人的反抗镇压下去了,但楚人并没有因此而屈服。

商朝末年,英勇不屈的楚人就与商王朝西边的一个重要方国——周,联合起来对付商王朝。《史记·周本纪》说,周文王时,有许多贤人志士投奔他,其中就有一个名叫“鬻子”的人。《集解》认为鬻子即楚人的首领鬻熊。周原甲骨卜辞也有“楚子来告”的记录,可证明当时楚人确实投靠了周。

楚武王曾声称:“吾先鬻熊,文王之师也。”(《史记·楚世家》)因此周成王时,举文、武勤劳之后嗣,封鬻熊之后熊绎于“楚蛮”(指楚人活动的故地),还“封以子男之田,姓芈氏,居丹阳(今河南淅川县)”(《史记·楚世家》)。

周初,周人和楚人的关系比较好,因此在周公为流言中伤时,曾一度跑到楚国避难。但是,即使在成王之时,周人也视楚人为蛮夷,没有资格参加中原诸侯的盟会。《国语·晋语》说:以前周成王在岐山的南面会盟诸侯,楚国被认为是荆蛮,只负责放置茅草束,设立望表,与鲜卑一起守候燃烧的火堆,还不能参与盟会。

西周王朝歧视楚人的政策自然会遭到楚人的反抗。在成王时期的铜器铭文中就记录有成王伐荆(楚)之事。如,《才簋》铭文中有“才从王伐荆,孚(俘)”之语,《过伯簋》铭文中有“过白(伯)从王伐反荆,孚金”之语,《𤔲御簋》铭文中有“𤔲御从王南征伐荆楚,又(有)得”之语。这反映当时周、楚关系已经恶化。从周人的铜器铭文来看,周人伐楚往往还带有掠夺楚人生产的铜之目的。

由于楚人当时还比较弱小，因此在强大的西周王师的不断征讨之下，逐渐向南转移和发展。成康之时，周人发展的重点在东方，对楚人的压力相对较轻，楚人得以积蓄力量，在江汉流域迅速发展。楚人的发展引起了周人的警惕，因而在周昭王时，又开始对楚用兵。《史墙盘》铭文中有“弘鲁召（昭）王，广能荆楚，惟□南行”之语，可证《竹书纪年》所载的昭王南征之事当属实。

《竹书纪年》所记昭王南征有两次，一次在昭王十六年，一次在昭王十九年[⑥]。周昭王在第二次伐楚中不但“丧六师于汉”，全军覆没，自己也“南巡不返”，死于他乡。周昭王伐楚的惨败大大提高了楚人的地位，因而在周穆王之时，周王朝又采取与楚修好的政策，据说楚人还曾参加过周穆王的伐徐战争。

“当周夷王之时，王室衰微，诸侯或不朝，相伐。”（《史记·楚世家》）周王朝因为其内部的混乱，导致其对周边诸国控制力的减弱，使楚人所承受的压力大大减轻了。楚国国君熊渠抓住了这一难得的机会积极地发展。他首先团结江汉流域的群蛮百濮，并得到了他们的拥护，史称“熊渠甚得江汉间民和”（《史记·楚世家》）。在此基础上，熊渠“乃兴兵伐庸（庸是一个古老的部落，曾参加武王伐纣，其地在今湖北竹山县）、杨粤（粤即越，越人部落），至于鄂（鄂亦为一古老部落。《史记·殷本纪》中记有鄂侯，即其先祖）”。熊渠通过一系列的征伐，夺得了“江上楚蛮之地”，据说此后他即称王。

周厉王任用荣夷公专利，为王室增加了不少收入，使得衰微的王室一时又露出了强盛的光辉。有了新增加的财政收入做后盾，周王室又开始对四夷用兵，不但击败了猃狁的进犯（见《多友鼎》铭文），而且南伐噩侯駿方也取得了胜利（见《禹鼎》铭文）。其声威所及，“南尸（夷）东尸具见，廿又六邦”（《宗周钟》）。熊渠摄于周王朝的强大，被迫主动去其王号。

楚国的暂时退缩并没有使周王朝放松对它的警惕。周宣王时,周王朝曾派大将召伯虎征伐江汉流域的蛮夷之国。这时楚国内部由于君权之争,内乱不已,不能组织对周人的有力抵抗,因而王师得以顺利挺进。随着王师的推进,周王朝把疆域拓展到了"南海"(今湖北云梦地区),并陆续在汉水流域分封或迁徙来了一些诸侯国家,与周初分封的诸侯国一起构成了一道防线。这些诸侯国主要有姜姓的申国和吕国,姒姓(或曰姬姓)的曾国(今河南南阳一带),姬姓的随国(今湖北随县境)、唐国(今湖北枣阳东南境)、厉国(今湖北随县厉山店一带)、贰国(今湖北应城境)、轸国(应城西)、郧国(或曰妘姓,今湖北安陆一带)、黄国(大概在今安徽宣城境)、应国(今河南鲁山东、襄城西)、息国(今河南郑州西)、道国(河南确山县北),还有祁姓的房国(今河南遂平县)和传说中的柏皇氏后裔的柏国(今河南西平县西)。因为这些诸侯国以姬姓为主,所以统称"汉阳诸姬"。"汉阳诸姬"就是针对楚国而设的。

西周末年的王室之乱以及东周初年王室的急遽衰微,在中原引起了极大的混乱。春秋初期的一些中原强国、大国,都利用这一混乱之机为自己捞取利益,甚至相互厮杀,斗得不亦乐乎。王室既无实力,也无权力,诸侯则自顾不暇,还有谁来关心与"四夷"的关系?还有哪国愿意出来组织对"四夷"的征讨?中原如同一盘散沙,对"四夷"再也构不成什么威胁与压力。因此,在西周强盛之时被周人不断驱赶向南迁徙的楚人得以从容发展了。

这时的楚国国君,是历史上对楚国贡献很大的若敖、蚡冒以及楚武王和楚文王,史称若敖、蚡冒"筚路蓝缕,以启山林"(《左传》宣公十二年)。他们所处的时代,正值两周之际。由于没有周人的压迫,他们不再向南迁徙,得以安顿下来开辟土地,发展生产。安定的环境,稳定的政治,国君的励精图治,使楚国经济得到长足的发展。在此基础之上,若敖之孙蚡冒"启濮(开拓濮地)"(《国语·郑语》),把楚人的势力延伸到了今陕南、鄂西一带。

到蚡冒之弟楚武王时,楚国更加强大。楚武王以郢城(今安徽宣城)为中心,四处扩张。武王灭掉了郧国(活动于今湖北云梦县一带),又灭掉了州(今湖北监利县)、蓼(今河南唐河县)、鄢(今安徽宣城市)、克权(今湖北当阳东南),把所灭之国设为县邑。至此,楚国的势力遍及江汉,并延伸到长江流域。

长期受到压迫和欺凌所激发出来的已不仅仅是英勇的反抗,而是狂烈的报复、膨胀的野心和难填的欲壑。楚人此时的目标已不单是灭掉几个小小的邻国而使楚人得以在郢城一带安居乐业,他们不再像以前一样不断地向南逃窜,而是把眼光盯住了混乱的中原,进攻的矛头指向了衰落的周王朝。

楚人当然明白,要让楚国的战车开到中原,让楚国的战马畅饮黄河之水,首先就要突破周王朝在汉水北岸设置的那道以周人为主的防线,即要消灭"汉阳诸姬"。

早在西周末年,楚人选择郢城为活动中心之时,为了安定后方,并打通向汉东等地发展的通道,就消灭并占据了汉西涓南的姬姓鄀国(《世本》称鄀为姬姓,也有学者说是允姓,今湖北钟祥西北)。这是公开向周王朝挑战,但此时周王朝自身已是危机重重,自顾不暇,哪里还能顾及这个疏远的同姓?

灭鄀国既是示威,也是试探。周王朝对此的反应非常迟钝,只是在周平王东迁之后,才派王室军队戍守申、甫(吕)、许等地,协助这些封国防止楚国的进一步北进。

周王朝的反应虽然迟钝了一些,但楚人毕竟是被周人压迫得太久了,心理上仍然笼罩着有着装备精良的强大军队的周王朝的阴影,正是这层迟迟没有散去的阴影,使楚人一直对周王朝怀着畏惧之心。周平王加强申、甫、许三地的防守对楚人起到了一定的震慑作用,所以楚人在灭鄀之后并没有立即向汉东发展,而是致力于后方的整顿与巩固,储备实力,以待时机。

经过几十年的力量积蓄,到楚武王之时(前742—前690在位),强大而灵活的楚人就开始向奄奄一息的"汉阳诸姬"猛扑过去。楚武王首先从大洪山的东麓扑向汉东的随(今湖北随县)、贰(今湖北应城境)、轸(湖北应城西)、郧(湖北安陆一带)等国。

楚武王三十五年(前708年),楚向"汉东诸姬"的首领随国发动进攻。毫无抵抗力的随人不知所措,只是以"我无罪也"的哀告向楚人求情。幸好楚国这次的目的不是灭掉随,它只是想通过随国向周王室转告它的一个请求,那就是它也要与周天子一样称王。楚武王的口气狂妄而又霸道,充满了毫不掩饰的威胁。他说:"我是蛮夷。而今诸侯纷纷背叛王室,相互侵夺,甚至相互厮杀。我也有一些破败的武器,很想来看一看中国(指周王朝)的政治情况。请王室给我提高爵位尊号!"随人不敢拂逆,只好把楚武王狂妄的威胁之词原原本本地转告了周桓王,还帮楚人请求。周王室虽已衰微,但也不能以"名器"假人,更不会让一个"蛮夷"之国与其平起平坐,当然会愤怒而坚决地拒绝楚人的要求。当随人在两年后小心翼翼地向楚武王转告周王室的决定时,楚武王恼羞成怒地说:"我的祖先鬻熊,还是周文王的老师呢!只是他去世得比较早。所以周成王举拔我的先公,就以子男爵令我们居住于楚地,蛮夷都相率而归服。你周王不肯给我晋升爵位,我自己给自己晋升好啦!"于是,楚武王自立为王,并迫使随人与之订立盟约。随国承认楚的王位,并向其称臣。

姬姓的随国向一个蛮夷的楚国俯首称臣,这当然是周王室所不能接受的。公元前690年,周庄王派人把随侯召回成周,对其向楚称臣一事进行严厉谴责。也许周庄王并非不了解随君的无奈,弱小的随国未被势头正盛的楚国灭掉已是万幸,还能指望它阻挡楚国称王吗?然而,周庄王也有自己的苦衷,他既没有力量帮助随国抵抗楚人,又不能不发一言地默认楚国的称王,因而把可怜的随君召回来大骂一通,随之把责任推到随君的身上，他也就可以心安理得地拥有他那不可失落的“天下共主”的牌子，也算“名器”没有假人了。

就在被周庄王当作替罪羊而遭臭骂的随君回国后不久，脾气暴躁的楚武王就亲率大军攻打随国，迫不及待地想让这个姬姓在汉东的首领领教领教他新发明的“荆尸”（楚阵）。正在随国的君臣上下一片惊恐之时，戎马一生的楚武王却病死在军中。楚令尹（执政）斗祁、莫敖（屈氏家族族长）屈重秘不发丧，在溠水临时搭桥，抄捷径出其不意地兵临随国城下。随君自知不敌楚军，于是派人求和。而楚人则因武王新近去世，想尽快撤回，也不敢太过逼迫，于是同意随国的求和请求。屈重作为武王的全权代表与随君订立了城下之盟，随国臣服于楚国。

随国为汉东诸方国的首领，应该是有一定实力的，尚且听任楚国宰割，苟延残喘，何况那些实力远不及随国的方国呢？它们的命运自然比随国更惨，免不了国破家亡、社稷不祀。

楚武王四十年（前 701 年），楚武王派屈瑕和斗廉去胁迫贰、轸两国与楚国订盟，逼其归服楚国。郧国担心楚人进一步逼迫汉东诸小国，就联合随、绞、州、蓼等国，欲与楚军决战。尚未等郧、随、绞、州、蓼等国之军会师，楚军连夜出奇兵，击溃没有斗志的郧军，并迫使贰、轸两国与楚国订盟。后来，楚国又灭掉了贰、轸和郧国。

楚武王四十一年（前 700 年），楚武王又派大军伐绞（今湖北郧阳西北）。屈瑕设计，故意让绞人在城外的山上俘获了三十多个楚国的砍樵者，然后伏兵于山下。绞人不知是诱敌之计，第二天都争着到山中抓楚人。楚之伏兵突然袭击，大败绞人，并迫使绞国与之订立了城下之盟。

第二年，楚武王又派屈瑕征伐罗国（今湖北襄樊西南）。由于屈瑕的傲慢轻敌，被罗与卢戎（今安徽宣城西北）的联军大败。但楚国后来还是灭掉了这两个小国。

绞、罗、卢等国或为楚所灭,或归服于楚,使楚人又打通了从大洪山西麓向中原进攻的通道。到公元前689年楚文王即位之时,楚国已是江汉流域最为强盛的超级大国。

楚文王是楚国继楚武王之后又一个很有作为的君主。他沿着楚武王所开辟的道路,积极地向北拓展。而他的目标,首先就是征服“汉阳诸姬”,消除这道阻碍楚人北上的防线。

在西线,对楚人有一定威胁的,是周平王时曾派王师在此戍守的位于今河南南阳境内的姜姓申、吕两国。而要兵临申、吕两国,就必须通过位于今襄阳境内的邓国。早在楚武王之时,楚就打算通过联姻来拉拢邓国,武王的夫人邓曼即邓国之女。但终因楚国无时不在的威胁,邓国还是决定向中原诸国靠拢。于是,征服邓国就成了楚国的当务之急。

楚文王二年(前688年),楚以伐申为名,向邓国借道。当楚军路过邓国之时,邓祁侯因其是楚文王之舅,便设宴招待文王。邓国的大臣劝邓祁侯在宴会上乘机杀掉可能成为灭邓之人的楚文王,但邓祁侯没有同意。楚文王伐申返回之时,顺便对邓国进行了攻伐。邓国在楚军的强大压力之下,又倒向了楚国。到楚文王十二年(前678年),楚最终灭掉了这个“母舅”之国。

自楚征服邓国之后,南阳盆地的小国申、吕、缯等就完全暴露在楚国面前,不久即为楚国所灭。此时楚国的疆域已越过南阳盆地,北抵汝水之南,直接威胁着中原诸国。清人顾栋高在《春秋大事表》中对此评论说“楚之强横难制始于灭申”,而楚灭申之后,“天下之势尽在楚矣”,确是高论。

位于今河南东南淮水流域的蔡(今河南上蔡西南)和息(今河南息县西南)这两个姬姓诸侯国是周王朝镇守东南方的重要封国,也是楚人从东线北上进攻中原的主要障碍,因此,楚人早就存心征服或消灭这两国。恰恰在这时,息国国君一时意气用事,竟邀请早就对蔡、息两国虎视眈眈的楚国征伐自己。

原来,蔡哀侯与息侯都娶了陈国的女子为妻,息侯之妻息妫回陈国探亲路过蔡国时,荒淫的蔡哀侯以其是自己妻子的姊妹为理由,强行把息妫留住,见面时又有一些不礼貌的行为。息妫把这事告诉了息侯,息侯听后大怒。但息国比蔡国小,如果出兵攻蔡,名声不正且不说,恐怕也很难讨到便宜。

报仇心切的息侯知道楚国早就想攻打蔡国,于是向楚文王献上一条苦肉计。他派人对楚文王说:“请你们来征伐我国,我向蔡国求救,你们就以蔡国救援我们为借口攻打蔡国。”楚文王迟迟没有攻打“汉阳诸姬”,就是担心他们联合起来对付楚国,见现在他们已起内讧,正中其下怀,因而楚文王很乐意地答应了息侯的要求。公元前684年,楚出兵伐息。息向蔡求救,蔡哀侯果然亲自带兵救息。楚人移师攻击,在莘地大败蔡军,并活捉了蔡哀侯。

楚国在东西两线同时向“汉阳诸姬”出击,陆续灭掉了汉江流域的许多小国,咄咄逼人的阵势震惊了汉水北岸的诸方国,使这些方国处于惊恐之中。史称:“楚强,陵江汉间小国,小国皆畏之。十一年,齐桓公始霸,楚亦始大。”(《史记·楚世家》)

蔡哀侯好心救息,反被息侯出卖,心中愤愤不平。他也采取借刀杀人之计,在楚文王面前再三夸奖息妫长得如何美貌。楚文王被说得心旌摇荡,恨不得马上就把息妫抢到手里。公元前680年,楚文王带着许多美食到息国,说是要宴请息侯。息侯毫无戒心地把楚文王请进城中,楚人乘机灭掉息国,把息妫抢了回去。

楚文王得到了如花似玉的息妫,心中喜不自胜。但是息妫到楚国后,却一言不发,这可使楚文王伤透了脑筋。有一天,楚文王问息妫:“你为什么总不说话呢?”息妫回答说:“我一个妇道人家,嫁了两个丈夫,纵然不能死掉,还有什么好说的呢?”楚文王为了讨好息妫,就在同年大举进攻蔡国。七月,楚军攻入蔡都。

楚国本来可以灭掉蔡国,但楚文王没有这样做。因为灭掉蔡国之后,楚国就直接与中原诸侯对峙,中间再无缓冲地带。所以还没有充分自信的楚文王暂时保留蔡国,把它作为与中原诸国对峙的缓冲地带。

楚文王十二年(前678年)秋,楚国以"郑厉公复位,没有立即通告楚国,是对楚国的不尊敬"为借口,起兵向郑国发动进攻。楚国这次攻郑,只是一次试探性的攻击,楚文王想看一看中原诸国对此的反应。其时正值中原霸主齐桓公召集齐、宋、陈、卫、郑、许、滑、滕等诸国国君在宋国的幽地会盟,中原诸国都团结在齐国的旗帜之下,而郑国在厉公的统治之下,实力亦不弱。所以楚国感到时机还不到,便知难而退,没有做进一步的攻击。

楚文王在伐郑的第二年(前677年)去世,由其不到四岁的儿子熊艰(息妫之子)即位,是为庄敖(《左传》作"堵敖"),楚国的大权掌握在楚国的贵族手里。公元前672年,支持庄敖的一派贵族想杀掉庄敖的弟弟熊恽。支持熊恽的一派贵族就带着熊恽逃到随国,并利用随国的力量偷袭并杀死了庄敖。熊恽被拥立为楚君,是为楚成王,当时他只有七八岁。

拥护楚成王一派的贵族在成王即位后采取了"向百姓布施恩惠,同诸侯恢复旧时的友好关系"的政策,并派人到成周向周王贡献礼物。久为中原诸侯冷落的周惠王似乎有点受宠若惊,赐给楚成王祭祀过的胙肉,让楚国"镇抚你们南方夷越地区的骚乱,不要侵犯中原"。意思相当明白,楚国可以周王的名义任意地攻打其周边的蛮夷之国,只要不侵犯中原诸国就行了。

自楚文王去世之后,一来楚国之君尚且年幼,无甚作为;二来齐桓公为中原霸主,把许多国家都团结在一起,相互救难。因此,以齐国为首的北方集团与以楚国为首的南方集团暂时处于相安无事的状态,保持着一种很不稳定的平衡,十余年间没有发生过什么冲突。但是,两大集团的根本利益是不一致的，只要有点风吹草动，平衡就会被破坏；只要有一根小小的导火索，战争就会爆发。

齐桓公十七年（前669年），齐国入侵已投靠楚国的蔡国，迫使蔡国脱离楚国，归集到齐国的旗帜之下。此后不久，蔡穆侯就把他的妹妹嫁给了齐桓公。

郑公子亹时，郑国还受制于齐国，但颇有作为的郑厉公复位后，并不甘心跟着齐国的“指挥棒”转。齐桓公曾扣留郑国的大夫郑詹来威胁郑国，但郑厉公根本就不理睬齐国，依然我行我素，而且还为周王室立了大功，名声大振。齐桓公虽为霸主，但对郑厉公的所作所为也只能睁一只眼闭一只眼，毫无办法。可惜郑厉公不久即去世，继立的郑文公虽然也不愿跟着齐国走，但其才干和魄力比其父差多了。当齐国入侵蔡国时，郑文公怕齐国的下一个目标会是自己，于是就想借楚以为外援，主动和楚国修好。

齐国正愁找不到借口对郑国进行惩罚，得知郑与楚修好，就派人对郑国进行游说和威胁，终于使郑文公回心转意。齐桓公十九年（前667年），齐桓公召集齐、鲁、宋、郑、陈诸国之君在宋国的幽地会盟，郑国再次回到以齐国为首的中原集团。

郑国与楚国修好的盟约墨迹未干，就倒向齐国，这当然为楚国所不容。但是楚国当时并没有立即作出反应，更没有采取任何的行动，执掌楚国大权的令尹子元把他全部的心思都花在了如何勾引美貌的文王夫人寡妇息妫之上。

子元为了引诱文王夫人，就在文王夫人的寝宫旁建了一馆，每天在馆里唱歌跳舞。子元很喜欢有文有武的《万舞》，多次在此表演。文王夫人不但没有因此而感动，反而勾起伤心之事。她哭着说：“先王让人表演这个舞蹈是搞军事演习。而今令尹不去对付楚国的敌人，只是在我这个未亡人之旁献殷勤，两人真是相差太大了。”文王夫人的侍者把她的话悄悄地告诉了子元，子元羞惭难当，感叹道：“妇人尚且不忘仇敌,我反而忘记了!”遂下令楚军立即做好战斗准备,北上伐郑。这时已距郑国背盟一年多了。

公元前666年秋,子元亲自率领六百乘战车浩浩荡荡向郑国的都城猛扑过去,很快就攻破了郑国的第一道防线——设在郑郊的桔秩之门。初战得胜,楚军士气高涨,子元的勇气也倍增。他与斗御疆、耿之不比三人扛着大旗为前锋,而以斗班、王孙游、王孙喜为后卫,又向郑的外城猛攻,并攻破了郑国的纯门,进入郭内。当楚军攻到郭内的逵市(外城与内城之间的街市),正要进攻郑国的内城之时,子元却令楚军停止进攻。原来,这时郑国的城门不但是高高悬挂着的,而且从里面出来的郑兵都说着楚语。郑国为什么不把城门关好?为什么有这么多说楚语的郑兵?这其中是否有什么诡计?正当满腹狐疑的子元犹豫不决之时,楚国的探子报告说,以齐国为首的齐、宋、鲁联军已经火速赶来。有勇无谋的子元只得下令楚军立即撤退,但又怕郑人乘机追杀,所以把撤退的时间定在夜晚。楚国这次的伐郑就这样虎头蛇尾地结束了。

实际上,郑国在楚军的猛攻之下已经支撑不住了,才想出了这种迷惑敌人的鬼把戏。就在楚军夜遁的第二天,郑人也想弃城而逃,只是郑国的探子报告说,楚军的营帐上有乌鸦,才知楚人已经中计。郑国侥幸保住了。

楚国这次攻打郑国虽然没有占到任何便宜,其显露出的实力却令以齐国为首的中原诸国大为震惊。北方戎狄虽然屡犯中原,而且其所到之处烧杀抢掠,破坏性很大,但是戎狄的南侵不但没有给齐桓公的霸业构成任何威胁,反而促使中原诸国团结到齐国“攘夷”的旗帜之下。但是,楚国北上就不同了。楚国每攻伐一国,要么灭之以为县邑,要么使其臣服于楚,因而楚国像滚雪球似的越滚越大。在若敖、蚡冒之时,楚国之地不过“方百里”,而到成王即位之初,楚国已是拥有“地千里”的泱泱大国了。而且楚国还拥有众多的像随、蔡一样的臣属之国。楚国的胃口绝对不同于抢点东西就逃的北方戎狄，它是要与齐国争夺中原的控制权，换句话说，它是要与齐国争当中原的霸主。因此，虽然楚人并不乱烧滥杀，对齐国的霸业却构成了严重的威胁。

就现时实力而言，楚国比齐国也弱不了多少；就发展空间而言，已濒临东海的齐国绝对比不上有东南广袤富饶之地的楚国；就文化而言，楚国虽然为“蛮夷”，但其文化并不明显地低于中原诸国；就传统和渊源而言，齐国的祖先姜太公是文、武王的功臣，而楚国的祖先鬻熊也有功于文王。因此，齐国要想保住自己的霸主地位，除了大力发展经济、加强军备、扩充实力之外，就是要利用中原诸国把楚国视为“蛮夷”而不予认同的心理，并通过“攘夷”的口号来强化，使中原诸国牢牢地团结在自己周围。

但是，当管仲协助齐桓公做了这些工作后，齐国仍然不能对楚国的一举一动无动于衷。所以在楚伐郑之后，已明显感到楚国强大压力的齐桓公在伐山戎回齐的第二年(齐桓公二十四年)就召集诸侯开会，商讨怎样对付楚人的北上。

楚国在公元前666年秋的伐郑受挫之后，就致力于巩固后方，没有再北上争郑。但是，争取郑国的归服是楚国北上与中原诸国争霸的重要步骤；因此，楚国绝不会轻易就此罢手。楚成王亲政后，首先想到的就是北上争郑。公元前659年，楚国仍然以郑国背楚即齐为借口兴兵伐郑。齐国当然不能坐视郑国被楚国攻击，于是齐桓公立即召集鲁僖公、宋桓公、郑文公、曹昭公和邾国国君在宋国的荦地(今河南淮阳西北)会盟，商量救郑之事。楚国见无机可乘，只好退了回去。

第二年冬，楚国再次北上伐郑，活捉了郑国的大夫聃伯，也不算是无功而返。针对楚国的连续侵扰，齐桓公又召集宋、江(嬴姓，在今河南正阳西南)、黄(嬴姓，在今河南潢川西)等国之君在齐国的阳谷(今山东东平宿城镇西北)会盟，准备对楚国进行反击。事后，齐国还让没有参加会盟的鲁国国君派人到齐国补签了盟约。

殊不知,中原诸国的军队还没有派出,楚国的伐郑之师就再度北上了。在楚国的连年侵伐之下,郑国感到承受不住了,郑文公打算与楚国修好。郑国的大夫孔叔认为齐国正为郑国的事而奔波,如果在这时背叛齐国是不吉祥的,郑文公这才放弃了与楚国修好的打算。楚国的军事征伐仍然没有迫使郑国就范,反而劳师伤财,又退了回去。

到此时为止,齐、楚两国虽然在郑国问题上斗争得非常激烈,但一直没有正面接触。如果不能在战场上分个高下,谁也不会轻易罢手,战争的危机迫在眉睫。

正在此时,诱发齐、楚正面交战的一根导火索点燃了。

齐桓公有一个妻子叫蔡姬,是蔡穆侯的妹妹。有一天,齐桓公与蔡姬在苑囿中划船游玩。蔡姬是在淮河流域长大的,经常与水和船打交道,桓公却有点惧水。蔡姬年轻好玩,在划船时故意把船摇来晃去。齐桓公感到害怕,让她停下来,但蔡姬见齐桓公一脸狼狈相,更觉好玩,反而把船荡得更凶了。齐桓公多次命令她停住,蔡姬仍不加理会。齐桓公一怒之下,就把蔡姬赶回了蔡国。

齐桓公虽然把蔡姬赶回娘家,但还没有休她的意思。蔡穆侯误以为齐桓公把她妹妹休了,恼怒异常。为了对齐桓公“休”蔡姬一事进行报复,蔡穆侯又把蔡姬嫁给了楚成王,这意味着蔡国又重新投到了楚国的怀抱。

齐桓公见蔡穆侯竟敢把蔡姬嫁给中原各诸侯国的死对头楚国,怒不可遏,立即要对蔡国用兵。管仲知道怎么劝说也没有用,但若是对蔡国用兵,别国必然会认为齐桓公为一己之私欲而讨伐同盟之国,自己好不容易为齐桓公树立起来的仁义形象马上就会垮掉,从而导致中原诸国在信念上的危机,搞不好,又会重现以前那种一盘散沙的局面,这就大大帮了楚国的忙。经过一番认真的分析,管仲反复权衡利弊得失,最后他决定把齐桓公报复蔡国的军事行动变成一次与楚国正面较量的战争。管仲向来是反对以武力解决问题的,但事已至此,不得不冒这个险了。

齐桓公三十年(前656年)正月,以齐桓公为首,由鲁、宋、陈、卫、郑、许、曹等国国君各自率领的军队组成的诸侯联军以排山倒海之势扑向蔡国。蔡国本是一个与陈、曹类似的小方国,哪里禁得住如此强大的攻势,立即土崩瓦解,史称“蔡溃”。

“蔡溃”之后,联军继续南下,向楚国发动进攻。楚国得知中原大军压境,大惊。楚成王一面亲自率领楚军北上准备迎敌,一面派人质问齐国兴师伐楚的理由。

楚国的使臣代表成王质问齐桓公:“国君您住在北海,寡人住在南海,风马牛不相及。没想到国君您却走到我们这里来了,这是为什么?”如果回答说是因为蔡穆侯把蔡姬嫁给了楚成王,那责任在蔡,与楚无关,况且也会遭人笑话;如果说是因为楚国连续伐郑,那么为什么攻打蔡国?况且这是郑、楚之间的事,与齐有什么关系?齐桓公一时语塞,不知如何回答。这时管仲替齐桓公回答楚使说:“从前,大保召康公奉周成王的命令,对我先君姜太公说:‘五等诸侯,九州之长,有不遵从王命的你都可以去征讨他,辅佐我周王室。’还赐给我先君东至于海、西至于河、南至于穆陵、北至于无棣的广大地区。现在你不进贡包茅,致使天子的祭祀不齐备,没有过滤酒渣的东西,寡人就是来责问此事的。还有,周昭王南征,却没有回来,寡人也要调查此事。”管仲的回答真是冠冕堂皇,似乎齐国真的是在替周王室兴师问罪,好像齐国真是在履行“夹辅王室”的职责。管仲的话还隐藏有更深刻的含义:假如楚国不承认其“包茅不共”是有错的,那表明它并不承认周王室的权威,这就等于楚国不承认其是周王朝大家庭的一员,不与中原的华夏族同类,只是南方的“蛮夷”之国。如果这样,楚国就是中原诸国同仇敌忾所要“攘”的“夷”。这显然是想要争霸中原的楚国所不能接受的。而如果楚国承认其“包茅不共”是有错的,也就等于承认自己是周王朝大家庭中的一员,而且是有罪的一员。那么,由于齐国有替王室征讨有罪的五等诸侯、九州之长之权,这就等于承认齐国向楚国兴师问罪是应该的。而且齐国自来就是可以代行周天子征伐之权的霸主,楚国既然是周王朝大家族的一员,也就应该承认齐国的“霸主”地位。

楚成王的使臣也许没有想到这么多,但他受命而来,有一点是非常清楚的,那就是尽量避免与诸侯联军开战。然而,要楚国承担周昭王南征而不复的罪责也是不行的。所以他权衡一番,只能避重就轻,暂时解决眼前的危机再说。他对齐桓公说:“不进贡包茅是我君的错,以后不敢不供给。至于昭王南征不归之事,你最好还是去责问汉水吧!”

齐桓公见楚使态度比较强硬,就进兵到陉地(今河南郾城南),楚成王也派屈完率兵与诸侯联军对峙。两军从春天相持到夏天,谁也摸不清对方底细,不敢贸然进攻。但是,诸侯联军兵临楚境,对楚国的压力实在是太大了,稍有疏忽,楚国的防线就有可能被联军攻破。楚成王胆怯了,决定还是退让为好。于是他派屈完到诸侯军中讲和,而诸侯联军也退到召陵(今河南郾城东)驻扎。

当时齐国的兵力有八百乘,号称千乘。宋国和鲁国都是大国,兵力与齐国也在伯仲之间。郑国也是当时的强国之一,兵力比宋、鲁弱不了多少。卫国本来也比较强,但自狄灭卫后,卫国的主要兵力是齐国给予的五百乘战车和五千名甲士。陈、许、曹三国国力较弱,但若以上诸国各出一半兵力,那么伐楚的诸侯联军当在一千五百乘以上。即使齐国出一半兵力,而其他诸国各以三分之一兵力出征,那么诸侯联军合计也有一千多乘。楚国的兵力大约与齐国相当,即使全部出动,也远远少于诸侯联军。

因此,当屈完来到诸侯联军中谈判之时,齐桓公把诸侯的伐楚大军陈列起来,然后请屈完同乘一辆车去“检阅”这支庞大的队伍,想以此来威吓楚人。齐桓公在车上对屈完说:“诸侯归服,并非附我,而是看在先君的面上。你们也与我友好怎样?”屈完回答说:“承蒙您的恩惠及于敝邑之社稷,宽容地接纳敝国之君,这正是我们的愿望。”桓公又得意地指着诸侯的军队说:“用这样强大的军队去打仗,谁能抵挡?用这样强大的军队去攻城,有什么样的城攻不破!”屈完见齐桓公以武力相威胁,冷冷一笑,态度强硬地反驳道:“您若以德义来安抚诸侯,谁敢不服?您若用武力来威胁我们,那么我们楚国以方城(山名,在今河南叶县南,方城县东北,西连伏牛山,是楚国北方的天然屏障)为城垣,以汉水作城池,你们军队再多也没有用!”

齐桓公知道不能用武力迫使楚国屈服,就同意了楚国的修好请求,并在召陵与楚国结盟修好。这个主要是齐、楚两国并有宋、鲁、郑、卫、陈、许、曹诸国参加的盟会史称“召陵之盟”。“召陵之盟”后,楚成王即派屈完带着包茅去成周朝见周惠王,表示尊崇周王室,这表明楚国事实上承认了齐国的霸主地位。

“召陵之盟”不能看成是齐国压服了楚国,而应该看成是以齐国为首的北方集团(也可称“中原华夏集团”)压服了以楚国为首的南方集团。因此,当北方集团发生分裂而有机可乘之时,楚国是不会受任何盟约约束的。不幸的是,在召陵结盟之后一年,北方集团就出现了分裂的苗头。

周惠王的太子是姬郑(即后来的周襄王)。姬郑之母早卒,周惠王又立陈妫为后,陈妫生王子叔带。周惠王很爱陈妫,就想废掉太子郑,立叔带为太子。废嫡立庶虽然有悖于周礼,但是春秋时期比较普遍的现象。但是,以恢复周代传统为己任的管仲却不愿意看到这类事情的发生,更不能容忍这类事发生在他要让诸侯所“尊”的周王室之中。他让齐桓公以霸主的身份干涉这件事。

公元前655年夏天,齐桓公召集鲁僖公、宋桓公、卫文公、郑文公、曹昭公、陈宣公和许僖公,与太子郑在卫国的首上(今河南睢县东南)开会,要诸侯都支持太子郑。

“首止之会”巩固了太子郑的地位,周惠王不敢再有易储的念头。

但周惠王由此而非常憎恨齐桓公,想组成一个以楚、郑、晋、周为轴心的新阵线来与齐国抗衡。这年秋天,上述各国诸侯在首止结盟,周惠王派王卿周公宰孔怂恿郑文公说:“我支持你背叛齐国投靠楚国,并让晋国也支持你。有楚、晋做后盾,也不怕齐。”当时晋国还没有归服齐国,也不甘心听命于人,所以对齐国有所戒惧。而郑国历来就与齐国貌合神离,加之楚国连年对其用兵,虽然齐国每次都出兵救援,但总不能及时赶到。因此,郑国难以依靠齐国,还不如趁机与楚修好,免受其侵扰。郑文公虽然承认了齐国的霸主地位,但没有像其他诸侯一样去朝见齐桓公,正害怕齐桓公因此而对郑国进行惩罚,所以在周惠王的怂恿下,就决定背齐靠楚,在举行结盟仪式前逃回郑国。

郑国背齐逃盟,与楚修好,当然为齐所不容。公元前654年正月,齐桓公联络宋桓公、鲁僖公、陈宣公、卫文公和曹昭公一道出兵伐郑,包围了郑国的新密(今河南新密东南)。

楚国在“召陵之盟”后,没有再北上争取中原,而是再次向“汉阳诸姬”发动攻势。当时“汉阳诸姬”的弦(今河南光山县境)、黄(今河南潢川西)、江(今河南正阳西南)、柏(今河南西平县境)、道(旧说在今河南安阳县南。按:道为“汉阳诸姬”之一,其地望不应该在黄河北岸)等小国都追随齐国,而且皆是姻亲之国。弦国国君因此不归服楚国,但又不防备楚国,所以楚成王命令斗谷於菟率兵一举灭掉了弦国,弦国国君逃到了黄国。

当楚国正在向“汉阳诸姬”大加征伐之时,以齐国为首的诸侯则向刚刚与楚修好的郑国进攻。楚国当然不会弃这个新的盟友于不顾,但又不愿与齐国等正面交锋,于是想出了一个“一石二鸟”的妙策,出兵包围了齐国的追随者许国。

位于今河南许昌东面的许国是周初所封的姜姓诸侯,它介于郑国和楚国之间。楚国要想争霸中原,首先就要打开郑国这个缺口;而要征服郑国,则要越过一向追随齐国的许国。越过许国进攻郑国,这本来就是犯兵家之大忌。幸好许国只是一个小国，尚不能对楚国构成太大的威胁；但它毕竟令楚人在争郑时有所顾及，不能全力投入。如果能征服许国，那楚国就完全没有后顾之忧了。因此，许国迟早是要用武力解决的。由于许国是齐国的追随者，如果攻打许国，齐国等中原诸侯不会不来救援，这样，郑国之围就会自动解除了。当然，这样做的最大好处是避免了与齐国的正面交锋。

诸侯联军得知楚军包围了许国，果然前来救援，郑围自动解除。而楚军害怕和诸侯联军硬拼，也解除了许围，退到了武城（今河南信阳市东北）。诸侯联军见楚军退走，也就罢兵而去。

楚成王被迫退兵，心中很不好受，见诸侯援军解散，又想出兵攻许。许僖公得知楚国又要攻打自己，惊恐不已。诸侯联军刚刚返国，不可能立即组织救援。为了不步息、弦等国的后尘，许僖公就托蔡穆侯向楚国求情。这年秋天，蔡穆侯带着许僖公到武城去见楚成王。见面之时，许僖公令人把自己倒缚双手，嘴里含着作为见面礼的璧，而随行的许国大夫则穿着丧服，还让许国的士人抬了一口棺材跟在后面。许僖公的意思很明显，就是把许国和自己交给楚国，任其处置。

楚成王与楚国的大夫诸逢伯商量怎样处置许僖公，诸逢伯说："以前周武王攻克殷都，微子启也像许僖公这样做。武王亲自为微子启解开了缚着的双手，接受了他献的璧，为他做了除凶的礼仪，烧掉了棺材，以礼相待，命他回到自己的封国。"于是，楚成王也照这样做了，许僖公得释而归。楚国本来可以把许国灭掉，楚成王却没有这样做，一方面是因为楚国还没有足够的信心直接与中原诸国对峙，需要有缓冲地带；另一方面是因为楚国也像齐国一样，注意收买人心，不想使楚国落得一个残暴之名。此外，对楚国而言，关键是争取郑国的归服，只要郑国倒向楚国，还怕夹在郑、楚之间的许国不归服吗？

楚国极力争取郑国，而齐国对郑国也抓得很紧，绝不会轻易放手。对郑国的争夺就是齐、楚最直接的较量。郑文公逃盟，齐国率诸侯联军伐郑。但由于楚国以伐许救郑,诸侯救许而归,不但郑国的背叛没有得到惩罚,反而使许国投靠了楚国,齐国组织的这次伐郑实际上是失败了。齐国当然不会甘心,又在第二年(前653年)春以讨申侯为幌子出兵伐郑。

申侯原是楚文王的宠臣,楚文王临死前送给他一块璧,要他离开楚国,说:"只有我了解你。你好利而不知满足,我取我求,我可以不怪罪你。但是以后的君主将会严格要求你,你肯定不会免罪。我死后,你快离开楚国,不要到小国,小国政狭法峻,不会容忍你。"

申侯在安葬了楚文王之后就逃到了郑国,又受到郑厉公的宠爱,为郑国的卿大夫。"召陵之盟"后,诸侯之军北返,陈国的大夫辕涛涂对申侯说:"诸侯之军若经过陈国和郑国,郑国为东道主,免不了要破费。如果让诸侯之军往东行,说是向东夷示威,然后沿着海边回国。这样就可以不破费了。"申侯说这个计策很好,表示支持。于是辕涛涂就劝齐桓公往东行,齐桓公也同意了。

申侯却对齐桓公说:"军队已很疲惫了,如果东行,遇到敌人,恐怕不能打仗。如果经过陈、郑,有两国供给军队粮草,这不是很好吗?"齐桓公很乐意地接受了申侯的建议,而且认为申侯对自己很忠诚,就把郑国的虎牢(今河南荥阳汜水镇)给了申侯,同时把辕涛涂抓了起来。在返回时,齐桓公又以诸侯之军讨伐陈国。

辕涛涂因为被申侯出卖,立志报仇。在第二年的"首止之会"上,他劝申侯在虎牢筑城,说:"把城修得漂亮些,留下不朽之名,让子孙永世不忘。我帮你请求诸侯赞助。"贪婪的申侯喜滋滋地接受了辕涛涂的建议。果然,辕涛涂对诸侯游说,拉了不少"赞助",帮申侯把虎牢城修得非常坚固漂亮。

当申侯把城筑好后,辕涛涂又对郑文公说:"申侯把齐国赐给他的虎牢城修得很好,这是想以此为据点叛国啊!"郑国本来就与齐国有隔阂,辕涛涂的这番话正说中了郑文公的心病,郑文公因此对申侯起了猜忌之心。

由于申侯的谗言,齐国曾讨伐陈国,后来方知是申侯从中捣鬼,所以齐桓公就以此为借口,讨伐郑国。郑国的大夫孔叔劝郑文公归服齐国,他说:"谚语说得好:'心则不競,何惮于病。'既不能强以自立,又不能弱以下人,这就是灭亡之道。国家危在旦夕,请归服齐国。"郑文公回答:"我知道齐国此行的目的,请给我点时间。"孔叔催促说:"已迫在眉睫了,哪里还有时间等您慢慢考虑!"

这年夏天,郑文公杀掉申侯来向齐国交代。同年秋,齐桓公召集鲁僖公、宋桓公和陈、郑两国的太子在齐国的宁母(今山东金乡东南)为郑国的重新归服而举行盟会。在盟会开始前,管仲为齐桓公制定了一个安抚诸侯的原则,他说:"以礼对待曾背叛过的诸侯,以德柔怀边远的方国,只要德礼不废替,就没有人不来归服。"齐桓公于是修礼于诸侯。在西周时,各封国诸侯要定期向周王室贡献,所贡之物,主要是封地的地方特产,如楚国贡包茅之类。后来王室衰微,诸侯也就没有再按规定进贡方物。为了"尊王",齐桓公又以霸主的身份重新规定了各国诸侯应该向王室进贡方物的种类和数量。

在盟会开始前,代表郑文公出席盟会的郑国的太子华,以郑国归服于齐为条件请齐桓公帮他去掉政敌。他说:"瀼氏、孔氏和子氏三族都违抗您的命令,不愿与齐国结盟。如果您能去掉这三族而与郑修好,我就让郑国臣服于齐,这对您没有什么不好的。"齐桓公正准备答应太子华的请求,管仲连忙制止他说:"您靠礼和信来使诸侯归服,到后来却又败坏它,这恐怕不行吧?儿子和父亲不相互扰乱叫作礼,遵守诺言叫作信,违背礼与信,没有比这更大的奸诈了。"齐桓公因为郑国迟迟不肯归服,早就想找机会狠狠教训一下它,现在郑国内部出现裂痕,正是惩戒郑国的机会,为什么不答应太子华的请求呢?齐桓公是一个做事明快、直接的人,对管仲的那些迂回、曲折的策略往往不能理解。因此他坚持说:"诸侯联军讨伐郑国,并没有获得胜利。现在郑国内部有矛盾,我们利用其矛盾来征服它,难道不行吗?”管仲分析道:“假如您先用德来安抚,再使用缓和的词语,如果它还不服,您就率领诸侯去谴责它。郑国面临亡国之祸,哪里还敢不畏惧?如果您带着郑国的罪人(指出卖其父的太子华)去征伐它,郑国就有道理了,那它还怕什么?况且会合诸侯是为了崇德啊,如果让奸佞之人(指太子华)参加了会盟,那么对后人怎么交代?诸侯开会,会上的德、刑、礼、义,没有哪国不记录下来,如果记录有奸佞之人与会,恐怕算不上是有德之会了。您不要同意他的请求,郑国肯定会因此感激您而参加结盟。像太子华这种人,身为太子,却用大国来削弱自己的国家,恐怕终将不免于祸。叔詹、堵叔、师叔三人都是贤良之人,有他们治理郑国,也不会有什么空子可钻。”齐桓公终于被说服,拒绝了郑太子华的请求。

虽然郑文公没有参加宁母的结盟,但郑文公因为感激齐桓公拒绝太子华分裂郑国的阴谋,便于同年冬天亲自到齐国去与齐桓公结盟。从此郑国才完全归服于齐,至齐桓公去世,再没有首鼠于齐、楚两端,齐、楚西国对郑的争夺也以齐国的胜利而画上了一个句号。

## 四、葵丘会盟

齐桓公的霸业是通过“尊王攘夷”的活动来实现的。说是“尊王”,但在很长一段时间内,齐国与周王室的关系十分冷淡。周庄王、周僖王时,齐、周关系因为齐桓公娶王姬而比较好。周惠王时,王室出现王子颓之乱,齐国名为霸主,却没有帮助惠王,反倒是郑国平定了王子颓之乱,惠王才得以复位。周惠王因此对齐国有所不满,只是齐国强大,又为中原诸侯之领袖,所以隐忍而不发。后来齐国听从周王室之命,讨伐帮助过王子颓的卫国,却“取赂而还”。这当然不是周惠王所期待的结果,齐国的“尊王”并没有使周王室有任何被尊崇的感觉。更使周惠王气愤的是,齐国竟联合诸侯国干涉王室之事,使他更立太子的愿望没有实现。因此,周惠王恼羞成怒,竟唆使郑国背齐投楚,这真是对齐国“尊王攘夷”的绝妙讽刺。齐国以各种手段千方百计地想使中原诸侯团结在周王室的旗帜下,并在齐国的率领之下共同抵抗包括楚国在内的夷狄对中原诸国的侵扰。齐国的理想社会模式是西周初年的模式。那时,周天子被视为“天下共主”而受到各诸侯国的尊崇,华夷截然有别,“夷不乱华”。而齐国则是周王朝的“超级警察”,可以对任何不服从王室的“五侯九伯”进行讨伐。但是,现在齐国一心要尊崇的周王室唆使诸侯去投靠包括王室在内的中原诸国所要排斥的夷狄,齐国所尊的王和所攘的夷竟联合起来对付自己。

实际上,这种令人啼笑皆非的难堪局面的形成并不能简单地看成是周惠王意气用事的结果,而是霸权与王权冲突的必然结果。

在西周,是“礼乐征伐自天子出”,王权是至高无上的,周天子是至尊的,所以周天子自称为“予一人”,表明他是凌驾于天下人之上的。可见,西周的王权属于专制王权。这种专制权力具有两个特征:一是权力具有不可转移性,二是权力具有不可分割性。但是,据管仲说,周成王曾授予姜齐以征伐不服从周王室的“五侯九伯”之权。这里有一个问题:齐国是可以独立地行使这种权力,还是要有周王之命才能行使这种权力?显然,在西周王权强盛之时,齐国不可能不受任何制约地独立行使征伐之权,天子之权既未转移也未分割。管仲既想恢复西周时期王室独尊的局面,又想使齐国在王权之外独立地行使征伐大权,这就使齐国的称霸活动陷入深深的矛盾之中。齐国要“尊王”,就要让“礼乐征伐自天子出”,那么齐国所有活动都得受王室的节制、听王室的命令,这当然不是霸主所期盼的。但是,如果齐国要独立行使征伐大权,无论其是否在替周天子讨伐不服从命令的诸侯,其行动本身就是在转移和分割周天子的权力,又哪里谈得上“尊王”?况且任何权力只要失去了约束,就会无限膨胀,并超过其权力范围,部分的权力将变为完全的权力。因此,齐国的称霸与“尊王”本身就是矛盾的。管仲为人并不虚伪,他对周王室是真心拥戴的,而且他还企图利用齐国的力量来使中原诸国以及四边的“蛮夷”之国都尊崇周王室,是他那传统的道德观念、价值观念、强烈的历史责任感把他推入了现实的不能自拔的矛盾之中。摆在他面前的道路虽然布满荆棘、充满矛盾,但只有一条,那就是借助齐桓公的称霸活动来恢复王室尊崇的地位。管仲推动历史前进的步履是既沉重又无奈的。

公元前653年底,周惠王带着对王储未易的深深遗憾和对齐国干涉王室内政的满腔仇恨离开了这个早不由他做主的人世间,把一个支离破碎的烂摊子留给他的后继者。太子郑本应继立为王,但他又怕后母惠后和庶弟太叔带与他争夺王位,于是先秘不发丧,而求助于曾支持过他的齐桓公。

第二年春正月,齐桓公召集鲁僖公、宋桓公、卫文公、许僖公、曹共公以及陈太子款与周太子郑的使臣在曹国的洮(今山东鄄城西)会盟,新归服的郑文公也请求参与了会盟。与会诸国订立了支持太子郑的盟约。太子郑得到了诸侯的支持,才敢宣布惠王去世的消息,并即位为王,这就是周襄王。

由于管仲坚守周代“毋擅废嫡子”的传统,周襄王才得以在齐桓公的支持下继立为王。周襄王对齐桓公非常感激。

齐桓公三十五年(前651年)三月,宋桓公去世。宋桓公除了即位之初曾背“北杏之盟”外,其后在位的三十年间,一直死心塌地地追随齐国,几乎参加了齐国所召集的每一次盟会,以及齐国组织的每一次讨伐。齐桓公的霸业由于得到像宋国这样的大国的全力支持,才得以蒸蒸日上,因而宋桓公的去世对齐国来说损失也很大。能否使宋桓公的继承人也像宋桓公一样死心塌地地支持齐国,这对齐国的霸业至关重要。齐桓公为了牢牢地抓住宋国,便在这年的夏天,召集鲁、卫、郑、许、曹诸国国君与宋国嗣君(宋襄公)在宋国的葵丘(今河南兰考、民权县境)召开盟会,盟会的议题是“寻盟,且修好”(《左传》僖公九年)。齐桓公召集诸侯在宋国开会,表面上是在照顾新君,实质上是在威胁宋国,迫使宋国的嗣君参加盟会。所谓“寻盟”,就是要宋国遵守以前的盟约;所谓“修旧好”,就是不准宋国背叛中原诸侯。可见,“葵丘之会”本来是针对宋国而召开的。但是,周襄王为感激齐桓公对他的支持,特意派王室卿士周公宰孔参加盟会,并使宰孔“赐齐侯胙”。

拙作《古礼探源》(载《四川师院学报》,1991 年第 4 期)曾论述过夏商周三代的“礼”与原始社会的图腾宴的关系,认为图腾宴是原始社会一种图腾的祭礼,其意义在于人与神的“共餐”。就是说,原始人向神灵祭献的不是神灵独享祭品,而是祭祀者与被祭祀者共享祭品。虽然图腾祭礼在进入阶级社会后逐渐消失,图腾宴亦不复存在,但是,肇始于图腾宴的祭后共享牺牲的形式在三代后仍有遗存。只不过原始社会时期的全氏族成员共有的神祇这时变成了贵族独享的神祇,而部族成员的祭后共餐也变成同姓贵族的分享牺牲。在周代,有所谓“归胙”(亦称“归脤”)和“致膰”之礼。“归胙”(归脤)是周天子祭祀祖先后把祭肉(称之“胙”或“脤”)分赐给同姓诸侯,即《周礼·大宗伯》说的“于兄弟有脤”。这里的“兄弟”指的是同姓诸侯。“致膰”则是臣下祭祀祖先之后要把祭肉(“膰”)进献给同姓的君主。《礼记·少仪》说:“为人祭曰致福,为己祭而致膰于君子曰膳,袝练曰告。”旧《注》云:“此皆致祭祀之余于君子也。”“归胙”与“致膰”意义完全相同,都是通过“以均神惠”(《论语·乡党》正义)而表明的一种血缘认同,所以它只在同姓贵族之间进行。

由于周王朝是主要靠亲戚关系来维系的封建王朝,通过血缘认同来确定亲戚关系就具有十分重要的政治意义,“归胙”因而被确定为周代最基本的礼仪。如果有哪个贵族祭祀祖先之后不把祭肉拿出来与其他贵族分享(“致膰”),就表明他没有把这些贵族当成自己的亲戚,这是最严重的“失礼”行为。春秋末的孔子就曾因为鲁国的执政季桓子在郊祭之后“不致膰于大夫”,深感鲁国君臣之“失礼”,愤而离开了鲁国。相反,如果把祭祀祖先后的祭肉送给了异姓的贵族,就表明视其为同类,是自己人,是特别的信任与尊敬。因此,周王室也就把“赐胙”异姓诸侯当作其拉拢或笼络中原异姓诸侯或周边“蛮夷”诸国的政治手段。周惠王时,周王室为了抵制齐国,就曾以赐楚成王胙的手段来拉拢楚国。由于周王室对“赐胙”这一政治手段的滥用,这就使“赐胙”所含的意义大为贬值。但是,聪明的管仲是不会放过任何“尊王”的机会的,他借此导演了一个具有喜剧色彩的“尊王”活动。

按照周代礼节,诸侯在接受天子赐给的礼物时要下堂跪拜,以表示对周天子的尊敬。齐桓公在接受宰孔送来的祭肉时,也打算下堂行跪拜礼。宰孔见状立即上前制止,他说:“天子还有话说。天子让我转告您:‘伯舅(周天子尊称同姓诸侯为‘伯父’,尊称异姓诸侯为‘伯舅’)年纪大了,加赐爵位一级,不要下拜。’”齐桓公与管仲商量下不下拜的问题,管仲认为应当下拜,他说:“为君不行君礼,为臣不行臣礼,是乱国的根本。”桓公认为自己功劳可比夏、商、周三代受命之王,用不着下拜。管仲以没有受命时的祥瑞出现为由,委婉地指出他不能与三代开国之君相比,桓公接受了管仲的意见。他当着各国诸侯的面朗声说道:“威严的上天就在眼前,我小白怎敢贪享天子的优待而不下拜呢?如果这样,恐怕会使我折寿,岂不辜负了天子对我的恩赐?我哪敢不下拜呢?”于是,齐桓公坚持下堂行了跪拜礼,然后才登上台阶去接受周王赐给他的祭肉。于是,葵丘之会成了以胁迫宋国开始、以尊崇王室结束的喜剧。

这年秋天,齐桓公又与诸侯在葵丘结盟。盟辞是按齐国的意思拟定的。据《孟子·告子下》的记载,盟辞共有五条:“初命曰:‘诛不孝,无易树子,无以妾为妻。’再命曰:‘尊贤育才,以彰有德。’三命曰:‘敬老慈幼,无忘宾旅。’四命曰:‘士无世官,官事无摄,取士必得,无专杀大夫。’五命曰:‘无曲防,无遏籴,无有封而不告。’”盟辞最后重申:“凡我同盟之人,既盟之后,言归于好。”⑦

这次的盟约与齐国以前所召集的诸侯盟会所订的盟约有很大的

不同。在以前的盟会中，齐国主要是想通过盟约来打通各国的商业壁垒，在各国建立通畅的商业渠道，以使齐国的商品通行各国；有时也针对某些特定的情况而订立一些有关道德、伦理、礼仪祭祀等方面的盟约。而这次的盟约则是针对当时败坏的道德观念、价值观念而制订的，目的是想整顿随着王纲解纽而混乱不已的社会秩序，重新树立一种以周代传统伦理道德观念和价值标准为基础的社会习俗和礼仪。因此，此盟约具有相当的保守特征和复古色彩。它的拟定，与管仲的亲周尊王思想有密切的关系。

就盟约而言，也是具有相当的现实意义的。它的第一条是"诛不孝，无易树子，无以妾为妻"，其宗旨就在于维护周代政治的基石——宗法制。

所谓宗法制，简单地说就是嫡长子继承父位为大宗，余子(庶子)另立门户为小宗，大宗统帅小宗，小宗尊崇大宗。它表面上是一种祭祀制度，实际上是以血缘为亲疏的准则，确定贵族间的等级地位，防止争夺。宗法制的核心是嫡长子继承制，嫡长子的承嗣权一经确立，便不可改变。在宗法制下，废嫡立庶是绝对不允许的。为了避免无嫡子而造成的混乱与争夺，周代贵族在一夫一妻多妾制下，又以后备妻制来保证正妻的稳定，所以有"天子一娶九国""诸侯一娶三国"的"以侄娣从"的婚姻制度。就是说，周天子虽然只有一个正妻，但有八个替补正妻，而诸侯国君也有一个正妻和两个替补正妻。如齐桓公的正妻是王姬，而其替补正妻则是徐姬和蔡姬。因此，周代也绝不允许"以妾为妻"的混淆嫡庶之分的情况出现。

宗法制是以血缘关系为基础的，同时，宗法制的形成又强化了同族之间的血缘观念。在周代的宗法制下，天子不但是全国最高的统治者，而且还是全体姬姓家族的"大宗"，是同族先祖的继承者和祭祀者。所以，周人只要想尊敬祖先，就必须尊敬周天子这个"大宗"，即所谓"尊祖故敬宗，敬宗所以尊祖祢也"(《礼记·丧服小记》)。怎样才能使王室统治的全体人民都自觉地尊崇天子、心甘情愿地服从王室的统治,这就要靠孝道来培养了。在家孝敬父母,同时也孝敬宗族族长,由此而上,直到孝敬天子。实际上,先秦文献中的"敬宗"一词,在周代铜器铭文中正是写作"孝宗"的。正因为作为伦理观念的"孝"与周代的政治制度有如此密切的关系,所以周代统治者特别重视孝道,可以说"孝"是周人最高的道德标准。《诗·大雅·下武》云:

成王之孚,(成王为人真诚信)
下土之式。(真乃人间好榜样)
永言孝思,(孝顺祖宗德泽长)
孝思维则。(孝顺祖宗法先王)
媚兹一人,(爱戴天子这一人)
应侯顺德。(能将美德来承应)
永言孝思,(孝顺祖宗德泽长)
昭哉嗣服。(光明显耀示后人)

孝道是放之四海而皆准的真理,是天下的大经。反之,不孝就是最大的罪过。正如《尚书·康诰》所说:"元恶大憝,矧惟不孝不友。"不孝会受到最严厉的惩罚。《周礼·地官·大司徒上》云:"大司徒之职……以乡八刑纠万民,一曰不孝之刑……"《孝经·五刑章》引孔子曰:"五刑之属三千,而罪莫大于不孝。"

但是,随着王室衰微,周代的许多伦理道德观念以及基于其上的许多风俗礼节也逐步败坏,如同坚固的城墙一样维护着周王室及各诸侯国统治秩序的宗法制首当其冲。从西周末年起,废嫡立庶或大小宗争夺的情况在王室和各诸侯国都很普遍。如周幽王废嫡子宜臼而立庶子伯服,成了西周灭亡的导火索。其后,周桓王时有王子克之乱,周惠王时有王子颓之乱,"葵丘之会"不久,王室又有王子带之乱。这些都是嫡庶之争。在诸侯国中,鲁国有庆父之乱,卫国有州吁之乱及卫宣公杀太子伋而引起的长期混乱,晋国有小宗曲沃与大宗翼侯长达六十余年的争夺。此外,宋、齐、楚等国都有类似的嫡庶之争以及由此引起的混乱。

据《公羊传》记载,早在齐桓公二十九年(前657年)的“阳谷之会”上,齐国就曾提出“无易树子,无以妾为妻”的盟辞,只是当时参加盟会的只有齐、宋、江、黄四国,影响不大。“葵丘之会”上齐国重申此条,可见管仲和齐桓公对此的重视。

盟约的第二条“尊贤育才,以彰有德”,也是以西周基本的政治伦理为出发点的。西周是一个尚“文”的朝代,孔子曾由衷地赞叹说:“郁郁乎文哉,吾从周。”(《论语·八佾》)所谓“尚文”,也就是尚德,即尊崇道德。周代之前没有“德”的概念,“德”字也是周代才有的(如《盂鼎》铭文有“敬雝德”之文)。在《诗经》和《尚书》中,提到“德”的地方非常多,有“显德”“懿德”“修德”“顾德”“求德”“明德”“用德”“敬德”“怀德”“延德”“秉德”“义德”“容德”“单(阐)德”等。《庄子·天下》中说周人“以天为宗,以德为本”,是符合周代实际的。说到周人的政治伦理,可以用两个字来概括,那就是“孝”和“德”。“有孝有德”(《诗·大雅·生民之什》)就是周人的道德纲领。

由于周代是宗法制社会,所以周人的“德”是与“孝”联系在一起的,而由宗法制所确立的分封制与世官制则进一步肯定了周人重血缘的宗法思想。这体现在官吏任举制上就是重继承、轻贤才。虽然周文王和周武王之时曾大量招徕贤士,史称“文王不暇食以待贤士”,但在西周的世卿世禄制下,“贤人”并没有多少机会。在今文《尚书》中,周代的统治者大谈“敬德”“明德”“求德”“怀德”等,却没有一个地方提到“贤才”一词。在《诗经》中倒是有两处提到“贤”字,一是在《小雅·北山》中提到“我从事独贤”,一是在《大雅·行苇》中提到“序宾以贤”。前一个“贤”字当作“劳”字解,意为“辛劳”“劳苦”;后一个“贤”字当作“胜”字解,意为“胜出”。两者都没有“贤才”的含义。

到了春秋之时,一来是世卿世禄制的破坏,二来是各国为了在激烈的竞争中站稳脚跟甚至发展壮大,都致力于招徕人才,“贤才”受到广泛的重视,所以在“春秋三传”中提到“贤”或“贤人”“贤才”的地方非常多。管仲不但自己是个“贤才”,而且对“贤才”问题也特别重视。前面我们曾提到,齐桓公认为自己有三大缺点,担心影响霸业,管仲则认为这都不是特别重要的。在他看来,君主不能成就霸业的主要原因有四点:一是不知贤能;二是知贤而不能用;三是用贤而不能信任;四是贤才与小人并用。由此可见,管仲是如何重视“贤才”问题的。“尊贤育才,以彰有德”是管仲对周代“德治”的新发展,也反映了他“托古改制”的思想。

盟约的第三条“敬老慈幼,无忘宾旅”,也是周代的传统道德。周人讲“孝”,是就家庭关系而言,施及于社会,就是“敬”了。周人没有后代的“忠君”观念,却有与此类似的“敬宗”思想。周人在讲“孝”之外,也讲“友”,友就是友于兄弟。同时,也讲“慈”。慈在《尚书》中写作“字”,就是抚养、慈爱儿女。“孝”“友”“慈”就包含了周人全部的尊老爱幼的思想。《周礼·大司徒》中讲大司徒之职有六条,其中第一条是“慈幼”,第二条是“养老”。《孟子》一书称周文王“发政施仁,必先鳏寡孤独”,也就是“敬老慈幼”的扩展。

善待宾客也是周人的传统,《周礼》中讲太宰之职有一条就是“以礼待宾客之治”。齐国在“葵丘之会”上强调这一条似乎还有更深刻的原因。前面我们曾提到,管仲为了招徕人才和商旅,曾建议齐桓公完善驿站制度,让齐国的驿站为各国商旅和宾客提供良好、周到的服务。这次会盟把这一条写进去,其目的在于让别国也善待宾客和商旅,为商业的发展和人才的流通提供方便。这对商业大国齐来说,是非常重要的。

盟约的第四条“士无世官,官事无摄,取士必得,无专杀大夫”,则是针对当时的实际情况而制定的,它与第二条“尊贤育才,以彰有德”是相辅相成的。

周代实行世卿世禄制,这实际上是分封制的另一种表现形式。世卿世禄制(也称“世官制”)给周代贵族以充分共享政权的机会,确保了贵族的政治地位和经济特权。但是,世官制严重堵塞了招徕人才之路,也不利于打破国、野界限,提高野人地位,因而成了社会向前发展的一个障碍。要想举贤任能,就必须使那些尸位素餐的世官们让出其长期占据的位置,废除世官制。主张“托古改制”的管仲虽然要废除周代传统的世官制,但其做法并非没有依据,《孟子·梁惠王下》就说过:“文王治岐……士无世禄。”

“官事无摄”也是想给“贤才”多留一些位子,而“取士必得”则强调“要选拔贤才,不要滥用官吏,避免贤才与小人并用”。

“无专杀大夫”是对国君的限制,目的在于保证贵族的稳定,同时也给权力丧失殆尽的王室留一些面子。这是“尊王”的策略。

盟约的最后一条“无曲防,无遏籴,无有封而不告”,是为了建立国际关系公则。在“阳谷之会”上,齐国就曾提出过“无障谷,无贮粟”的条约。“障谷”与“曲防”意思相同,旧说是指截断水流,不让水流到下游的国家[8]。战国时有“东周欲为稻,西周不下水”之事,就是“曲防”或“障谷”的实例。据《管子·霸形》记载,楚国就曾堵塞河流,不让水东流到宋国,以此打击宋国的农业生产。后来,齐桓公与楚王相遇于召陵,就请楚国开放河流。楚国在齐国的压力下,才不得已开放了河流。拦截河流既会对下游农业生产造成巨大损失,也可能是非常危险的不道德行为。

“无遏籴”是指不要拒绝受灾国家的粮食救济请求。一方有难,四方相助,也是周代的传统道德。如鲁隐公六年(前717年),王室受灾,向鲁国告饥,鲁隐公“为之请籴于宋、卫、齐、郑”,被认为是“礼也”。再如鲁庄公二十八年(前666年)冬天,鲁国发生饥荒,告籴于齐,齐国给予了援助,也被认为是“礼也”。当然,也有一些国家在别国发生饥荒之时见死不救,“遏籴”之事时有发生。如“葵丘之会”后不久,秦国发生饥荒,向晋国乞籴,忘恩负义的晋惠公却“闭之籴”。

“无有封而不告”是让诸侯有所分封,要及时通告其他各国,目的在于限制诸侯擅自分封。同时,一旦有所分封,就会出现一个具有一定独立性的封君,通告诸侯,也是为了使诸侯与新的封君建立一定的关系。

齐桓公在位期间曾多次召集诸侯会盟,《史记》说他“九合诸侯,一匡天下”,《国语》也称其“兵车之属六,乘车之会三”。而在他一系列的会盟中,以“葵丘之会”为最盛,它标志着齐桓公的霸业达到了极盛。

## 五、平戎于周

公元前662年,鲁庄公去世。

鲁庄公年轻时,曾追求本国大夫党氏之女孟任。孟任不愿意,庄公向她许诺即位后让她当正夫人,并与孟任割臂为盟。孟任这才与庄公成亲,后生公子般。大概是因为门第不相当,孟任并没有成为正夫人,因而公子般也不是有合法继承权的嫡长子。庄公有三个兄弟,即庆父(后为孟孙氏)、叔牙(后为叔孙氏)、季友(后为季孙氏)。庄公临死前,向他的这三个兄弟征求关于继承人的意见。庄公先征求叔牙的意见,叔牙与庆父是一党,就推举庆父为继承人,还说鲁国的传统是“一世一及”,即子继与弟及交叉进行。庄公不愿意让庆父继承君位,又召来季友,季友表示要“以死奉般”,庄公就把国政交给季友,让他全权处理。于是,季友以庄公的名义逼迫叔牙服毒自杀,威胁说:“喝下去,你的后代将继续保有在鲁国的地位;不喝的话,就使你的后代断绝。”叔牙被迫喝下了毒酒。

庄公死后,季友立般为君。由于害怕庆父一伙,般住在母舅党氏之家。三个月后,庆父唆使曾遭般鞭打过的“圉人”荦刺杀了般。庆父与庄公的正夫人哀姜私通,哀姜无子,就立哀姜妹妹所生的公子启方为君,是为鲁闵公,时年八岁。季友在混乱中逃到了陈国。

第三年秋,鲁闵公与齐桓公在齐国的落姑会盟,请求齐国把逃奔陈国的季友送回鲁国。鲁国的意图很明显,如果由齐国出面请回季友,就意味着齐国站在季友一边,这对庆父的篡位阴谋是很不利的。庆父为此抓紧了夺权的进程,鲁国一时之间阴云密布。齐桓公派仲孙湫到鲁国去慰问并探察形势,他回齐国后对桓公说:“庆父不死,鲁难未已。”可见当时的局势已非常紧张。果然,一年之后,庆父又派人刺杀了鲁闵公,季友带着闵公的庶兄公子申逃奔邾国避难。

庆父连杀两君,本来打算自立为君,但鲁人不服,都想杀掉这个祸国乱臣。而季友也积极与鲁国的贵族联络,想带公子申回国。在这种情况下,庆父成为众矢之的,不得不放弃篡位的计划,逃到莒国。季友回国后,拥立公子申为君,是为鲁僖公。

庆父连杀二君,庄公的夫人哀姜都知情,她自知罪孽深重,也逃到了邾国。季友向莒国行贿让其交出庆父,庆父无路可走,只得回国。他走到鲁国的密地(今山东昌邑东南之密乡),先派公子渔回国请求宽宥,没有得到许可。公子渔哭着回来。庆父听见公子渔的哭声,知道大势已去,于是自缢而死。其子公孙敖继承他在族中的地位,即孟孙氏。孟孙氏、叔孙氏和季孙氏后来成为鲁国最有势力的三家,因皆为鲁桓公之后,所以又称“三桓”。

哀姜之罪虽然不在庆父之下,但她一来是鲁庄公的夫人,二来又是齐桓公之妹,所以鲁人不敢处置她。齐桓公为了表示自己对鲁僖公和季友的支持,就派人把哀姜召回齐国杀掉,并把哀姜的尸体交给鲁国。

鲁国连年内乱,旷日无君,齐国这时如果攻打鲁国,鲁国几乎没有什么还手之力。但齐桓公并没有那样做,而是采取管仲南方“以鲁为主”的外交政策,积极帮助鲁国渡过难关。在这年的冬天,齐桓公又派世为齐国上卿的高氏带着南阳(泰山南面)的齐国军队出使鲁国,帮助鲁僖公稳定君位,同时还为鲁国修筑了一段城墙,此事在鲁国成为流传多年的美谈。

在春秋初期,晋国陷于大小宗的对抗,无暇外顾。因此,晋国虽为大国,但没有任何作为。直到齐桓公七年(前679年),小宗曲沃武公灭掉大宗翼侯,这才结束了长达六十余年的内乱,但这时齐桓公已然成为中原霸主。

公元前676年,晋武公去世,晋献公即位。晋献公深知强宗对大宗的威胁,决定把原公室小宗除掉。公元前671年,他采用大夫士蒍的策略,先用离间计,把势力不大的群公子(小宗)鼓动起来,赶跑了最强的富子。第二年,群公子又杀掉了游氏之二子。再过一年,他们又杀掉了游氏全族。晋献公利用群公子去掉富、游二强宗后,就在聚地(今山西绛县东南十里之车厢城)筑城,让群公子在此集中。这年冬,晋献公派军队包围聚城,把群公子一网打尽。

晋献公的手段虽然残忍,但经过这次大屠杀,晋国旧公室的宗族被消灭殆尽,以致晋国无公族。由于没有公族的包袱,晋国的统治者在用人方面可以择贤而使,在思想意识方面受传统礼制的约束较少,在行为方面也比较务实而不专意于形式。春秋时期,晋国称霸的时间最长,这与晋献公时期尽杀群公子、消灭公族的政策是有直接关系的。

晋献公在晋国历史上是一位颇有作为的君主。他在剪除群公子、一劳永逸地稳固了大宗地位后,就致力于向外扩张、开拓领土。

公元前672年,晋献公灭掉骊戎(今山西晋城沁水东)。公元前661年,他又把军队的规模扩大了一倍,由以前的一军变为上下两军,献公统上军,太子申生统下军。同年,晋灭掉霍(今山西霍州)、魏(今山西芮城县)、耿(今山西河津市境汾水南)三国。第二年冬,献公又派太子申生进攻东山皋落氏(今山西曲沃东)。齐桓公二十八年(前658年)夏,献公又命里克、荀息借虞国之道进攻虢国。

虢国在今河南三门峡市陕州区,春秋初期一直比较活跃。虢国之君在王室做卿士,执掌王室大权。周惠王初年王子颓作乱时,虢公还与郑厉公一道杀掉王子颓，平定了王室之乱。但是在曲沃庄伯、武公与晋翼侯长达六十余年的争战中，虢国一直站在晋翼侯一方，帮助晋翼侯攻打曲沃。因此，晋献公决意要向虢国进行报复。晋攻虢必须经过虞国，荀息就建议用屈地产的良马和垂棘之璧向虞君借道。贪婪的虞君不但同意借路，还派出军队协助晋国攻打虢国，两国联军很快就攻下了虢国的北部重镇下阳（今山西平陆县东北）。

三年之后，晋国再次向虞国借道攻打虢国，虞国大夫宫之奇劝阻虞君说："虢国好比虞国的外围，虢灭亡了，虞国也会不保。不可让晋国进来，不能对强盗疏忽大意。借了一次路已是大错了，怎么可以再借呢？谚语所谓'辅车相依，唇亡齿寒'，就是说的虞国与虢国这样的情况啊！"虞君根本听不进去，还是让晋军通过虞国。晋国这次攻下虢都上阳城（今河南三门峡市陕州区南），灭掉虢国，返回时又顺道把毫无防备的虞国灭掉了。荀息从虞国取回良马和垂棘之璧还给献公，献公高兴地对荀息开玩笑说："马还是我的马，只是年龄稍大了一些。"

当齐桓公在中原为树立自己讲仁讲义的霸主形象而忙忙碌碌之时，晋献公却在实实在在地进行开拓疆土。到其去世之时，晋国之地西到黄河，与西边的秦国相接；西南到今三门峡一带，扼有桃林塞险关；南到晋豫交界之地；东达太行山麓；北与戎狄相接。晋国已然成了北方的大国。

晋国虽然很强盛，但晋献公似乎没有争霸的野心。他既没有召集诸侯会盟的打算，也不愿意去参加齐国召集的会盟，只是一心一意地开拓领土、储备力量。谁也不会责备他胸无大志，因为晋国的力量比齐国要稍逊一筹，而齐桓公又雄才大略，况且还有足智多谋的管仲在替其谋划。因此，晋献公不过问中原之事、不参加任何会盟，一心积蓄力量，的确是相当明智的抉择。

"葵丘之会"时，齐国通知了晋国。晋献公迫于齐国的压力，也打算去应付一下，但因疾病缠身，所以走得较慢，在半路碰到了正准备返回成周的宰孔。宰孔曾受周惠王之命唆使郑国背叛齐国,是惠王联晋、楚、郑以抗齐政策的参与制定者。虽然随着惠王的去世,王室政策也随之改变,但宰孔仍然固执地与齐国作对。于是他对晋献公说:"齐桓公更加骄横,不务德义而务远征,诸侯都愤愤不平。您用不着去开会,齐国也奈何不得晋国。"晋献公本来就有病,听天子的使臣这么一说,就打道回府了。

这年秋九月,晋献公病逝,晋国发生内乱。晋献公的正妻齐姜是齐桓公之女,生太子申生。晋献公又娶戎人二女,大戎子狐姬生重耳(后之晋文公),小戎子生夷吾(后之晋惠公)。献公伐骊戎时获二女,将二人收为后房。齐姜早死,献公立骊姬为夫人,生奚齐,骊姬的妹妹生卓子。献公宠爱骊姬。骊姬为了让自己的儿子成为太子,就与献公身边的近臣梁五、东关嬖五相勾结,排挤太子申生及群公子。骊姬以边地需要防守为借口,将几位公子全排挤出国都,只有骊姬姐妹所生的奚齐、卓子留在献公身边。公元前656年,骊姬设计逼死太子申生,并把重耳和夷吾逼出晋国,将奚齐立为太子。

献公去世后,执政的荀息拥立奚齐为君。重耳的老师里克与大夫丕郑想让重耳回国即位,于是率领申生、重耳和夷吾三人的旧部作乱,杀死奚齐。荀息又立卓子为君,里克又杀死卓子。荀息自杀。里克便派人迎重耳回国为君;但老谋深算的重耳见晋国局势不稳,担心会步奚齐、卓子之后尘,便婉言拒绝了。于是,里克又派人去迎夷吾。夷吾以献给秦国黄河以西的晋地为条件,请求秦国支持他,同时又许诺将汾阳之地封给里克,以换取里克的忠心。于是,秦穆公派出秦军护送夷吾回国。

这时,齐桓公也得知晋国发生内乱,于是就率领诸侯之师向晋国进发,表面上是想帮助晋国平定内乱,实际上是想乘机干涉晋国事务,如有可能,就把晋国拉入自己的圈子之中。为了使自己的行动合理、合法,齐国又请出了周王室。周襄王派周公忌父和王子党参加了齐国组织的这次行动。当以齐为首的诸侯之师到达晋国高粱(今山西临汾东北)时,秦军也已护送夷吾回到晋国。齐桓公不愿秦国独占拥立晋君之功,便派齐国大夫隰朋率齐师单独挺进,火速与秦师会合,把夷吾送回晋都绛(今山西曲沃西南)。夷吾被立为晋君,是为晋惠公。齐国总算是有恩于晋国。

周襄王的弟弟王子带在其母惠后的支持下,策划夺取王位。齐桓公三十七年(前649年)夏,王子带指使扬拒、泉皋、伊洛之戎一同进攻成周,攻入了王城,焚烧了王城的东门。秦国和晋国向戎人的根据地发动进攻,迫使戎人回师自救,这才解救了王城。

齐桓公的霸业是通过“尊王攘夷”的运动而完成的,照理说这次王子带召戎人攻打成周,正是齐桓公“尊王攘夷”的好题材。然而令人奇怪的是,齐国这次既没有召集诸侯勤王,也没有向戎人进行报复,反而采取息事宁人的低调政策,以“和事佬”的身份出现在人们面前。齐桓公派亲王室的管仲出使成周,调解王室与戎人的矛盾;又派有功于晋国的隰朋出使晋国,调解晋国与戎人的矛盾。怎样解释齐国政策的这一重大转变呢?比较合理的解释是:在“尊王”方面,由于周王室每每与齐国作对,特别是周惠王企图建立一个以晋、楚、郑、周为轴心的与齐国相抗衡的集团,宰孔又劝阻晋献公参加“葵丘之会”,使齐桓公对周王室失去了信心,齐、周之矛盾显然;在“攘夷”方面,由于楚国以及部分杂居于中原的“夷狄”在文化习俗方面的长足进步,与华夏集团的界限日渐模糊,很难再简单地把他们归于文化相对落后的“夷狄”而加以排斥,“攘夷”的口号也就失去了号召力。此外,这次晋国与秦国“伐戎以救周”,有功于王室,而齐国反应之迟钝有如王子颓之乱,为了抵消晋国勤王之功,调解戎人与王室的矛盾就是非常狡猾的一手。同时,借“平戎于王”之际来改善齐、周关系,对打王室牌的齐国来说也是非常迫切的。

管仲对周王室怀有浓厚而复杂的感情,他敬慕宗周的文德,缅怀宗周的礼治,敬畏天子的"天威";他悲悯王室的衰微,哀叹王室的失德,鄙屑天子的自轻。管仲促使齐桓公"尊王"数十年,却从未到过成周,从未朝见过天子。"觐王"成了他这一生最大也是最后的夙愿,所以他虽已到耄耋之年,仍然拖着老迈之躯长途跋涉来到成周。管仲的另一个重要使命是让他所尊崇的王室与他所敌视的戎人修好,这未免使他对王室的赤诚之心增添了几分惶恐与不安,使他已经佝偻的身躯加上了几分沉重。管仲的心早已在几十年争霸的腥风血雨、惊涛骇浪中疲惫不堪了,还能承受住这种感情与使命的强烈冲突吗?

幸好,周天子只是一平庸之辈,他的王位是靠齐国的支持才得以保住的,他还能指望从齐国那里得到更多的东西吗?管仲的"尊王"是人所共知的,对此他已是感激涕零,怎么可能为难这个老人呢?虽然这个老人正在给他难堪。

虽然周襄王绝对体会不到管仲的苦涩与无奈,但他心中对管仲本人毕竟是充满敬畏和感激的。所以当管仲来到成周时,襄王决定用上卿的礼节来宴请管仲。管仲当然不肯托大,谦卑地谢绝了襄王的好意。他说:"微臣只是低贱的办事之人,齐国尚有天子任命的守臣国氏和高氏在。如果他们在春秋时节来王室秉承王命,那时您又用什么礼节款待他们呢?我是陪臣,请不要用上卿礼节。"

那时,王室衰微,王纲解纽,诸侯僭天子之礼、大夫僭诸侯之礼者比比皆是,谁的眼中还有那个已没有一点点权威的天子?谁还会顾及早已失落的礼仪?像管仲这样谦卑地谨守自己身份、不忘自己地位、尊重王权的人到哪里去找?周襄王从管仲那里找回了一些尊严,看到了一些挽回昔日权威的希望,于是也摆出了一副天子的架子,威严地命令说:"舅舅(因为管仲是伯舅之使,故也尊称为'舅舅'),我嘉奖你的功勋,赞赏你的美德,永铭于心。你还是接受上卿之礼,不要违背我的命令。"管仲坚持不受上卿之礼,最终襄王还是妥协。管仲的谦卑礼让受到了时人的好评,《左传》记当时"君子"对管仲的评论说:"管氏之世祀也宜哉,让不忘其上。诗曰:'恺悌君子,神所劳矣。'"⑨

在管仲调解戎人与王室的矛盾后不久,王子带就逃到齐国避难,并请求齐国出面调解其与周襄王的矛盾,齐桓公竟然也答应了王子带的请求。

公元前647年春,齐桓公派大夫仲孙湫朝聘周王,并附带请求襄王原谅王子带,让王子带返回成周。也许是管仲向仲孙湫面授了机宜,也许是仲孙湫能够理解管仲为改善齐、周关系而努力的艰辛,不愿把管仲刚刚改善了的齐、周关系毁于一旦;所以,他到了王室后,只行了朝聘之礼,而对王子带之事只字未提。回来复命时,仲孙湫对齐桓公说:"还不行。王怒气未消,也许要等上十年吧!没有十年,王是不会召回王子带的。"齐桓公这才打消了送王子带回成周的念头。

这年秋天,齐国为了稳定周襄王之心,又让仲孙湫出面召集诸侯军队帮助王室戍守成周,以消除周襄王对戎人的畏惧。

自"葵丘之会"以后,齐国的霸业似乎在逐渐衰退。戎人伐周,齐国没有对戎人进行讨伐,只是派隰朋"平戎于晋"、派管仲"平戎于周"。虽然这样的处理多了一些政治色彩,但毕竟是表明齐国因为力量有所不济,所以没有采取更为强硬的做法。戎人见中原霸主只是做个"和事佬",更无所顾忌,一再侵扰王室,而齐国也只是采取召集诸侯戍守成周的消极防守方式,始终没有从根本上解决这一问题。

公元前647年,北方的狄人再次进攻卫国,齐桓公也只是让诸侯之师替卫国修筑城池,而没有向狄人反击。同年,东方的淮夷压迫杞国,杞国危在旦夕。齐桓公召集鲁、宋、郑、陈、许、曹诸国的国君在卫国的咸地(今河南濮阳东南)开会商讨对策,最后只是决定在缘陵筑城,把杞人迁到这里避难。据《管子·大匡》说,齐国还送给杞国一百乘战车和一千名甲士。这次,齐国也没有向淮夷发动攻击。后来,淮夷又威胁曾国,齐桓公想出兵讨伐淮夷,最后也只是替曾人修筑城池了事。然而城池尚未修完,就因为修城的工人多害病而中止了。最令齐国难堪的是,公元前648年夏天,楚国把黄国灭掉了。黄国是齐国的同盟国,与齐国的关系非常好,齐国却眼睁睁地看着楚国灭掉了自己的同盟国而没有去救援。三年后,原属淮夷的徐国接近诸夏,楚国就起兵伐徐。齐桓公召集鲁、宋、陈、卫、郑、许、曹诸国国君在牡丘(今地不详)会盟,准备救徐,并在卫国的匡(今河南睢县西)集结,然后向楚国的属国厉国(今湖北随县北)进攻,想让楚军回师自救,但楚军仍然在娄林打败了等待齐国救兵的徐军。

为什么齐桓公的霸业在"葵丘之会"后会有所衰退呢?其主要原因恐怕还得从管仲的变法改革上去找。

前面我们介绍过,管仲"作内政而寄军令"的军事改革是在国中的士乡进行的,其优点是可以保证齐国基本军事力量的数量与质量。在改革之初,这三万素质稳定、装备精良的武装力量确实起到了"方行于天下,以诛无道,以屏周室"(《国语·齐语》)的重要作用,为齐桓公的霸业做出了巨大的贡献。

但是,管仲在军事上的改革到此为止。军事编制仅限于士乡,而没有扩大到野鄙,这就把广大野鄙中的民众排斥在军队之外,极大地限制了齐国军队的发展。在齐桓公初年,中原各国的兵力都不太强,而楚国也正处在起步阶段,所以齐国的三万甲士尚能"方行天下",而"天下大国"也"莫之能御"(《国语·齐语》)。但是,到齐桓公后期,中原各主要国家的力量都有所增强。特别是楚国,在楚文王时期,楚国在消灭其他国家得来的土地上建立县制,在县邑中"赋车籍马,赋车兵、徒兵、甲楯之数"(《左传》襄公二十五年),以县邑为单位建立起直属楚王的军队。由于广大野人与国人一样可以当兵,所以楚国的兵源大开,楚国由鄙野之人组成的军队,见于文献的有"申、息之师""陈、蔡、不羹、许、叶之师""上国之兵""东国之兵"等。在齐桓公末年,晋惠公在韩原之战惨败,被秦国俘虏,回国后即"作爰田""作州兵"(《左传》僖公十五年)，也允许野鄙之人当兵，晋国因此也“群臣辑睦，甲兵益多”。

由于管仲的改革使齐国的军事力量被限制在一个不太大的相对恒定的数量之内，因而齐国在“尊王攘夷”的运动中不得不依靠同盟诸侯国的军事力量。在“召陵之役”中，如果没有鲁、宋、卫、郑、陈、许、曹诸国军队的有力支持，楚国恐怕是绝不会采取退让方针的。此外，齐桓公存刑、救卫、迁杞，哪一次没有中原诸侯的参与？可以说，没有中原诸侯的支持，齐桓公的霸业绝不会如此之盛。因此，把中原诸侯牢牢地控制在自己手里，就成了齐国基本的国策。但是，要想别的诸侯听命于齐，首先就要形成军事优势，只有以军事力量为后盾的外交活动才是最有效的。齐国的军事力量却一直没有达到让别国轻易屈服的地步。以鲁国而论，虽然其总体力量要弱于齐，但齐国也只是靠了与宋国的联盟才迫使鲁国屈服的。正是因为齐国的军事力量不足，所以管仲才千方百计地为齐桓公树立讲仁、讲义、讲信的形象，想以道德的感召力来弥补军事实力的不足。平心而论，管仲的策略的确是巧妙的、成功的，但是它没有从根本上解决齐国兵力不足的问题，而道德力量在许多时候远不如军事力量更为直接、更为有效。郑国一度摇摆于齐、楚之间就是很好的说明。

管仲为齐桓公树立道德形象，必然会反对武力征服、反对诸侯兼并。《管子·小匡》记有齐桓公和管仲讨论齐国对外方针的一段谈话，其云:“桓公曰:‘甲兵大足矣，吾欲南伐，何主?’管子对曰:‘以鲁为主。反其侵地常、潜，使海于有弊，渠弥于有陼，纲山于有牢。’桓公曰:‘吾欲西伐，何主?’管子对曰:‘以卫为主。反其侵地吉、台、原、姑与柒里，使海于有蔽，渠弥于有陼，纲山于有牢。’桓公曰:‘吾欲北伐，何主?’管子对曰:‘以燕为主，反其侵地柴夫、吠狗。使海于有弊，渠弥于有陼，纲山于有牢。’四邻大亲，既反其侵也，正其封疆。”齐国不仅退还了以前侵占的鲁、卫、燕等国的土地，而且“军谭、遂而不有”(《国语·齐语》)。公元前663年,山戎伐燕,燕告急于齐,齐桓公率领齐军救燕。在返齐之时,燕文公因为感激齐桓公,一直把齐桓公送入齐境。管仲认为燕文公送齐桓公出了自己的国境是“失礼”,为了不让燕国失礼,齐桓公竟把燕文公所到达之地割给了燕国。可见,管仲是反对诸侯兼并的。管仲不但反对齐国兼并,而且反对其他诸侯相互兼并。公元前680年,宋国入侵杞国,齐桓公便以宋“背北杏之盟”,即破坏了同盟诸侯不相兼并的条款为由,讨伐宋国。在最为著名的“葵丘之会”上,由齐国拟定的盟约最后一条即“凡我同盟之人,既盟之后,言归于好”。其含义非常明显,就是反对诸侯相互兼并。

当然,齐国也并非绝对不向外扩张,荀子曾说齐桓公“并国三十五”(《荀子·仲尼》)。虽然“并国三十五”的说法颇令人怀疑[10],但齐桓公在即位之初即灭掉了谭、遂两个小国,使齐国的势力因之大增。后来由于管仲路线在齐国占了上风,作为霸主的齐国相对来说是较少进行兼并的。

正是由于管仲反对兼并,所以齐桓公虽然称霸数十年,但齐国国力没有大的发展,支撑齐桓公霸业的,是经管仲改革而发展颇快的工商业。齐国虽有较为发达的工商业,但当时毕竟是以农业经济为主的封建社会,封建制度与工商业发展所必需的自由的市场经济体制是格格不入的,这就使得齐国工商业的发展从根本上受到限制。特别是“官山海”政策,起初可能依靠国家力量使盐业、冶矿业迅速发展;但是,这种政策必然会严重制约盐业、冶矿业的进一步发展。要想依靠齐国的工商业来支撑齐桓公日益频繁而且开销日渐增大的争霸活动已是困难重重,更何况从齐桓公到管仲等齐国的贵族都是极为贪婪的。《荀子·仲尼》云齐桓公“以齐之分(赋税之半)奉之而不足”,《韩非子·难三》也说“齐国方三千里,而桓公以其半自养,是侈于桀纣也”。而管仲也拥有齐国的市租,因而“富拟于公室”(《史记·管仲列传》),“其侈逼上”(《韩非子·外储说左下》引孔子语)。齐国统治者的贪婪在很大程度上削弱了齐国的实力，可以说，管仲经济改革的成效大部分因他们的贪婪与掠夺而被抵消了。

与齐国相反，南方的楚国和中原的晋国却在兼并中不断发展壮大。楚国经过若敖、蚡冒及文、武王时期的开拓，实力已与齐国不相上下。到成王之时，楚国又灭掉了弦、黄、英、夔四国，实力进一步增强。而晋国也因为灭掉了虞、虢、霍、魏、耿、东山、骊戎等国，从一个小国一跃而成为控制着汾河流域、晋东南地区、河南部分地区和陕西部分地区的大国。楚、晋的强盛使保持原来实力的齐国相对变弱，因而齐国对这两个强国始终没有任何的约束力。就在"召陵之盟"的次年，楚国灭掉了弦国，后来又灭掉了齐的同盟国黄国，齐国却无可奈何。而晋国则从不理会齐国所召集的会盟，也从不参加齐国组织的征伐。周公宰孔劝晋献公不要参加"葵丘之会"，他断言齐国对晋国没有办法，事实也果真如此。

管仲是一个富有浓厚理想主义色彩的商人。作为理想主义者，管仲力求建立一个以周王为中心的，以道德来规范、以礼仪来约束的社会。在这个以西周初年为模式的社会中，齐国作为霸主（诸侯之长）而充当"国际警察"的角色。作为商人，管仲善于筹划，权衡利弊，每每能变被动为主动、转不利为有利。然而，管仲似乎太注重经济手段，而对军事手段的使用则过于谨慎。实际上，管仲害怕战争。他曾多次劝阻齐桓公使用武力，极力主张桓公修德、讲信、讲义，希望以道德的力量来代替武器的作用。联系到他自己曾在战场上屡当逃兵，是否可以用怯懦来说明管仲的逃避行为呢？管仲并不是一个怯懦的人，他对战争的逃避恐怕还得归之于其商人的"和气生财"观念。

理想主义与注重实际、锱铢必较的商人习气是矛盾的。当这种矛盾发生在一般商人身上，也许只是导致生意场上的失利（这使人联想到管仲在生意场上的连连失利），但若发生在一个国家的决策者身上，则可能会给国家带来难以估量的损失。管仲既想通过帮助齐桓公称霸来建立一个基于道德、礼仪的新秩序,又千方百计地躲避战争,尽量回避使用军事手段,这本身就是非常矛盾的事情。管仲靠他的谋略和为桓公树立的道德形象,以齐国的三万甲士做后盾,也能成功一时,取得“九合诸侯,一匡天下”的赫赫功绩。但齐国最终因为军事力量之不足,在春秋长期的争霸战争中无所作为,齐桓公创下的霸业也被拥有强大武装力量的晋国和楚国所轮流分享。

## 六、管仲之死

公元前645年春,为自己的理想、为齐桓公的霸业而呕心沥血一生的管仲溘然与世长辞,享年约八十五岁。管仲病危之时,桓公去探望,眼见管仲是难以痊愈了,于是同他谈起了谁能做他的接班人的问题。桓公委婉地问道:“仲父的病很重了,这是毋庸讳言的。若不幸而此病不愈,我将国家大政转托给谁呢?”管仲回答说:“可以转交给隰朋。隰朋的为人,有远大眼光而又虚心下问。我认为,给人恩德叫作仁,给人财物叫作良。用做好事来压服人,人们也不会心服;用做好事来熏陶人,人们就会心服。治国有有所不管的政务,治家有有所不知的家事,这些只有隰朋能做到。而且隰朋的为人,在家不忘公事,在公也不忘私事;事君没有二心,也不忘其自身。他曾用齐国的钱,救济过五十多户难民,受惠者却不知是他。称得上大仁的,难道不是隰朋吗?”接着,管仲又对齐桓公的几个大臣进行分析说:“鲍叔为人耿直,但不能为国家牺牲其直;宾胥无为人好善,但不能为国家牺牲其善;宁戚为人能干,但不能适可而止;曹叔宿为人能说,但不能取信后就及时沉默。据我所知,按照消长盈亏的形势,与百姓共屈伸、然后能使国家安宁长久的,还是隰朋。隰朋的为人,行动一定估计力量,举事一定考虑能力。”说到这里,管仲深深地叹了一口气说:“上天生下隰朋,本是为我作‘舌’的,现在我身子都死了,舌还能独活吗?”

管仲知道齐桓公贪图享受、亲近小人。虽然他曾多次告诫桓公，要远离那些好比"社鼠"的奸佞小人，但桓公一天也离不开他们。管仲健在之时，尚能控制这些麇集在桓公周围的"社鼠"，让他们不至于祸国殃民。即便如此，也曾出现过齐桓公宠幸的寺人貂(即竖刁)泄露军情的恶性事件。投鼠忌器，管仲虽然足智多谋，但对这些人也没有什么特别好的办法。这些小人不去，他为齐桓公辛辛苦苦创下的霸业终将断送在这帮人手中。因而管仲又苦口婆心地劝齐桓公说："东城有一只狗，动唇露齿，一天到晚准备咬人，是我用木枷枷住，它才没有伤害人。现在的易牙，为了讨好您，竟然杀了自己的亲生儿子煮给您吃！他连自己的儿子都不爱，怎么能指望他爱您？您一定要除掉他。"桓公点点头说："好吧。"管仲又说："北城有一只狗，动唇露齿，一天到晚准备咬人，是我用木枷枷住，它才没有伤害人。竖刁把自己阉割了来服侍您。他连自己的身体都不爱，怎么能指望他爱您？您一定要除掉他。"桓公也表示同意。管仲又说："西城有一只狗，动唇露齿，一天到晚准备咬人，是我用木枷枷住，它才没有伤害人。现在的卫公子开方，抛弃了自己的父母来追随您。他连自己的父母都不爱，怎么能指望他爱您？您一定要除掉他。"桓公也点头答应了。

正如管仲所料，在他这个"身子"去世后十个月，隰朋这个"舌"也去世了。齐桓公先是接受了管仲的劝谏，把易牙、竖刁和卫公子开方三个佞臣赶出了宫廷，但不久就感到少了这几人吃也吃不好、玩也玩不好，生活很不愉快，心想"仲父未免对这几人有成见"，于是又把这三人召了回来。

管仲、隰朋相继去世之后，齐桓公就以自己的方式去处理诸侯之事。就在管仲去世不久，楚国进攻新倒向中原的徐国。齐桓公召集鲁、宋、陈、卫、郑、许、曹诸国国君在牡丘会盟，商量救徐之策。会上约定，诸国军队在卫国的匡地集结，一同救徐。但在当年七月，进攻楚盟国厉国的只有齐国和曹国的军队，其他诸侯实际上并没有参加救徐的行动。这在管仲在世时是没有过的事,说明这时齐国的号召力已大大降低了。楚国见除了曹国之外,其他中原诸侯都没有再追随齐国,估计齐、曹之师一时也难以攻下厉国,也就没有回师救援厉国,而是继续猛攻徐国,并于这年冬天在娄林打败了徐军。

就在齐、曹军队攻打厉国之时,宋国却乘曹国内部空虚,以曹国在三十七年前曾追随齐国讨伐宋国违背"北杏之盟"为借口,出兵攻打曹国。曹国受到宋国攻击,只好回师自救,结果齐、曹攻厉之师无功而返。宋国竟然攻打唯一追随齐国伐厉的同盟国,确实是目无霸主。而齐桓公对这事也是睁一只眼闭一只眼,一来是因齐桓公与宋襄公关系很好,二来也是因齐国的实力已大不如前。

第二年夏,齐国又单独出兵攻打厉国,结果仍然是无功而返。为了挽回霸主的面子,齐桓公在返回时又打出了救徐的旗帜。管仲在世时,齐国的军事行动一般都有许多中原诸侯支持,而齐国的这两次伐厉,第一次只有小国曹国参加,第二次则没有任何国家参加了,可见齐桓公的霸业在这时确实是日落西山了。

这年秋天,周襄王因为戎人不断对周进行骚扰,请求齐国援助,于是齐桓公召集诸侯戍周。不久,曾国又以淮夷的侵凌为由向齐国求援,齐桓公又召集鲁、宋、陈、卫、郑、许、邢、曹诸国国君在淮地会盟,商议如何安定曾国。齐桓公本来打算让诸侯之师向淮夷的根据地进攻,大概是由于各诸侯国都不太愿意,结果各诸侯国只是帮助曾国修筑城池。由于参加修筑城池的民工害怕瘴气,在一天夜里爬到山丘上高喊"齐国有内乱",城没有修好就匆匆撤退了。

第二年(前643年)春,齐国又与徐国一起进攻曾追随楚国攻打徐国的英氏,以报娄林之仇。在齐桓公召集诸侯在淮地开会之时,鲁僖公却乘诸侯把注意力放在曾国之机,悄悄派鲁军灭掉了项(今河南项城)这个小国[11]。齐桓公见自己的女婿也敢和自己作对,大怒,把鲁僖公扣留了下来。鲁僖公的夫人声姜因其夫被执,就在这年秋天与其父齐桓公在卞地会面,请求齐桓公放了鲁僖公。

齐桓公有三个正夫人,即周王室的女儿王姬、徐国的女儿徐嬴和蔡国的女儿蔡姬,但她们都没有为他生下儿子。齐桓公是一个好色之徒,《韩非子·难二》说"昔者桓公宫中二市,妇闾二百"[12]。在《管子·小匡》中,齐桓公自己也承认"寡人有污行,不幸好色,姑姊有未嫁者"。《左传》则说:"齐桓公好内,多内宠。"其中受到宠幸的有六人,她们每人又都生有儿子。卫国的长卫姬生公子无亏(武孟),少卫姬生公子元(后来的齐惠公),郑国的郑姬生公子昭(后来的齐孝公),葛国的葛嬴生公子潘(后来的齐昭公),密国的密姬生公子商人(后来的齐懿公),宋国的华子生公子雍。由于没有嫡子,这些公子都有资格继承君位。管仲在世时,齐桓公曾与他商议立公子昭为太子,并把公子昭托付给宋襄公。

易牙因善烹饪,很得齐桓公宠爱,又有宠于长卫姬。易牙与竖刁(寺人貂)及长卫姬相互勾结,说服齐桓公立长卫姬之子无亏为太子,齐桓公竟然同意了。实际上到管仲去世之时,齐桓公仍然没有正式确定立谁为太子。正因为如此,管仲去世后,上述的五个公子都在公开争夺太子之位。

管仲在世之时,齐桓公几乎把所有的政务都交给了他,自己则轻轻松松地坐在霸主的宝座上尽情享受。管仲去世之后,繁重的政务一下子全都压在齐桓公身上,使他喘不过气来。加之齐国在政治舞台上的地位日渐下降,而国内又陷入了立嗣之争,这使年事已高又因好色而掏空了身子的齐桓公承受不住了。

公元前643年的冬天,齐桓公卧病不起。易牙和竖刁等乘桓公病重之际发动政变,把桓公住的寿宫的门窗全部封死,还在外面筑起一道围墙,不许人进去。有一个宫女冒险翻墙来到桓公住处,见到了已经很多天没吃没喝的齐桓公。桓公有气无力地哀告:"我想吃点东西。"宫女悲伤地摇摇头回答说:"我找不到吃的。"桓公又哀告:"那给我一点水吧!”宫女泣声道:“我也找不到水。”桓公想到自己一世英雄,现在竟落得这般下场,全是因为没有听管仲的话,不禁老泪纵横,悲愤地叹道:“哎呀,圣人(指管仲)真是高瞻远瞩呀!如果死者有知,我有什么面目去见管仲父!”遂蒙衣而死。

桓公死后,他的儿子们为争夺君位而相互厮杀,齐国的霸业则随着晋、楚的兴起而骤然衰落了。但是,由于管仲的变法改革比较深入,涉及的层面比较广,时机又比较好,所以尽管齐桓公的后继者一代不如一代,然至春秋之末,齐国仍然不失为一东方大国。

关于管仲去世后齐国霸业的衰落,古今学者对此进行了许多有益的探讨,在前面我们也曾对这个问题做了一些粗浅的分析。宋代学者苏辙有一篇著名的文章《管仲论》,从用人和人才培养角度对这一问题做了很精辟的分析。文章不长,全文如下:

> 管仲相威公(即桓公,宋避真宗讳改),霸诸侯,攘夷狄,终其身齐国富强,诸侯不敢叛。管仲死,竖刁、易牙、开方用,威公薨于乱,五公子争立,其祸蔓延,讫简公,齐无宁岁。
>
> 夫功之成,非成于成之日,盖必有所由起;祸之作,不作于作之日,亦必有所由兆。故齐之治也,吾不曰管仲,而曰鲍叔。及其乱也,吾不曰竖刁、易牙、开方,而曰管仲。何则?竖刁、易牙、开方三子,彼固乱人国者,顾其用之者,威公也。夫有舜而后知放四凶,有仲尼而后知去少正卯。彼威公何人也?顾其使威公得用三子者,管仲也。仲之疾也,公问之相。当是时也,吾意以仲且举天下之贤者以对。而其言乃不过曰:竖刁、易牙、开方三子,非人情,不可近而已。
>
> 呜呼!仲以为威公果能不用三子矣乎?仲与威公处几年矣,亦知威公之为人矣乎?威公声不绝于耳,色不绝于目,而非三子者则无以遂其欲。彼其初之所以不用者,徒以有仲焉耳。一日无仲,则三子者可以弹冠而相庆矣。仲以为将死之言可以縶威公之

手足耶？夫齐国不患有三子，而患无仲。有仲，则三子者，三匹夫耳。不然，天下岂少三子之徒哉？虽威公幸而听仲，诛此三人，而其余者，仲能悉数而去之耶？呜呼！仲可谓不知本者矣。因威公之问，举天下之贤者以自代，则仲虽死，而齐国未为无仲也。夫何患三子者？不言可也。

五伯莫盛于威、文，文公之才，不过威公，其臣又皆不及仲；灵公之虐，不如孝公之宽厚。文公死，诸侯不敢叛晋，晋袭文公之余威，犹得为诸侯之盟主百余年。何者？其君虽不肖，而尚有老成人焉。威公之薨也，一败涂地，无惑也，彼独恃一管仲，而仲则死矣。

夫天下未尝无贤者，盖有有臣而无君者矣。威公在焉，而曰天下不复有管仲者，吾不信也。仲之书，有记其将死论鲍叔、宾胥无之为人，且各疏其短。是其心以为数子者皆不足以托国。而又逆知其将死，则其书诞谩不足信也。吾观史䲡，以不能进蘧伯玉，而退弥子瑕，故有身后之谏。萧何且死，举曹参以自代。大臣之用心，固宜如此也。夫国以一人兴，以一人亡。贤者不悲其身之死，而忧其国之衰，故必复有贤者，而后可以死。彼管仲者，何以死哉？

**注释**

① 此诗《毛传》说是讲周武王之女下嫁齐侯之子。《仪礼·士昏礼》贾疏引"或说"则说是齐侯嫁女，朱熹《诗集传》引"或说"谓周平王之孙嫁齐襄公，晁福林《霸权迭兴》认为是齐桓公迎娶王姬的叙事之作，今从之。

② 此据《管子·大匡》。按：宋伐杞之事，《左传》《国语》《史记》皆不载，唯《大匡》记之。考齐伐宋，理由是宋"背北杏之盟"。宋是怎样"背北杏之盟"的，史无明文，应该就是指宋伐杞一事。宋、杞皆为"同盟"，不能相伐，故宋伐杞是为背盟。但是，《大匡》在这里又记齐为杞城缘陵一事。据《左传》，齐为杞城缘陵是在僖公十四年（前 647 年），且当时杞是为淮夷所迫，与宋无关。

《大匡》把两事混为一谈。

③ 齐伐山戎，史不言战，但据齐向鲁献捷一事，可知齐与山戎有战事。又据齐军追击山戎一事，可知这次战争是齐军胜利了。

④ 据《大匡》，狄伐卫，桓公想封卫国，隰朋、宾胥无表示反对，管仲要桓公坚持自己的意见，鲍叔也赞成管仲的意见。后"三百乘""三千甲士"，据《管子·霸形》为"五百乘""五千甲士"。按：当时齐国之兵力尚且只有八百乘，不可能给卫国五百乘，此"三百乘""三千甲士"，疑是各国分摊。

⑤ 关于楚的族属，史学界有多种看法，郭沫若、胡厚宣认为出自淮夷、东夷，是"东来说"；姜亮夫认为高阳氏来自西方，即今新疆、青海、甘肃一带，岑仲勉则认为来自西亚拜火教的米地亚人，是"西来说"；徐旭生、丁山认为出自三苗，是"土著说"，这一说法又受到一些考古工作者的支持；此外还有中原说，亦即北来说。此处采"土著说"。

⑥ 古本《竹书纪年》云："昭王十六年伐楚荆，涉汉遇大兕。十九年，天大曀，雉兔皆震，丧六师于汉。昭王末年，夜清五色，光贯紫微，其年王南巡不反。"今本《竹书纪年》云："十六年伐楚，涉汉遇大兕。十九年春，有星孛于紫微。祭公辛伯从王伐楚，天大曀，雉兔皆震，丧六师于汉。王陟。"据古本《竹书纪年》，似乎昭王有三次伐楚，然今本《竹书纪年》则明确只有两次伐楚。仔细研读古本《竹书纪年》，于十九年之下记"丧六师于汉"，于"末年"之下又记"王南巡不返"。实则"丧六师于汉"与"南巡不返"是同一件事，古本《竹书纪年》一事两记，可能是为了附怪异于事。

⑦《穀梁传》僖公九年所记盟辞与此大同小异。按，《大匡》云："管仲对曰：'君会其君臣父子，则可以加政矣，(桓公)曰：'会之道奈何?'曰：'诸侯无专立妾以为妻，毋专杀大夫，无国劳毋专予禄，士庶人毋专弃妻，毋曲堤，毋贮粟，毋禁材。行此卒岁，则可以罚矣。'"其精神与《孟子》《穀梁传》所记的盟辞完全相同，可见其盟辞至少可以说是按管仲的思想制定的，甚至很可能就是管仲本人亲自起草的。

⑧ 何休解《公羊》"无障谷"云："无障断山谷专水利也。"赵岐解《孟子》"无曲防"云："无敢违王法而以己意设防禁也。"赵氏与何氏意见不同。然孙

爽《疏》不采赵氏而用何氏之说,云:"无曲防是为无曲防障此水以专水利者也,故先王制畎遂沟洫,所以为此矣。"

⑨《左传》一书之"君子曰",许多学者都认为是孔子的评语。按:《左传》中多有"仲尼曰",此才是孔子的评语。"君子曰"应该是当时人的评语,史或失其名,故作"君子曰"。

⑩《荀子》说齐桓公"并国三十五",但据《左传》《国语》和《史记》,齐桓公时所灭之国只有谭、遂两小国,即使有漏记,亦不至于漏掉这么多,三十五国之说实在令人怀疑。

⑪ 灭项之国,《左传》云鲁,《公羊传》《穀梁传》云齐。《左传》叙此事首尾完备,其说可信,今采《左传》之说。

⑫"宫中二市,妇闾二百",《战国策·东周策》作"宫中七市,妇闾七百"。按:《战国策》中所记游士之辞,夸大不实之处比比皆是,即使《韩非子》中所说亦有夸大,今暂从《韩非子》之说。

# 第五章　管仲的政治思想

## 一、管仲改革的宗旨:“图霸”

《史记·齐太公世家》记载,齐桓公被立为齐国国君后,立即征发齐军攻打鲁国,一心想杀掉射了他一箭的管仲。鲍叔劝谏说:“我有幸追随国君您,您最终得立为君。以您之尊崇,我自思再没有什么地方可以帮助您了。如果您只想把齐国治理好,那么只需要高傒和我鲍叔牙就足够了。假若您想称霸,则非管夷吾不可。管夷吾在哪国,哪国就会因之而强大,切不可失去此人。”齐桓公采纳了鲍叔的意见。

从这段记载中我们可以知道,齐桓公之所以不计前嫌,重用管仲,是想让管仲帮助他创建“霸业”。

而《管子·大匡》中则记载了这样一则故事:齐桓公元年,桓公召见管仲,询问安定齐国的良策。管仲回答说:“您能建立霸业,国家就能安定;建立不了霸业,国家就不能安定。”桓公面有难色地说:“我不敢有那么大的雄心,只求国家安定就成了。”管仲再三坚持要桓公答应建立霸业,桓公仍然不肯答应。最后管仲向桓公告辞说:“您免我于死,是我的幸运。但我之所以不死于公子纠,是为了把国家真正安定下来。国家不能真正安定,要我掌握齐国政事而不死节于公子纠,我是不敢接受的。”管仲说完转身就走。刚走到大门口,桓公又召管仲回来,对他说:“你一定要坚持,那我就努力图霸吧。”

《史记》与《管子》的记载有点矛盾:据《史记》而言,是齐桓公已有称霸之心,所以才不计前嫌而重用管仲;但据《管子》所说,桓公只想用管仲安定齐国,根本没有图霸的雄心壮志。

《荀子·仲尼》篇说齐桓公行事“险污”“淫汰”。《战国策·东周策》说:“齐桓公宫中七市,女闾七百,国人非之。”《韩非子·难二》也说:“昔者齐桓公宫中二市,妇闾二百,披发而御妇人。”而《管子·小匡》则说齐桓公自称有“好田(打猎)”“好酒”“好色”之“大邪三”。由此可见,齐桓公本是一个贪图享乐的君主,而这种人是很难有雄心壮志的。看来,《管子》的记载更符合事实。

问题又出来了:如果说齐桓公胸无大志,那么让鲍叔等人治国就已足够,又何必任用自己的仇人呢?可能的情况是,齐桓公对常年追随自己的鲍叔的能力非常了解,对鲍叔的“知人”也很清楚,他完全可以信赖鲍叔,既然鲍叔极力推荐管仲,那么管仲肯定是有大才干的人;如果有这样的人帮助自己,那么自己就可以既能享受生活,又能治理好国家。也许正是出于这种考虑,齐桓公才不计前嫌而重用管仲。这正是他的过人之处。至于“称霸”问题,我想,面对齐国的烂摊子,贪图享乐的齐桓公在当时是想也不敢想的。

虽然上面两条材料有矛盾之处,但有一点是一致的,那就是管仲一心要帮助齐桓公建立霸业。

《管子·小匡》记管仲推荐隰朋为“大行”、宁戚为“大司田”、王子城父为“大司马”、宾胥无为“大司理”、东郭牙为“大谏”,然后对桓公说:“这五个人,我一个也比不上;但是若要用我管夷吾去换,我是不干的。君主您想要治国强兵,有此五人就足够了;但若想图霸王之业,则需有我管夷吾在此!”

那么,什么是“霸业”呢?旧释“霸”为“伯”,“伯”就是老大,故又释为“长”。所谓“霸业”,就是图霸的事业,具体地说,就是要让齐国成为能号令中原诸侯的“霸主”,成为诸侯的领袖。

“图霸”是管仲为齐桓公设计的总体战略,也可以说是他为政的“宗旨”。为此,管仲进行了一系列的政治、法律、军事、经济等制度方面的改革。他的目标简单而明确:通过改革使齐国国富兵强,然后以齐国强大的实力为后盾,辅之以信义,号令诸侯,称霸中原。管仲大刀阔斧式的改革涉及社会政治生活的各个方面,但如果对这些改革细加考察,就不难看出管仲所有的改革都遵循着一个原则,即"修旧法,择其善者而业用之"。

## 二、推陈出新的改革——"修旧法,择其善者而业用之"

所谓"修旧法",就是维护旧的社会制度和社会秩序。这在表面上看是相当保守的,反映了管仲寻求平稳过渡、稳定发展的稳重笃实的风格。春秋虽然是礼崩乐坏的时期,旧制度、旧典章、旧秩序在急剧瓦解、崩溃;但是,在这个时期没有可以替代旧制度、旧典章、旧秩序的新制度、新典章和新秩序出来推动社会向前发展,甚至没有什么新思想、新观念、新理论产生。人们所恪守的社会和个人行为准则,仍然是西周所树立的伦理政治观念。

西周是以"孝"与"敬"为基本伦理,而以"礼"为社会组织法则,以"信""义"为人际关系准则的社会,因而那时人们恪守"孝、敬、礼、信、义"等伦理道德原则。到了春秋时期,虽然社会已发生了巨大的变化,靠"孝、敬、礼、信、义"等伦理道德维系的旧的社会秩序走向崩溃,但是当时的人们仍然顽固地恪守着旧有的伦常观念,仍然以此来指导人们的行为,并坚持以此作为评判是非曲直的标准。《左传》一书用"礼也""非礼也"来褒贬的有一百二十余处,讲"孝""不孝"的有十七处,讲"忠""不忠"的有五十余处,讲"敬""不敬"的有近九十处,讲"信""不信"与"义""不义"之处更多,这说明当时人们的道德伦常观念及是非曲直标准与西周时期相差无几。因此,在这时提出"修旧法"的政治主张,自然更容易为人们所接受。

就齐国而言,齐襄公的荒唐和暴虐行为,造成了齐国政治动荡、人心不稳、社会秩序混乱,并且使齐国在诸侯国中形成一种强横霸道、无礼不义的外交形象。从稳定政局、收拾人心、恢复形象出发,“修旧法”的政治主张无疑是最为稳重、有效的。再者,在齐国还有许多像高氏、国氏这样对齐国政局和社会有很大影响的旧贵族。管仲深知,要想在齐国进行改革、推行新政,就必须争取他们的支持,至少不能让这些人产生强烈的对抗情绪。而要做到这一点,以“修旧法”为口号不但非常必要,也十分巧妙。因为管仲并不只是简单地修修旧法而已,他的重点是在于“择其善者而业用之”。

在前面我们曾经提到,管仲虽然生长在姜姓的齐国,但其本人是姬姓之后,也许正是这种血缘关系,使他对周王朝怀有一种特殊的感情。与一直沐浴着周王朝雨露从而“亲则疏”的其他姬姓贵族刚好相反,长期生活在姜姓统治下而与姬姓家族脱节的管氏则“疏则亲”,对周王朝怀有一种特殊的眷恋。正是这种眷恋,让管仲虽然明知周王朝的“旧法”正日益解体,但还是乐意选择“旧法”作为自己的行政措施。

如果说“修旧法”反映了管仲作为没落的姬姓旧贵族的稳重、谨慎、保守、怀旧一面的话,那么“择其善者而业用之”则反映了他作为商人和新一代政治家灵活、务实、开拓和创新的一面。

“择其善者”,显然是指从“旧法”中“择其善者”,这就表明了他虽口喊“修旧法”,但对“旧法”并不盲从,而是有选择、有甄别的。其选择的标准就是“善者”。问题在于,“旧法”的“善”与“不善”本身并没有标准,因而只能用一个人为的新标准来衡量,即看其是否有利于齐国社会的稳定、有利于齐国经济的发展、有利于齐国的“霸业”。选择的结果是显而易见的,即凡是不利于齐国社会的稳定、不利于齐国经济的发展、不利于齐国建立“霸业”的“旧法”,肯定不会被择取。因而“择其善者”的过程实际上是对“旧法”的一次选择、淘汰过程。

即使被选出的“善”的“旧法”,管仲也不是无条件地保留和沿用,而是要“业用之”。“业”,韦昭注为“创”是正确的,“业用”即“创用”,是经过加工改造并赋予新意的创造性运用。

“尊王”是管仲“修旧法”的核心内容。

王室衰微始于西周后期。进入春秋之后，随着王畿的萎缩、王室经济的凋敝以及王室财政危机的日益增大，这一衰微的进程加快了。特别是在郑庄公时期，由周郑交质、周郑交恶发展到周郑交战，王室的地位一落千丈，凡是稍有势力的诸侯都不把王室放在眼里。王室衰微，是以周王室为代表的中原旧有的统治秩序崩溃的标志。

在尚未建立起为中原诸侯所共同接受的新秩序、树立起能够代替周王室权威的新权威之时，王室衰微只会给中原各国带来更大的混乱和震荡。在齐桓公即位之初，齐国已是大国和强国，因而齐国对王室的态度会在很大程度上对中原其他诸侯国产生影响。由齐国倡导“尊王”，虽不能恢复王室的权威，但至少可以使王室衰微的速度大大减缓。如果周天子的权威还能得到一定程度的认同，那么与周王朝密切相关的传统政治观念、伦理道德观念及价值观念就不会随着周王朝的衰微而崩溃，以姬姓为中心的包含中原各族姓的华夏文化圈就不会解体，华夏族的凝聚力就不会消失。反之，如果华夏文化圈解体、华夏族瓦解，那么齐国的“霸业”也就无从谈起。因此，掀起“尊王”运动就成了齐国创建霸业的一个重要步骤。

当然，我们也要看到，齐国的“尊王”并不是真的要恢复周王室的权威。当时周王室无论从版图还是经济实力、军事实力来说，都已沦落至三流小国，不可能真的有所作为。况且管仲为齐国制订的发展计划是称霸诸侯，如果周王室真的被尊、真的能恢复昔日的权威，又怎么可能容许齐国的霸权存在？由此可见，王室的被“尊”并不具有实质性的内容，齐国要做的并不是恢复周王室昔日的权威，而是力图维护周王室作为华夏族象征的精神领袖地位。

现在学术界有一种比较普遍的说法，说齐国的“尊王”是“挟天子以令诸侯”，对不对呢？

“挟天子以令诸侯”是后世的说法，春秋时期并没有这样的表述。

早在周桓王时，郑庄公利用王室卿士的身份，“以王命讨不庭”，倒颇有“挟天子以令诸侯”的味道。但是我们综观齐国的整个争霸活动，与郑庄公利用王室卿士的身份东征西讨完全不同，齐国从没有利用过周王室的权威。实际上，齐国在周王室中并没有任何身份，根本不可能以周王室的名义发号施令。从这一点来说，齐国并没有“挟天子以令诸侯”。但是，不可否认的是，“尊王”对齐国建立霸权确实有很大的好处。因为只有在王室被“尊”的情况下，齐国才有“五侯九伯，女实征之，以夹辅周室”(《左传》鲁僖公四年)的权力，所以齐国在它的争霸活动中不可避免地会打周王室这张牌。

齐国的理想社会模式大约是西周初年的模式。那时，周天子被视为“天下共主”而受到各诸侯国的尊崇，“夷不乱华”。而齐国则是周王室的“超级警察”，可以对任何不服从王室的“五侯九伯”进行讨伐。当然，与西周初年不同的是，作为“天下共主”的周天子有其名而无其实。

管仲并没有明确提出“尊王”或“尊天子”的口号，但是在他执政下的齐国的所有活动，无不反映了他尊奉王室、尊重周天子的特点。如公元前682年秋，宋国发生大臣南宫长万弑其君闵公的内乱，齐以平宋乱为借口，在第二年春召集诸侯在北杏会盟。宋人不服，违背“北杏之盟”，齐即在次年春率诸侯联军伐宋。为了表示齐国不敢擅自出“礼乐征伐”，齐国请求王室派军队参加伐宋之役，结果周王派单伯率王师参加了伐宋的诸侯联军。又如公元前675年，周王室发生王子颓之乱，周惠王出奔温，后来郑厉公一力平定了王子颓之乱，周惠王才得以复位。八九年后，怒气未消的周惠王又请齐国讨伐曾支持过王子颓的卫国。本来卫国一直追随齐国，而且其支持王子颓一事又过了许多年，已完全没有必要予以追究，但齐国为了表示尊奉王室，还是在第二年出兵伐卫。又如公元前656年的召陵之役，当楚使质问齐国为何率诸侯联军伐楚时，管仲说的两个理由都与周王室有关。再如公元前

651年“葵丘之会”时，周襄王为了感谢齐国对他的支持，使大臣宰孔赐齐桓公胙，并特意吩咐年事已高的齐桓公不用“下拜”。但是管仲还是说服齐桓公，让他在众诸侯国君面前恭恭敬敬地向代表周天子的使臣下拜，以表示对天子的尊奉。其对王室的尊奉态度，与以前的郑庄公、宋穆公、宋庄公、鲁隐公、鲁桓公、齐襄公等对王室的轻视、对抗或无礼形成鲜明的对比。

“尊王”当然不仅仅是指尊奉天子本人，更为重要的是要尊奉以周天子为首的周王朝的政治制度和道德伦常，其核心就是周礼。

虽然春秋时期是礼崩乐坏的时期，但当时的传统观念仍然是重礼，当时人们不但以礼作为判断是非曲直的标准，而且坚持认为礼具有“经国家，定社稷，序民人，利后嗣”(《左传》隐公十一年)的重要功能，认为礼是政之“体”(《左传》桓公二年)，是“国之干”(《左传》僖公十一年)。可见，周礼仍然是当时的政治核心和伦理核心。

管子对礼是非常重视的。如公元前653年的“宁母之会”，管仲要齐桓公用“礼”和“德”来“招携”和“怀远”。在这次大会上，郑国的太子华请求齐桓公帮助他除掉自己的政敌，管仲却以这样做会违礼背信为理由，劝齐桓公拒绝了太子华的请求。

周礼的基本原则是“亲亲”和“尊尊”。所谓“亲亲父为首”“尊尊君为首”，是说“亲亲”是以孝父为中心，“尊尊”则是以“忠君”为中心。管仲提倡孝道(参见本书第八章)、尊奉周天子，都反映了他对礼的维护。

## 三、旧法新用——“参国”“伍鄙”

管仲“参其国而伍其鄙”的内政改革方案的基础，是西周传统的“国野分治”的“旧法”，所以他称其是“昔圣王”治天下的“旧法”。但其具体内容又与西周旧法相去甚远，给人以全新的感觉。虽然新法、旧法杂糅，但新、旧衔接得非常巧妙，全然没有生搬硬套的成分。西周时有类似按职业划分居民的“旧法”。如周初分封给鲁国的“殷民六族:条氏、徐氏、萧氏、索氏、长勺氏、尾勺氏”,分封给卫国的“殷民七族:陶氏、施氏、繁氏、锜氏、樊氏、饥氏、终葵氏”,皆是聚族而居的工族。而他们每一族又专一职业,所以实际上是按职业来划分居民。再如周代实行国野分治,国中的居民除贵族和少数聚族而居的工、商外,大多数还是与国君同姓的普通农夫。这些农夫作为国君的同姓、作为征服者,又与处于野、鄙中的农夫有差别。二者最主要的区别就是,这些农夫是半军事化的,他们是亦兵亦农的身份。国中的农夫同时亦为军人,与野中的农夫纯为农业生产者不同,国野分治实际上也含有按职业划分居民的意味。

就管仲的内政改革而言,“参国”“伍鄙”完全是沿袭“国野分治”的“旧法”,而士、农、工、商四民分居的理论,也是有章可循的,因而管仲称其为“昔圣王”的古制。而管仲所做的改革,在形式上只是在国中士乡设置里、轨,在野中的农乡则只是允许选拔“秀民”为士。

西周的基本政治制度后世称之为“封建制”,又称“分封制”。“封建”即“封土建邦”之意。周初大分封,把王畿之外的大片土地按宗法制的原则分封给同姓宗室子弟,以及功臣、姻亲和古代“圣王”之后裔,让他们去建立自己的政权机构,称之“诸侯”。诸侯在其封国内,也按照中央王朝的做法,先保留一块以都城为中心的土地(称之为“国”),然后把“国”之外的广袤土地(称之为“野”)分封给自己的宗室或异姓贵族,让他们去建立自己的“家”(称之为“卿大夫”)。就诸侯国而言,“国”中的居民除了小部分是为国君和贵族服务的工商仆役之外,绝大多数是国君的同姓宗族,或与国君有密切关系的异姓宗族。“国人”中既有贵族,也有平民,但从总体上看,他们皆是征服者,从而也是广义上的统治者,被他们统治的是居住于“国”外广袤土地上的“野人”。

“国人”相对“野人”来说只是极少数。以齐国而论,国中有士乡十五、工商之乡六,统共只有二十一乡。按《国语·齐语》的说法,每乡有两千户，十五士乡只有三万户，即使把工商之乡通计在内，亦不过四万两千户；而野中则有四十五万户。“国人”只有“野人”的十分之一。那么，“国人”到底靠什么来维持对“野人”的统治呢？答案很简单，靠的是组织有序、训练有素的军事力量。由于“国人”为数甚少，所以要拥有一支足以镇压“野人”反叛、抵御蛮夷入侵的军事力量，势必需要全民皆兵。因此，分封制实质上也是一种军事殖民。为了保证这支武装力量的纯洁性，禁止“野人”当兵就成了当时统治者的基本国策。“国人”的主要任务是当兵打仗，因而其所从事的农业生产是非常有限的，这就需要“野人”为“国人”提供生活方面的服务。因此，“国人”以当兵打仗为主，而“野人”以从事农业生产为主，就成了“国野分治”政策的主要内容。《穀梁传》说古者有士、农、工、商四民。所谓“士民”，就是指居住于国中的农夫。他们之所以称“士”不称“农”，一是由于他们的主要职责是当兵打仗，是战士；二是为了和居住于野的纯粹农夫相区别。由于他们处在周代宗法制的最下层，相对于国君和各级贵族而言，皆是庶子，亦是平民，所以也称为“庶人”。《诗·豳风·七月》是一首反映国中农夫生活的诗歌。从诗中所描写的情况来看，这些农夫平时主要从事农业生产，只有在冬季农闲之时才“载缵武功”，以打猎的形式进行军事训练。诗中提到“九月授衣”。为什么要向这些耕织结合的农夫们“授衣”呢？答案非常明确，因为所授的衣不是一般农夫们能自行纺织的普通衣服，而是统一样式、统一颜色的军服，因为这些农夫们都是战士。

国中的农夫们虽然皆是战士，但他们并不是职业军人。实际上，在西周时期，他们除了在农闲之时举行一些称之“春蒐”“秋猕”之类的军事训练外，也很少有真枪真刀作战的机会。这些人平时与野外的农夫毫无区别，也是从事农业生产。他们虽名为战士，但并没有按军事编制来组织他们，他们平时仍按宗族组织聚族而居。也就是说，他们生活的村落仍然是自然村落，古书所谓的“邑”“社”，就是这样的自然村落。

这些农夫虽然是由国君统帅的战士,但国君对他们的管理则是通过卿大夫等贵族来进行的。实际上,作为宗族首领的卿大夫才是这些农夫的实际统治者。国君不但不了解这些人的装备和素质,甚至连有多少人也不清楚。周宣王时,因为“丧南国之师”,为了补充兵源,曾“料民于太原”。“料民”类似于今天的人口统计,周宣王想调查有多少有资格当兵的农夫。这件事却遭到了大臣们的激烈反对,史官也对此事进行谴责,甚至把周宣王后来的“千亩之败”也归因于这次“料民”。这种国君不知自己到底有多少属民的情况,并非王室才有,各诸侯国君也同样不太清楚自己有多少属民。这是分封制的必然结果。

国君通过贵族间接统治其国民的情况,当然不利于国君的统治;而国家的战士因平时隶属于不同的卿大夫之家,只是临时召集而来,因此很难协调,战斗力也大为削弱。管仲的改革就是把军事编制与居民组织结合在一起。首先是打破以前的自然村落形态,以五十家为一里,每里又分为十轨,每轨五家。按照当时每家出一兵员的习俗,则一轨五家就是五人,相当于当时车战中最基本的军事编制“伍”。而五十家有兵员五十人,则相当于军队“小戎”的编制。当时,每乘战车配置兵员二十五人,“小戎”即两乘战车的编制,两乘战车也称之为“辆”,这也是战车的最基本编制。也就是说,当时的战车是以“辆”为单位进行最简单、最基本的战术编队的。

以“四民分居”为中心的“参国”“伍鄙”固然是对西周“旧法”的肯定,其“里轨制”和选拔“秀民”为士的制度却又是对西周“旧法”的否定。“里轨制”的实行,表面上只是打破了原有的自然村落形态,使里具有行政村落的性质,但它实际上是对分封制的另一形态——采邑制的否定。为什么管仲这一针对西周基本“旧法”的改革没有遭到齐国旧贵族们的激烈反对呢?我们认为,主要原因是管仲虽然破坏了旧的自然村落形态,但没有改变这一形态下居民的隶属关系。也就是说,里轨制下的居民仍然是隶属于原来的贵族。因而,这一改革暂时还没有对旧贵族的利益造成实质性的损害。况且管仲在进行这一改革时,特别关照了旧贵族的代表——国氏和高氏的利益,在其“三分其国”的改革中,让国氏和高氏各领其一。同样,管仲在野中选拔“秀民”为士的制度,虽然也是对西周国野分治这一基本政治制度的否定,但同样也没有遭到人们的激烈反对。究其原因,主要是其选拔的“秀民”为数很少,况且这些“秀民”为士,只是为了补充兵源的不足,并没有对国人的实际利益造成多大的损害,“秀民”还不足以对国人构成竞争性的威胁。

“参国”“伍鄙”总体来说是对周礼(“旧法”)的维护,而“里轨制”和选拔“秀民”为士的制度则是在新形势下对“旧法”的“业用”,这种新旧结合正是管仲改革的显著特点。

## 四、“因能而受(授)禄,录功而与官”

西周时期的官僚制是世卿世禄(亦称“世官制”),这是学术界普遍一致的看法。许倬云曾对西周官僚制进行研究,从西周中期开始出现更改贵族的任命以及出现“蔑历”(审阅任职资格和经历)的新情况判断,认为“世官制度当在西周中期开始变为任官制”(杨宽著:《西周史》,上海人民出版社2003年版,第225页)。我们认为其说是可以成立的。到了春秋时期,任官制虽然还没有完全替代世官制,但已是非常普遍的现象了。以齐国为例,管仲和鲍叔年轻时曾为商贾,显然不是世官之后,但在齐僖公时两人都已为齐公子的“傅”。齐桓公时,鲍叔和管仲都上升为卿,食有封邑,并执掌齐国大政。而管仲在执政之初即向齐桓公推荐隰朋、宁戚、公子开方、宾胥无、季友、蒙孙、王子城父、东郭牙等人参政,各司一职。这说明齐国当时已普遍实行任官制。

管仲执政后,一方面向齐桓公提出“敬百姓”(《国语·齐语》)的安国主张,表示他对旧贵族(即“百姓”)的尊崇。他说:“政不旅旧,则民不偷。”清朝学者俞樾认为“旅”通“拒”,“政不旅旧”即“政不拒旧”之意。这是正确的,与孔子所谓“故旧不遗,则民不偷”(《论语·泰伯》)同义。另一方面,管仲又千方百计地维护齐国旧贵族的代表——国、高二氏的利益。在他“三分其国”的改革方案中,就让国、高二氏与国君各掌五士乡,各统一军。而他虽为执政之卿,地位在国、高二氏之上(《韩非子·外储说左下》),但处处表示不敢与国、高这两个由天子任命的“世卿”相比,也不敢以齐国的“上卿”自居。表面上看管仲似乎在“修”世官制的“旧法”,但从他的为政来看,推行的又是与“世官制”背道而驰的贤人政治。

所谓“贤人政治”,实际上就是选贤任能的政治制度,它的基础是任官制。齐桓公曾对管仲说:“我的官位很少,但索取官职的人很多,真令我忧虑。”管仲回答说:“国君您不要听左右的请托,只要做到因能而授禄,录功而与官,那样就不会有人敢索取官职,国君您又忧虑什么呢?”

以选贤任能为原则,管仲为齐国制定了一系列的人事制度,主要包括官吏的选举、任用、考绩和奖惩制度。

在官吏的选举上,首先,制定了“三选”与“五蔽”制(参见本书第三章)。“三选”是一种定期的选举制,目的是使“匹夫有善,可得而举也”。它来源于“合群叟,比较民之有道者”的“先王”旧制(《国语·齐语》),亦是战国以后官吏上计举荐人才的滥觞。而“五蔽”则是对官吏不举荐人才的惩罚性规定。“三选”“五蔽”的制度,保障了国家官吏的来源和素质。其次,选“秀民”为士也含有选举的意义。“秀民”虽然最初只能为士,但若立军功,即可由士而吏,进入仕途。最后,管仲之时,齐国除设庭燎以待士外,同时还派出“擅长外交的游说之士八十人,配备车马和好衣服,带上足够的钱财,让他们周游四方,笼络和招纳天下的贤能之士”。据《管子·小匡》记载:为了鼓励引荐外国的人才来齐国效力,管仲规定,凡国内官吏引荐其他诸侯国之人来齐国做事，引荐得好的，视其所引荐对象能力的大小，对引荐者给予奖励；即使引荐得不好，也不加以责罚。

在官吏的任用上，管仲特别强调要“因能而受(授)禄，录功而与官”(《韩非子·外储说左上》)，这种思想在《管子·立政》篇中被表述成治国、安国的“三本”“四固”。

所谓“三本”：“一曰德必当其位，二曰功必当其禄，三曰能必当其官(按：三‘必’字原文皆作‘不’，据《管子集校》改)。此三本者，治乱之原也。故国有德义未明于朝者，则不可加于尊位；功力未见于国者，则不可授以重禄；临事不信于民者，则不可使任大官。……是故国有德义未明于朝而处尊位者，则良臣不进；有功力未见国而有重禄者，则劳臣不功；有临事未信于民而任大官者，则材臣不用。”这是强调在用人上，要使臣下的德义与其爵位相称、功绩与其俸禄相称，才能与其官职相称。这是选拔人才的基本原则。

所谓“四固”：“一曰大德不至仁，不可以授国柄；二曰见贤不能让，不可与尊位；三曰罚避亲贵，不可使主兵；四曰不好本事，不务地利，而轻赋敛，不可与都邑。”“四固”是选拔卿相、大臣、将军与地方官吏的标准，也体现了管仲“因能而受(授)禄，录功而与官”的精神。

管仲在执政之初，曾推荐聪明敏捷、善于处理一些微妙关系的隰朋负责处理东方诸国的事务；推荐性格坚强而纯正、不畏强暴、坚持原则的宾胥无负责处理西方诸国的事务；推荐聪慧而敏捷、善于创新，但不能持久的公子开方出使诡薄而好利的卫国；推荐为人恭谨而精纯、博闻而知礼、多行小信的公子举出使礼教之邦鲁国；推荐为人博于政教而巧于辞令、不好立大义而好结小信的曹孙宿，出使为政机巧文饰而好利、不好立大义而好结小信的楚国；推荐为人耿直、疾恶如仇的鲍叔来监督、考核官吏；推荐宁戚负责农业，王子城父负责军事，弦宁负责司法，东郭牙负责进谏；等等。这些都遵循的是“因能而受(授)禄，录功而与官”的原则。

在官吏的待遇上，管仲主张“贵其爵服，重其禄赏”（《管子·权修》），“禄富有功以劝之，爵贵有名以休（美）之”（《管子·版法》）。“贵爵”“重禄”显然不是近代高薪养廉的概念，而是笼络功臣、才士的举措，也表示君主对功臣、才士的尊宠，即所谓“察能授官，班禄赐予，使民之机也”（《管子·权修》）。“贵爵”“重禄”除了表示尊宠、笼络之外，还表示君主对功臣、才士为政的信任与支持。当时是严格的等级社会，在这样的社会形态下，执政者权力的大小受到其社会等级地位的制约。也就是说，等级越高，权力越大。所谓人微言轻，如果执政者爵低禄轻，肯定不能管理好那些爵高禄重的贵族。这样一来，政治就很难划一，朝令暮改或同功异赏、同罪异罚的情况就在所难免。只有当执政者权力不受到任何怀疑之时，其制定的政策才能贯彻。而要使执政者有充分的权力，必然要提高他的等级，即要对他“贵爵”“重禄”。据《韩非子·外储说左下》和《说苑·尊贤》记载，管仲就曾以“贱不能临贵”“贫不能使富”“疏不能治亲”为理由，让齐桓公赐予他以“上卿”地位、齐国的市租和“仲父”尊号。

在世官制下，政绩的好坏与官吏的爵禄和职位没有关联，因此没有必要对官吏的政绩进行考核。虽然西周中后期已出现了任官制度，但是还只能看成是任官制度的萌芽阶段，没有材料证明那时已出现了与任官制配套的考绩制。最早对任官进行考绩的，应该是经管仲改革后的齐国。《国语·齐语》说：“正月之朝，五属大夫复事。桓公择是寡功者而谪之，曰：‘制地、分民如一，何故独寡功？教不善则政不治，一再则宥，三则不赦。’”这是对“伍鄙”官吏的考绩。又说：“桓公命令官长每年记录有功之臣，以便上报备案，从中遴选出贤能的官员提拔使用。推荐时说：‘我这里有这样的官员，他们功劳卓著，品德高尚，谨慎正派，消弭诽谤，这个人足以替补不称职的官员。’”这是在国中实行的考绩与选举相结合的制度。《管子》一书的经言部分也有关于考绩的记载，如《管子·立政》云：“孟春之朝，君之听朝，论爵赏校官，终五日。”所谓“校官”，即考绩。又云：“冬季之夕，君自听朝，论罚罪刑杀，亦终五日。”考绩是针对官吏的政绩好坏进行奖惩，使官吏“其积（功绩）多者其食（俸禄）多，其积寡者其食寡，不积者不食”（《管子·权修》）。这就是所谓的“功当其禄”（《管子·立政》）。

任官制是在选贤任能的理论基础上建立起来的新的官僚制度。与世官制相比，它更注重官吏的品德、办事能力和政绩。但是，任官制若没有与之相配套的考绩制，那么任人唯贤也许会变成任人唯亲，结果除了更有利于君主专制权力的强化外，毫无可取之处。因此，以举贤任能为原则的任官制要发挥作用，就必须有一套与之相应的考绩制作为补充。管仲创设的考绩制正是适应了任官制发展的需要，而任官制的发展结果必然会取代世官制。从这一意义上说，管仲的改革加速了旧的世官制的瓦解，并且为战国时期以任官、考绩为核心的官僚制度的确立奠定了基础。

## 五、“政之所兴，在顺民心”

我们说，管仲的改革是以“修旧法，择其善者而业用之”为原则的。但是，“善”的标准是什么呢？管仲并没有直接回答这个问题。前面我们曾指出，管仲的标准是看其是否有利于齐国社会的稳定、有利于齐国经济的发展、有利于齐国建立“霸业”，而所有这一切，又可以用一个最现实的标准来衡量，那就是看其是否“顺民心”。

管仲内政改革的核心是“参其国而伍其鄙”，而这一改革的目的则是“定民之居”“成民之事”，可见他对民的重视。管仲在回答桓公提出的“安国若何”这一问题时，就曾把“繁殖人口，救济贫困，安抚百姓（贵族）”作为国策提了出来。而在回答桓公提出的“伍鄙若何”这一问题时，又把使“民不移”“民不偷”“民不苟”“民不憾”“百姓富”“牛羊遂”作为“伍鄙”的中心政策。这表明主张“仓廪实而知礼节，衣食足而知荣辱”（《史记·管晏列传》）的管仲，十分注重“民”的经济利益。因为在他看来,“政之所兴,在顺民心”(《管子·牧民》)。

为什么要“顺民心”呢?管仲认为,人民是国家的基础,是根本,所以他称士、农、工、商四民为“国之石民”(《管子·小匡》),又说“齐国百姓,公之本也”(《管子·霸形》),还一再提醒桓公“先王畏民”(《管子·小称》)。正是出于这种民本思想,所以管仲非常关心民心的向背。他本来是重视利用生杀之权的,但他认识到对民“刑罚不足以畏其意,杀戮不足以服其心”(《管子·牧民》),既然高压政治不可取,那就只有“遂滋民”“顺民心”了。

怎样才能“顺民心”呢?管仲认为,主要是“从其四欲”,即“民恶(厌恶)忧劳,我佚乐之;民恶贫贱,我富贵之;民恶危坠,我存安之;民恶灭绝,我生育之”(《管子·牧民》)。据说齐桓公曾“问治民于管子”,管仲回答说:“凡治理人民,要知其疾苦,要厚施德惠,不要用刑罚来恐吓,不要以暴力来禁止。注意这四点,就可以治理好。”这也与《管子·牧民》中所讲的“从其四欲”基本相同。

# 第六章　管仲的法治思想

## 一、研究管仲法治思想的材料

管仲是先秦法家的先驱人物。韩非子在《韩非子·五蠹》篇中曾提到，当时“藏商、管之法者家有之”，说明那时人们已公认管仲是法家人物，所以才收藏他的法学著作（包括他制定的法律条文）。今本《管子》一书，除《汉书·艺文志》入道家类外，自《隋书·经籍志》后皆入法家类，今人也多认为它是齐法家的著作。当然，今本《管子》很可能不是韩非所说“藏商、管之法者家有之”的“管之法”。因为今本《管子》一书不是出自管仲之手，而是战国时人的作品，这一点前人早已论之凿凿，毋庸赘言。问题是今本《管子》一书究竟是全系后人依托，还是部分依托、部分保留了管仲的思想和事迹？对此，史学界仍有较大的分歧。

《国语·齐语》说管仲改革“修旧法，择其善者而业用之”，又说他引述周昭王、周穆王“为老百姓设立法律制度，以政治制度相互配合；用法度把民组织起来，均齐根本，端正末节；用赏赐来引导民众；用刑罚来纠正偏差”来作为楷模。可见，管仲在改革时曾对旧的法律制度进行修改，并根据需要“业用”了许多新法。毫无疑问，管仲对法治问题有自己的认识，其“修旧法，择其善者而业用之”也必然依据一定的指导思想。管仲的法治思想以及他主持修订的法律制度被推崇他的人们所继承下来，这就是韩非所谓的“管之法”。到战国中期，齐国的稷下先生们又根据流传民间的“管之法”，也许还参考了齐国的档案材料,对“管之法”重新进行整理和研究,将其成果以论文的形式发表,这就是我们今天看到的《管子》经言部分中代表法家思想的内容。当然,还有一些稷下学者借管子之名来阐发自己的政治学说和法治观念,其思想已与管仲的思想相差很远。可以说,这些思想与管仲毫无瓜葛,这部分政治学说和法治观念就是今本《管子》一书中除经言部分外的所谓“法家者言”,如《法禁》《重令》《法法》《任法》《明法》《正世》等篇关于法理学说的专题论文。

假如对《管子》一书进行仔细研究,我们就不难发现,经言部分与上述几部分在政治学说和法学学说上有明显的差别。经言部分虽然也重视法治,但更强调伦理道德,这一点与儒家有某些共通之处。而《左传》和《国语》中的管仲,正是一个既重视法治又重视传统伦理道德的政治家。管仲为人比较随和,其政治风格也比较温和,人情味较浓。他主张“一体之治”,也很重视法治建设,强调刑赏,但他更重视民心,更关心民众的基本物质要求,这些都与经言部分的思想非常吻合。《国语》记载了管仲制定的“赎刑”。“赎刑”由来已久,它是省刑宽政的一大标志,它与战国时期法家所主张的严刑峻法、不赦不宥是背道而驰的刑罚原则。在《管子》一书中,经言部分屡次提到“省刑”,而其他部分如《法法》《重令》《法禁》等篇则极力主张“重令”“严罚”“刑杀毋赦”。总而言之,说经言部分基本保留了管仲的法理学说,应该说是比较符合实际的。因此,以《左传》《国语》所记为基本依据,再参照《管子》经言部分来研究管仲的思想,是我们研究管仲思想的基本方法。

## 二、“以法治国”的法治观念

据《国语·齐语》记载,管仲为政之初,曾向齐桓公推荐西周昭王、穆王时的政治制度,这就是“合群叟,比校民之有道者,设象以为民纪,式权以相应,比缀以度,竱本肇末,劝之以赏赐,纠之以刑罚,班序颠毛,以为民纪统”。意思是说:会合老年人,让这些有经验、有德行的人来考核、推举民间有德行、有道义的贤者;设立法律制度作为人民的纲纪(原文中的“象”即《左传》哀公三年中“命藏象魏”的“象魏”,亦即《周礼》中“正月之吉,悬法于象魏,使万民观焉,浃日而敛之”的“象魏”,本指悬挂法令的地方,引申为法令),既要有客观、公正的法律制度,也要有灵活多变的政策,两者配合使用,凡事皆有法度;恪守法律这个根本,并以此来指导、端正各种具体的事务,用赏赐来鼓励,用刑罚来约束,使百姓贵贱有别、老幼有序,以此作为统治人民的纲领。可见,在管仲向齐桓公推荐的先王施政经验中,法治被提到了核心地位,体现了管仲“以法治国”(《管子·明法》)的法治思想。

在管仲的思想中,“一体之治”占有很重要的地位。所谓“一体之治”,是指统一的政治体制。管仲认为,正因为有了“一体之治”,国君才能“出号令,明宪法”。反过来,国君“制仪法,出号令”,使人民“莫不响应”,这样这可以“治民一众”了(《管子·七法》)。可见,管仲理想的“一体之治”是以法治建设为基础的。

管仲认识到,要想统治好人民,就必须重视法治建设。他从四个方面论证法律的重要作用。他说:“法,是用来建立朝廷权威的。要建立朝廷权威,就不可不重视爵位。如果把爵位授给不义的人,人民就轻视爵位,君主就没有威信;君主没有威信,命令就不能推行了。”法律具有维护等级制度的重要作用,此其一。“法,是用来驱使人民出力的。驱使人民出力,就不可不重视禄赏。如果把禄赏给无功的人,人民就会轻视禄赏,君主就无法劝勉人民;君主无法劝勉人民,命令也就无法推行了。”法律具有保证禄赏制度公正施行,从而使臣民尽心尽力地为君主效劳的功能,此其二。“法,是用来发挥人民才能的。发挥人民才能,就不可不慎重地委派官职。如果委派官职不慎重,人民就背离其治理;人民背离治理,则下情不能上达;下情不能上达,人民就怨恨君主;人民怨恨君主,命令就无法推行了。”法律具有保证选贤任能的推行，从而起到下情上达的作用，此其三。“法，是用来决定人民生死的。决定人民生死，就不可不审慎地使用刑法。如果刑罚不审慎，就会使坏人逃罪、使好人蒙冤；坏人逃罪和好人蒙冤，就会出现杀无辜而赦免罪犯的情况；杀无辜而赦有罪，国家就难免被贼臣篡夺了。”法律具有保证刑罚正确使用、避免国家落入乱臣贼子之手的作用，此其四。总而言之，“令则行，禁则止，宪（法律）之所及，俗（礼俗）之所被，如百体之从心”（《管子·立政》），这就是管仲所期望的政治。

## 三、礼法并重

西周政治制度的核心是礼治，这并不是说周代的统治者认识不到法律的重要作用。实际上，正如《晋书·刑法志》中所说，西周是“礼之所去，刑之所取，失礼则即入刑，相为表里”，礼与法是紧密结合的。《唐律疏议》中一针见血地指出：“周公寓刑于礼。”可见，西周的“礼”具有法律的功能，并非纯粹的伦理道德。正因为如此，周礼调节的范围非常广泛，包括国家制度、司法审判、婚冠习俗、伦理道德、宗教、文教艺术，以至礼节言行在内的整个上层建筑领域。正如《礼记·曲礼》中所说：“道德仁义没有合乎礼的标准的行为，就不可能有所成就；教育训正人民的风俗，没有礼就不可能完备；解决纷争、明辨诉讼，没有礼就不能完成；君臣、上下级、父子、兄弟间的名分礼遇，没有礼就不能确定；学习仕宦，学习六艺，没有礼就不能与老师亲近；朝廷秩序、军队管理、官员莅官执政，没有礼就不能树立威严；祝祷祭祀、供养鬼神，没有礼就不能虔诚庄重。”

周礼虽然具有“经国家，定社稷，序民人，利后嗣”的重要作用，但它毕竟只是以习俗为核心的典章制度、生活规范和道德规范。它虽然可以“分争辩讼”，但毕竟不能代替法律制度。早在周公制礼之时，周王朝已有了称之《九刑》的刑法典；到了周穆王时期，又有“吕侯制刑”。周代的刑法虽然是以周礼为其精神指导，但它毕竟不是周礼的翻版，因而不免与周礼有乖舛之处。礼与刑若有冲突，周人毫无疑问地会维护礼制，礼在周人的眼中是第一位的。

管仲对包括周礼在内的伦理道德是非常重视的，《左传》和《国语》中记录有许多管仲议论礼、义、信等有关社会伦理和道德方面的内容。在《管子》经言部分，也是把礼、义、廉、耻抬到法律之上，宣扬"四维（礼、义、廉、耻）张则君令行""守国之度，在饰四维"（《管子·牧民》）。在《管子·权修》篇中，管仲在讨论如何"重用其民"并"重尽其民力"时提出："（君主）若能付出厚爱给人民以利益，就可以亲近人民；倡导知识、申明礼节，就可以教育人民。要以身作则来引导人民，审慎制定规章制度来防范人民，设置乡的官吏来教化人民。然后再用法令加以约束，用奖赏加以鼓励，用刑罚加以威慑。"这仍然是把礼义教化放在宪令刑罚之上。

重视礼义教化固然反映了管仲尊崇周制因循守旧的一面，但作为务实的政治家，在进行改革之时，管仲又不得不放下礼教，而把法治作为治国的根本手段。齐桓公刚得到管仲时，就曾迫不及待地向他询问治国良方。管仲即以周昭王、周穆王之政来说桓公，并以此作为指导齐国政治的纲领。西周的盛世在周成王和周康王之时，而人们乐于称道的则是文、武两王。为什么管仲不祖述上述四王之政而向齐桓公推荐被后人批评为"王道微缺""荒服者不至"（《史记·周本纪》）的昭、穆之政呢？我们认为，管仲这么做的原因可能有两方面。《史记·周本纪》说："成康之际，天下安宁，刑错四十余年不用。"但是到了昭王之时，战争频繁，结果昭王本人也"南巡狩不返，卒于江上"。穆王在位时，更是东征西讨，虽然在战场上取得了胜利，但自此以后"荒服者不至"。证之周金文铭辞，康王之时虽然并不像《史记》所称的"天下安宁"，但战争的确很少。到昭王之时，战争逐渐增多。《史墙盘》铭文记有昭王南伐楚人之事，《臣谏簋》铭文记有昭王大臣刑侯北伐戎人之事，其他青铜铭文还记有昭王时与西戎、淮夷、东夷等的战事。因此，管仲推荐昭、穆之政,很可能是因为昭、穆之世和桓公之世在战争频繁这点上很相近。而昭、穆二王虽在后世颇有微词,但毕竟是周代比较有作为的两个国王。这是一个方面。另一方面,周穆王之时,曾对周代的法律制度进行过较大的修订,史记“吕侯作刑”。通过这次法律修订活动,周代的法治得到完善,更适应了社会发展的需要。而管仲在为政之前,已意识到要对齐国的法律制度进行一次较大规模的改造,因而管仲在向齐桓公推荐昭、穆之政时,重点介绍昭、穆之时的法治,这也是他托古改制的特征。

管仲虽然在宣传上强调礼教,但在施政中依赖法治,正因为这一点,他才被后人视为先秦法家的先驱者。

## 四、“令顺民心”“且怀且威”的法治指导思想

西周初期的统治者,有鉴于夏代特别是商代末期的统治者严刑酷法、“结怨于民”而招致灭亡的历史教训,在立法指导思想上,除了部分地继承了夏商以来的“天命”“天罚”之外,又根据“民之所欲,天必从之”(《尚书·泰誓》)的理论,提出了“明德慎法”的法治原则。这一原则确立了西周王朝以礼教为主、以刑罚为辅的施政方针。

管仲继承了西周以来传统的“明德慎罚”思想,并在此基础上进一步提出了“令顺民心”(《管子·牧民》)的法治原则。

管仲对为政的基本看法是传统的,即重视民心的向背。他认为:“政之所行,在顺民心;政之所废,在逆民心。”(《管子·牧民》)怎样才能“顺民心”呢?那就要“民恶忧劳,我佚乐之;民恶贫贱,我富贵之;民恶危坠,我存安之;民恶灭绝,我生育之”(《管子·牧民》),即满足人民基本的生活需要,并给他们以安全感。具体的做法也就是《国语·齐记》所说的“定民之居”“成民之事”。管仲认为,人民是“仓廪实则知礼节,衣食足则知荣辱”(《管子·牧民》,又见《史记·管晏列传》),只要统治者能满足人民的基本要求,人民就能为统治者分忧解

难，甚至牺牲生命。如果统治者企图使用高压政策，那么人民是“刑罚不足以畏其意，杀戮不足以服其心”，其结果只会是“刑罚繁而意不恐，则令不行矣；杀戮众而心不服，则上位危矣”（《管子·牧民》）。

当然，管仲绝不是民权主义者，他的“令顺人心”也并不是把人民的利益放在首位，他之所以强调要满足人民的基本物质要求，不过是为了源源不断地剥夺人民，这就是他所说的“予之为取”（《管子·牧民》）。既要剥夺人民，必然会遭到人民不同程度的反抗，因此，镇压是必不可少的。管仲一方面要求统治者“令顺民心”，采取怀柔政策；另一方面又主张统治者紧握惩罚和镇压的“大棒”。齐桓公之女曾说：“我以前曾听管仲说过：‘如果能像害怕疾病一样地敬畏天威，那是人中的最上等；只知道贪恋私欲随大流，那是人中的最下等；看到可贪恋的事物但能想起天威的可畏，那是中等人。只有敬畏天威如同害怕疾病一样，才能树立权威、统治人民。有权威才能位居民之上；对天威无所畏惧，就将遭受惩罚。只知道贪恋私欲随大流，那就离开权威很远了，所以说是人中的最下等。’”管仲所谓的“中”，就是要让人们“见怀思威”，也就是他说的“且怀且威，则君道备矣”（《管子·形势》）。

在“令顺民心”“且怀且威”的思想指导下，管仲在执政期间曾制定了一系列鼓励生产、促进齐国社会经济发展的法令、法规和政策（参见本书第八章）。下面我们将重点谈谈“令顺民心”“且怀且威”的法治思想对齐国刑法的一些影响。

“省刑”思想是“令顺民心”的直接反映。在《管子·牧民》《管子·权修》《管子·立政》等篇中，都曾提到“省刑”。怎样才能“省刑”？管仲认为：“省刑之要，在禁文巧。”（《管子·牧民》）所谓“文巧”，指的是奇淫技巧，即奢侈品的生产与制造。把奢侈品的生产与制造看成是腐蚀人心、败坏社会风气，从而导致人们走上邪路的罪魁，这在今天看来是非常荒谬的，却是管仲那个时代人们普遍的观点。因而，管仲认为“省刑”的关键“在禁文巧”。

从今天的观点来看,管仲把"省刑"的关键放在"禁文巧"之上,也许有失偏颇。但是管仲从社会生产的角度把预防犯罪作为"省刑"的重点,在今天看来,是非常有价值的思想。

在主张"省刑"的同时,管仲又提出了"赎刑"的主张。据《国语·齐语》记载,管仲在回答齐桓公怎样解决齐国军费困难、武器不足的情况时,提出"轻过而移诸甲兵"的"赎刑"主张。具体的做法是:"制重罪赎以犀甲一戟,轻罪赎以鞼盾一戟,小罪谪以金分,宥闲罪。索讼者三禁而不可上下,坐成以束矢。"

赎刑在中国法治史上由来已久,早在夏朝即有赎刑,只是史料缺乏,我们对那时的赎刑制度全然不知。周穆王时,吕侯作刑,对夏代的赎刑进行改造,形成周代的赎刑制度。据《尚书·吕刑》记载,西周的赎刑主要适用于"疑罪",按照五刑的名目,对罪疑者处以不同数额的"罚锾"。其具体内容是:"墨辟(罪)疑,赦,其罚百锾,阅实其罪;劓辟疑,赦,其罚惟倍,阅实其罪,剕辟疑,赦,其罚倍差;阅实其罪,宫辟疑,赦,其罚六百锾;阅实其罪;大辟疑,赦,其罚千锾,阅实其罪。"从《尚书·吕刑》所记来看,西周的赎刑很像今天的保释,不过它只对证据不足的疑犯适用,并不是真正意义上的赎刑。

而管仲制定的赎刑制度,并不限于疑犯,而是扩大到了一般犯罪分子,因而与西周的赎刑名同实异。

西周的"赎刑"是"明德慎罚""罪疑惟轻"法治原则的体现,实际上也反映了一种"省刑"思想。因此,西周的"赎刑"与管仲的"赎刑"内容虽然不一样,但其精神是一致的。不过,西周的"赎刑"由于只适用于疑罪,因而它不但不妨碍法律对犯罪分子的打击,反而有助于法律更加准确、完整地实施,并在法律和社会伦理道德允许的情况下,最大限度地减少冤案,保护无辜者。

而管仲的"赎刑"制度由于适用于一般犯罪分子,必然会因其适用范围太广而妨碍法律对犯罪分子的有效打击,刑罚制裁变成经济惩罚也无疑会在一定程度上助长犯罪分子的气焰。因而以“赎刑”为内容的“省刑”也许会暂时减少一些刑罚，但可能会导致更多的犯罪。可见，管仲的“赎刑”制度从法理学的角度来说是不可取的，至于它的实施使齐国“甲兵大足”（《国语·齐语》），为齐桓公争霸大业提供了丰富的军事装备，那又是另一回事了。

从“赎刑”思想来看，管仲对犯罪分子的惩罚是相当温和的。但这并不是说管仲对犯罪行为也采取温和的政策；相反，管仲对犯罪行为是主张严厉处置的，这就是他“且怀且威”的“威”。

管仲认为：“要想治好天下，必须珍惜本国国力；想治好国家，必须珍惜国内人民；要想治好人民，必须珍惜民力之损耗。”怎样才能“重用其民”“重尽其民力”呢？管仲认为，那就是要“明必死之路，开必得之门”。所谓“明必死之路”，即“严刑罚”；所谓“开必得之门”，即“信庆赏”（《管子·牧民》）。也就是说，要让人民明确知道做什么事会受到惩罚、做什么事会得到奖赏。换句话说，“曰事将为，其赏罚之数，必先明之”（《管子·立政》）。

管仲提出的“严刑罚”与后世法家主张的“严刑峻法”是完全不同的概念。所谓“严刑罚”，是与“信庆赏”对应的，其意义也就是《管子·权修》篇所说的“赏罚信”，指赏罚的承诺必须执行。在《管子·版法解》中，管仲又说：“法律公正，制度明确；杀有罚而不宽赦；执行杀戮要说到做到，民众就会畏惧。”要使人民畏惧，除了要有正直、公平的法律之外，还要“杀戮必信”。在这里，“罪杀不赦”是指对犯罪的行为不能宽宥，并不是指对犯罪分子“罪杀不赦”。因为根据管仲制定的“赎刑”政策，即使是重罪，也是可以赎免的。可以说，它与今天所谓的“执法必严”的法治思想是相同的。“赏罚信”既是为了维护法律的尊严，也是为了维护国君的权威。在管仲看来，“有功而不能赏，有罪而不能诛，若是而能治民者，未之有也”（《管子·七法》）。

管仲提出：“对怠惰的人，要通过训斥予以羞辱；对有过错的人，要通过处罚予以惩戒;对犯罪的人,要通过杀戮予以震慑。”对大大小小的犯罪行为都要给予严罚。他特别重视对轻微犯罪行为的惩处,他说:“欲民之正,则微邪(轻微的邪恶)不可不禁也。微邪者,大邪之所生也。微邪不禁,而求大邪之无伤国,不可得也。”(《管子·权修》)当然,管仲“禁微邪”的思想与后世法家“行刑重轻”的思想是有差别的。管仲“禁微邪”的重点在于强调对轻微犯罪行为也要给予惩处,以达到预防犯罪的目的;而后世法家“行刑重轻”的重点在于对犯有轻微罪行的人也要给予严惩,以达到“以刑去刑”的目的。

公元前536年,郑国的执政子产“铸刑书”,史学界普遍认为这是我国最早公布成文法。此事遭到了一些保守人士的批评,晋国的贵族叔向就曾写信给子产,批评其“铸刑书”之举。叔向在信中说:“昔先王议事以制,不为刑辟(法),惧民之有争心也。……民知有辟,则不忌于上,并有争心,以征于书(刑书),而徼幸以成之,弗可为矣!”(《左传》昭公六年)叔向在信的最后把“铸刑书”说成是“国将亡”之举。事隔二十余年后,晋国又“铸刑鼎,著范宣子所为刑书焉”(《左传》昭公二十九年)。此事又遭到孔子的批评,孔子批评说:“晋其亡乎?失其度矣!……贵贱不愆,所谓度也。……今弃是度也,而为刑鼎,民在鼎矣,何以尊贵?贵何业之守?贵贱无序,何以为国?”(《左传》昭公二十九年)

当今史学者从上面的两则记载断定,春秋以前是没有公布成文法的。

公元前492年,鲁国的司铎官发生火灾,大火越过鲁哀公的宫室,烧毁了鲁桓公、鲁僖公的祀庙。鲁国的贵族们纷纷前来救火,并极力抢救和保护宫廷典籍文献。南宫叔命人抢出御书,子服景伯命人抢出礼书,执政季桓子则“御公立于象魏之外……命藏象魏,曰:‘旧章不可亡也’”(《左传》哀公三年)。杜预《注》云:“《周礼》,正月悬教令之法于象魏,使万民观之,故谓其书为象魏。”按:《周礼·大宰》曰:“正月之吉,始和,布治于邦国都鄙,乃悬治象之法于象魏,使万民观治象,浃日(十日)而敛(收回)之。"就是说,每年正月初一都要在象魏悬挂法令,十日后始收存。《周礼》的这一说法由于有《左传》为之佐证,应该是周代旧制。

夏、商、周三代皆有成文法。《左传》昭公六年云:"夏有乱政,而作《禹刑》;商有乱政,而作《汤刑》;周有乱政,而作《九刑》。"所谓《禹刑》《汤刑》和《九刑》,就是夏、商、周三代的成文法。周代既有成文法,每年正月又要在象魏悬挂法令让百姓观看、了解,为什么又说"郑铸刑书"是我国首次颁布成文法呢?清末著名法学家沈家本在《历代刑法考·律令一》中是这样解释的:"其所著于象者亦举其大者要者而已,细微节目,不能备载也。"就是说,悬挂的仅是刑书的精神和原则,而整套刑书是不公布的。

我们认为,《左传》和《周礼》所记悬挂于象魏之上的不是刑法,而是政令、政策之类的法律性文献,因而《左传》称之"旧章",而不以"刑书"目之,《周礼》更直称其为"治象之法"。在周代,统治者为了使"刑不可知,则威不可测",虽然制定有刑书,但并不公布。因而,在春秋末年,郑、晋两国公布刑书便遭到恪守传统的两个圣贤——叔向和孔子的激烈反对。

管仲之时,各国都未公布成文法(中国古代的法典是以刑法为其核心的),管仲在是否公布成文法这个问题上也是采取的"托古改制"的方法。管仲认为,不管做什么事,一定要先出法令。"明必死之路,开必得之门",只有这样,才能把事情办成。由此可见,管仲应该是主张公布法令的。管仲在向齐桓公介绍昭、穆二王之治时,就曾强调二王"设象以为民纪"。什么法律才可以为"民纪"呢?显然,只有刑法才能做到。在这里,管仲在介绍先王的"象魏"之制时,巧妙地把刑书也作为悬挂于象魏的内容。

《管子·立政》中有一段关于颁布宪令的论述:

> 正月之朔，百吏在朝，君乃出令，布宪（公布法律）于国。五乡之师，五属大夫，皆受宪于太史。大朝之日，五乡之师、五属大夫，皆身习宪于君前。……五乡之师出朝，遂于乡官，致于乡属，及于游宗，皆受宪。宪既布，乃反致令焉，然后敢就舍。宪未布，令未致，不敢就舍；就舍，谓之留令，罪死不赦。五属大夫，皆以行车朝，出朝不敢就舍，遂行。至都之日，遂于庙，致属吏，皆受宪。宪既布，乃发使者致令，以布宪之日，蚤晏之时。宪既布，使者以发，然后敢就舍。宪未布，使者未发，不敢就舍；就舍，谓之留令，罪死不赦。宪既布，有不行宪者，谓之不从令，罪死不赦。考宪而有不合于太府之籍者，侈曰专制，不足曰亏令，罪死不赦。首宪既布，然后可以布宪。

管仲公布的宪令是否包括刑法呢？虽然《管子》一书中没有明文记载，但从管仲主张“严刑罚，信庆赏”“言室满室，言堂满堂”（《管子·牧民》）来看，应该是包括刑法的。那么，为什么当时没有人对此进行批评呢？为什么曾激烈批评晋国“铸刑鼎”的孔子仍然推崇管子，甚至以“仁者”目之呢？我们认为，管仲公布宪令之所以未遭到贵族们的反对，主要原因是他公布宪令的方式仍然是沿袭西周旧制，即只在每年的正月公布数日。《周礼》正月“悬治象之法”的时间只有十日，《管子·立政》虽然没有具体指出公布宪令的期限，但细读其文，可知仍然是有期限的，很可能与《周礼》的规定相同，最多也不会超出“正月”。而不是像郑、晋那样，把刑书铸之于器物之上，随时可以检阅、查寻。因此，管仲虽然公布了包括刑法在内的宪令，但其影响并不大，还没有对贵族们的利益造成太大的损害，所以没有遭到旧贵族们的激烈反对。

管仲的“出令布宪”是对西周以来法律制度的一次重大改革，虽然这一改革并不彻底，但它为春秋末年各国公布成文法铺平了道路。

法律固然重要，但是，实施法律更为重要。在如何实施法律（即法律适用)这个问题上,即使在当今社会仍然是一个非常复杂的问题,往往需要非常复杂的法律程序、一大批素质良好的法律工作者以及良好的社会风气来保证。在管仲时代,这些都不具备,他所依靠的只是上行下效的守法的社会风气。所以他特别强调统治者的表率作用,要求他们依法办事,不能依自己的喜怒来破坏法律法规,使“布令必行”。

在《管子·牧民》篇中,管仲提出“上服度(服从法度)则六亲固”,要求君主自觉遵守法律。管仲十分重视君主的表率作用,他说:“统御民众的关键,在君主重视什么;引导民众的门道,在君主倡导什么;号令民众的方法,在君主的好恶是什么。君主追求的东西,臣下就想得到;君主爱吃的东西,臣下就想尝尝;君主喜欢的事情,臣下就想实行;君主厌恶的事情,臣下就想规避。”因此,作为人君,“毋蔽汝恶,毋异汝度”,否则,“贤者将不汝助”。君主的行为应该光明磊落,其言论也应该信而有征,这就是所谓的“言室满室,言堂满堂”。以此理论,法令既然是国君制定并公布的,国君当然要带头执行。

管仲把能否尊重法令作为区别“世主(一般的庸碌无能之君)”和“明君”的重要标志。他说:

> 世主所贵者,宝也;所亲者,戚也;所爱者,民也;所重者,爵禄也。明君则不然。致所贵,非宝也;致所亲,非戚也;致所爱,非民也;致所重,非爵禄也。故不为重宝亏其命,故曰:令贵于宝。不为爱亲危其社稷,故曰:社稷重于戚。不为爱人枉其法,故曰:法爱于人。不为重禄爵分其威,故曰:威重于爵禄。(《管子·七法》)

管仲提出的“令贵于宝”“法爱于人”在当时是十分深刻又大胆的主张。我们已经知道,西周以来社会和政治的核心是礼教,周礼在政治生活和社会生活中具有独尊的地位。在西周,不但政治制度、法律制度、经济体制、宗教、文化教育要受礼的约束,甚至连人们的视、听、言、行也必须符合礼的规矩。在西周,统治者虽然制定了成文法,但不向人民公布，其主要原因就是怕人民因刑废礼，“弃礼而争于书（指刑书）”（《左传》昭公六年引叔向语），是“为爱人（指贵族）”而“枉其法”。因此，在西周的“礼治”之下，法律的地位是比较低的。而管仲提出的“令贵于宝”“法爱于人”，则是在中国历史上第一次把法律的地位提高到礼教之上。管仲提出“不为爱人枉其法”，实质上就是针对周礼“爱人而枉法”而言的，其意义就在于强调法律的至高无上。以恪守周礼著名的孔子批评管子“不知礼”，除了管仲有“反坫”“三归”之外，这恐怕也是原因之一吧！

管仲要求君主尊重法律、遵守法律，不要因自己的喜怒好恶而破坏法律。既然君主自己颁布了法律，就要让法律执行下去，这就是“布令必行”（《管子·七法》）。君主对臣民的赏罚要以法律为依据，这就是“见其可，说（悦）之有证；见其不可，恶之有形”（《韩非子·难三》引管子语，又见《管子·权修》），“论功计劳，未尝失法律也”（《管子·七法》）。君主不能按自己的喜怒进行赏罚。管仲指出：“喜无以赏，怒无以杀。喜以赏，怒以杀，怨乃起，令乃废。”（《管子·版法解》）

纵观中国的法治史，中国历代统治者都曾制定有法律，有些法律在当时条件下还是比较好的，但没有哪一代的法律是沿用不衰的，很多法律都是刚制定不久就遭到破坏。究其原因，无不是统治者带头不尊重法律、不遵守法律所致。因此，在以“人治”为基本特征的古代社会，管仲要求君主不以喜怒行赏罚、带头遵守法律的主张是相当有意义的。

管仲要求君主遵守法律，当然更会要求官吏们遵守法律。他指出：“官廷的各种坏人伤害君主的权威，奸邪的官吏伤害国家的法制，奸民伤害风俗和教化，贼盗伤害国内的民众。权威被伤害，君权就会下移；法制被伤害，财货就会通过贿赂官员往上面流动；教化被伤害，臣民就不会和睦；民众被伤害，百姓就不得安居。君权下移，政令便无法推行；财货往上流动，官德就会败坏；臣事不和，百事都无功效；百姓不得安居,就会使狡猾轻狂之民留下而老实守法之民离散;狡猾轻狂之民留下而老实守法之民离散,就会使土地得不到开辟;土地不开辟,就会使六畜不能繁育;六畜不繁育,则国贫而财用不足;国贫财用不足,则兵弱而士气不振;兵弱士气不振,则战不能胜、守不能固;战不胜而守不固,国家就不能安定了。”在管仲看来,只有奸吏才破坏法律。为了不让奸吏有空子可钻,他主张要维护法律的尊严,要依法办事。他甚至把依法办事作为一条一成不变的铁律,如果没有依法办事,即使事情做对了、有功劳,也要加以严惩。他说:“立事者谨守令以行赏罚,计事致令,复赏罚之所加。有不合于令之所谓者,虽有功利,则谓之专制,罪死不赦。”(《管子·立政》)管仲的这一思想,对后世法家的影响非常大。如邓折提出“事断于法”(《邓折子·转辞》);韩非提出“以法为本”,主张凡“言行不轨于法令者,必禁”。管仲的思想可以说暗合了现代的法治观念。

周礼的基本精神就是“亲亲”和“尊尊”,在这一精神指导下,周代的法律首先保护的是所谓的“亲”“贵”。周人不公布成文刑书,也含有“从权”保护“亲”“贵”利益的意义。因而在西周,罚避亲贵不但是公开的,而且还是受到社会伦理道德支持的。可以说,它是周礼在司法领域的重要体现。

罚避亲贵,必然会破坏法律的实施,主张法治的管仲对此当然不能不禁止。管仲反对官吏在断案审刑之时,把人情与义理通融,把义理与禄位通融,使有禄位的贵族可以逃避惩罚。管仲还明确提出了“罚避亲贵,不可使主兵”(《管子·立政》)的主张。这一主张是对旧贵族时代贵贱有等、尊卑有别的“礼治”原则的大胆挑战。后世法家如商鞅提出的“自卿相将军以至大夫庶人,有不从王令、犯国禁、乱上制者,罪死不赦”(《商君书·赏刑》),韩非提出的“法不阿贵”“刑过不避大臣、赏善不遗匹夫”(《韩非子·有度》),都是对管仲“罚避亲贵,不可使主兵”思想的继承和发展。

石一参先生在《管子今诠·读管子界说》中曾精辟地指出："管子之言法也，详于制度而略于刑名。"就是说，管仲在法治建设上着重的是法理学说、法治指导思想、刑法原则、执法原则以及规章制度的制定，而对具体的诉讼程序、狱政管理等方面则不太注意。然而，正是管仲对"制度"的重视，才使他成为突破旧的司法制度的第一人，并成为后世法家的先驱人物。

后人视管仲为法家之始祖，诚有以也！

# 第七章　管仲的伦理思想

管仲是我国春秋时期非常有影响的政治家和思想家，也是我国历史上为数不多的成功的改革家。但是，由于材料阙如，对他的伦理思想的研究很少有人直接涉及。我们力图通过比较可信的材料，对管仲的伦理思想做一些初步的探讨，以期抛砖引玉，引起学术界对其伦理思想的深入研究。

## 一、管仲伦理思想产生的时代背景

西周初年，以周公为代表的统治阶层认真总结夏、商王朝过分依赖“天命”而导致灭亡的历史经验教训，提出了“以德配天”的政治伦理观。周公的伟大之处，就在于他把天意与民心直接联系起来，认为天意就是民心的集中表现，从而给以前神秘而空洞的“天命”赋予了实际的内容。他曾说，“天惟时求民主”（《尚书·多方》）。就是说“天”是以人民为“主”（“主”，本指为受祭者所立的牌位。古人相信受祭者通过“主”就能与祭祀者沟通，因而“主”有“代表”的含义），所以“天听自我民听”（《孟子·万章上》引《尚书·泰誓》），“民之所欲，天必从之”（《左传》襄公三十一年引《尚书·泰誓》）。

基于这种天命观，周初统治者把“敬德保民”当作其“敬天”的实际行动。所谓“敬德”，又称“明德”，是要统治者在对人民进行统治之时采用“德政”。所谓“保民”，有两方面的含意。一方面要统治者爱护和保护人民，要求他们“治民祗（敬）惧”，知“稼穑之艰难”与“小人（民众）之依”（《尚书·无逸》），不要贪图享乐，“无（毋）好康好逸豫”

(《尚书·康诰》)。同时,要"明罚""慎刑",按照"常典"和"正刑"来"治民""宁民",不要滥用刑罚,"勿用非谋非彝(法)"(《尚书·康诰》《尚书·酒诰》)。这样,就可以"子子孙孙永保民"(《尚书·梓材》)。另一方面,"保民"就是要加强对人民的控制。所谓"保",就是"占有"的意思。

怎样才能做到"敬德保民"呢?周公假借上天的意旨("天与")而制定了一套"民彝(法)",其基本精神就是"父慈子孝,兄友弟恭"(《尚书·康诰》),也就是后世所说的"亲亲"和"尊尊"。周公制定这套"民彝"的过程史称"周公制礼",就是说这套"民彝"就是礼制。

周公制定的礼制史称"周礼",它所调节的范围非常广泛,上至国家的政治制度、经济制度、法律制度、军事制度、宗教祭祀,下至各阶级、各阶层人士的饮宴、服饰、器用、婚丧、称谓、交接应酬等生活习俗,无不受其规范、受其制约。因而周礼既是政治伦理,又是社会伦理,可以说,它是周代社会制度的核心。

周礼的基础是建立在西周以"亲亲"和"尊尊"为中心的周代宗法等级制之上的,进一步分析,"尊尊"又是建立在"亲亲"基础之上的。从"亲亲"的方面来说,它是社会伦理;而从"尊尊"的方面来说,它又是政治伦理。由此可知,周代的礼制是以社会伦理为核心、社会伦理与政治伦理合二为一的伦理道德。正因为如此,周人的伦理道德观念似乎远不如后世多,见于《诗》《书》的只有"礼""敬""信""惠""德""恭""孝""友"等,核心的则只有"礼""孝""敬",但其包容极广,只一个"礼"字,就几乎包含了社会生活的各个方面。

西周中后期,周礼开始遭到破坏;到了春秋之时,则出现了"礼崩乐坏"的局面。不过,这里所谓的"礼崩",主要是指作为政治伦理的礼。而作为社会伦理的礼虽然也受到一定程度的冲击,但仍然是人们心目中的主要道德规范。此外,即使作为政治伦理的"礼"之"崩",也不是一朝一夕完成的,而是经过了一个漫长的时期。从《春秋》《左传》《国语》等史籍的记载来看，在整个春秋时期，主流的思想仍然是恪守礼制。每次人们对传统礼制的违反、突破或者破坏，都要受到当时主流派思想家的严厉批评和指责。据《左传》所记，春秋时期的人用“礼也”“非礼也”来褒贬人事的地方有一百二十余处，而且都代表着一种主流思想。可见在春秋时期，“礼”“非礼”仍然是人们判断是非的最主要标准。只是当时是霸权政治，没有霸主的同意，谁也没有足够的力量来制止这些导致“礼崩”的行为。而当时的所有霸主，无一不是礼制的破坏者。所以，批评归批评，指责归指责，传统的“礼”仍然在“崩”，一种“无可奈何花落去”的无奈无情噬啮着守礼者痛苦的心。

管仲就生活在这样一个“礼崩乐坏”的时代。

## 二、管仲伦理思想的核心：重“礼”

管仲一生对周王室都怀着崇敬的心情，对周代的典章制度十分仰慕，对周礼也是小心维护。

我们曾说过，周礼的基本原则是“亲亲”和“尊尊”，管仲对此都恪守。在公元前653年的“宁母之会”上，管仲要齐桓公“修礼于诸侯”，他说：“臣听说：招抚有二心的国家，用礼；怀柔疏远的国家，用德。凡事不违背德和礼，没有人不归附。”在会上，郑国的太子华请求齐桓公帮助他去掉政敌，桓公有允诺之意。管仲知道此事后，告诫桓公说：“君主您用礼和信会合诸侯，而用邪恶来结束，恐怕不行吧！儿子与父亲不相违背叫作礼，遵守君命完成任务叫作信。违背礼和信，没有比这更大的邪恶了。”在管仲看来，太子华的行为是“奸父之命”，即违背了自己父亲的意愿，这是不孝的行为，故而也是违礼之举。而桓公支持太子华的不孝之行，当然也是违礼之举。这就是管仲维护“亲亲”原则的明证。在公元前651年的“葵丘之会”上，周天子使宰孔致胙于齐桓公，并且明令不要齐桓公下拜。桓公就此问题请教管仲，管仲回答说:“为君不君,为臣不臣,乱之本也。”桓公听后心里震动,赶紧出去对周天子的使臣下拜。“为君不君,为臣不臣”违背了周礼“尊尊”的基本原则,违背了周礼的基本原则,破坏了社会赖以维持的基础,祸乱由此而生,故曰“乱之本也”。鲁僖公十二年,管仲“平戎于王”,周王“以上卿之礼飨管仲”,管仲推辞说:“臣,贱有司(低贱的官吏)也。有天子之二守(指周王任命的国卿)国、高在。若节春秋来承(接受)王命,何以礼焉,陪臣敢辞。”管仲在齐国虽然“位上卿”“号仲父”,但这些都是齐桓公给他的,没有经过周天子的赐命,从周王室的角度来看,他不过是“贱有司”而已。而国、高二氏则是由周王室赐命的上卿,所以管仲拒绝接受上卿之礼。这充分反映了他恪守“尊尊”的周礼。《管子·形势》中说:“君不君则臣不臣,父不父则子不子。”这句话孔子也说过,但我们有充分的理由相信,它反映了管仲的真实思想。

管仲重礼,这在比较接近管仲思想的《管子》经言部分有充分的反映。《管子·牧民》强调:“守国之度,在饰四维。”管仲所谓的“四维”,据他自己说,是“礼”“义”“廉”“耻”。他进一步解释说:“礼不逾节,义不自进,廉不蔽恶,耻不从枉。”就是说,有礼,人们的行为就不会超越应遵守的规范;有义,就会遵礼而行,不会妄自求进;有廉,就不会掩饰自己的过错;有耻,就不会趋从坏人。在他看来,“不逾节则上位安,不自进则民无巧诈,不蔽恶则行自全,不从枉则邪事不生”。因此,他把整饬礼、义、廉、耻“四维”看作是巩固国家的准则。

怎样才能整饬礼、义、廉、耻?管仲主张从小处着手。他说:

凡牧民者,欲民之有礼也。欲民之有礼,则小礼不可不谨也;小礼不谨于国,而求百姓之行大礼,不可得也。凡牧民者,欲民之有义也。欲民之有义,小义不可不行;小义不行于国,而求百姓之行大义,不可得也。凡牧民者,欲民之有廉也。欲民之有廉,则小廉不可不修也;小廉不修于国,而求百姓之行大廉,不可得也。凡

**牧民者,欲民之有耻也。欲民之有耻,则小耻不可不饰也;小耻不饰于国,而求百姓之行大耻,不可得也。(《管子·权修》)**

他接着指出:“民之谨小礼、行小义、修小廉、饰小耻、禁微邪,治之本也。”他把伦理道德的整饬看成是治国的根本手段,这是“道德至上”论。

就礼、义、廉、耻而言,管仲最为注重的还是礼,尤其是礼的核心——孝。管仲曾说:“民皆勉为善。与其为善于乡也,不如为善于里;与其为善于里也,不如为善于家。”(《国语·齐语》)所谓“为善于家”,是指孝慈而言。管仲让齐桓公在每年正月之朝考核各属大夫时,要询问,“于子之属(管仲把全国划为五属),有居处为义好学、慈孝于父母、聪慧质仁、发闻于乡里者,以告。有而不以告,谓之蔽明,其罪五……于子之属,有不孝慈于父母、不长悌于乡里、骄躁淫暴、不用上令者?有则以告。有而不以告,谓之下比,其罪五”。在这里,也是把“孝慈”作为判断人才与愚顽的主要标准。管仲不但在齐国提倡孝道,而且还利用齐国的力量促使各诸侯国皆守孝道。《管子·大匡》记管仲建议齐桓公加政于诸侯,说:“从今以往二年,适(嫡)子不闻孝,不闻爱其弟,不闻敬老国良,三者无一焉,可诛也。诸侯之臣及(管理)国事,三年不闻善,可罚也。君有过,大夫不谏;士庶人有善,而大夫不进,可罚也。士庶人闻之吏贤孝悌,可赏也。”在“葵丘之会”上,管仲还提出将“诛不孝”的条款作为盟辞。

除礼之外,管仲也非常重视“信”“德”“惠”等周代传统的伦理道德观念。如鲁庄公十三年的柯之盟,曹刿劫持桓公,要求齐退回其侵占的汶阳之田,管仲要齐桓公答应曹刿。《公羊传》对此评价说:“桓公之信著乎天下,自柯之盟始焉。”《穀梁传》也说柯之盟是“信齐侯也”。再如“宁母之会”,管仲劝桓公守礼守信,说违背了礼和信则“奸莫大焉”。管仲也讲“德”“惠”。在“宁母之会”上,管仲要齐桓公以礼和德来“招携”“怀远”,并强调齐会集诸侯是为了“崇德”。管仲主张要选拔那些“好学”“慈孝”“聪惠质仁”的人。这都是管仲讲“德”“惠”的明证。此外,管仲还讲“义”“道”“贤”“仁”“善”等。(参见《国语·齐语》)

可见在道德规范这一问题上,管仲基本上是守旧的。西周时期的“德”“礼”“义”“孝”“善”“敬”“恭”“信”“惠”等道德规范,管仲都极力倡导。

不过,管仲虽然极力维护传统的礼制,但他所维护的“礼”与“周礼”已相去甚远,“周礼”只不过是他心中一个遥远的梦。

## 三、管仲的人本思想与“仁”

春秋时期也出现了一些新的道德规范,如“仁”“忠”“贤”等。特别是“仁”这一概念的提出,具有十分重要的意义。

前面我们曾讲到,周礼的内容虽然十分庞杂,几乎无所不包,但大致可以分为两个部分,即政治伦理和社会伦理。

就政治伦理而言,周礼以“尊尊”为原则,维护西周的宗法等级制度,其内容主要为君臣之礼、贵贱之礼、上下之礼,实际上就是把政治制度、法律制度伦理化。就社会伦理而言,周礼以“亲亲”为基本原则,维护父权制家庭关系以及血亲关系派生的其他社会关系。其内容主要为父子之礼、长幼之礼、夫妻之礼以及婚礼、丧礼、祭礼、宴礼、交接之礼等,实际上是把社会习俗和社会道德政治化、法律化。这样一来,周礼既具有政治色彩,又具有道德色彩。而且,由于“出礼则入刑”,政治色彩更为浓厚。春秋时期,周礼处于全面崩溃之中。但是,我们所谓的“礼崩”,是指“礼乐征伐自诸侯出”“陪臣执国命”“庶人议政”(《论语·季氏》),换句话说,这里的“礼”是指作为政治伦理的周礼。

就社会伦理而言,虽然子弑父、弟杀兄之类有悖于孝悌之道的非礼事件史不绝书,但这种事无论是在当时人还是后来人看来,都是应该谴责、申讨的行为,甚至连弑父杀兄者本人也是诚恐不安的,说明当时的伦理道德观是绝对不能容忍此类行为的。类似弑父杀兄的这种非礼行为,虽然为当时的道德所不容,但是很少受到社会的惩罚。这说明作为社会伦理的礼已经失去了法律的支撑,政治色彩已经剥落,逐渐变成纯粹的道德观念,这是周礼的新变化。

周礼的内容五花八门,但其根本还是调节人际关系。春秋时期,随着周礼的崩溃,社会需要一种调节人际关系的纯粹的道德观来代替或者补充带有浓厚政治色彩的周礼,于是出现了“仁”这一道德观念。

“仁”字在《尚书·金滕》和《诗经》中出现过,但由于《金滕》属伪作的可能性较大和《诗经》的晚出,现代学者一般都认为“仁”的观念最早出现于春秋。“仁”的含义,《说文》曰:“亲也,从人从二。”就是说“仁”字的原意是人与人之间的亲密关系,这与孔子对“仁”字的诠释“仁者爱人”非常接近,许慎的解释显然受到了孔子的影响。但是,春秋时期“仁”字的含义似乎并不限于爱人,而要广泛得多。在《左传》一书中,对“仁”字有明确解释的有下例:僖公八年,宋太子兹父认为公子鱼“长且仁”,让国于公子鱼。子鱼推辞说:“能以国让,仁孰大焉。”是以让国为仁。又僖公十四年,庆郑说:“背施无亲,幸灾不仁。”是以幸灾乐祸为不仁。又僖公三十年,晋子犯请文公击秦师,文公因秦穆公曾帮助他成为晋君,不肯出击,说:“微夫人(指秦穆公)力不及此。因人力而敝之,不仁。”是以忘恩负义为不仁。又僖公三十三年,晋臼季说:“臣闻之,出门如宾,承事如祭,仁之则也。”是以为人谨慎沉稳为仁。又成公九年,晋范文子评价楚钟仪说:“不背本,仁也。”不背本指仲仪“言称先(祖父)职”,是以孝为仁。又襄公七年,晋穆子说:“恤民为德,正直为正,正曲为直,参和为仁。”是以具备“德”“正”“直”三种品德才为仁。又襄公二十九年,吴季札“以其不杀为仁”,是以不好杀为仁。又昭公十二年,孔子说:“克己复礼,仁也。”是以克己复礼为仁。又昭公二十年,楚伍尚说:“度功而行,仁也。”是以审时度势为仁。又定公四年,楚郧公辛说:“《诗》曰:‘柔亦不茹,刚亦不吐,不侮矜寡,不畏强御,唯仁者能之。'"是以不恃强凌弱、不畏强暴为仁。又哀公七年,鲁子服景伯说:"大所以保小,仁也……伐小国不仁。"是以保护弱小为仁。可见,"仁"在春秋时期同"德""善"一样,是内涵难以界定而外延非常大的道德观念。虽然如此,但有一点是可以肯定的,那就是"仁"在春秋时期的创造与使用,多与尊重人、尊重人格、关怀人类有关。这是春秋时期人本主义思想兴起的反映。

张立文在《儒学的人文精神》一文中说,较早提出"人本"概念的是管仲。就把人当作人看、尊重人格、尊重人的自我意志、满足人的需要这些方面来看,管仲的"令顺民心""成民之事"的确可以看成是开春秋"人本主义"的先河。

管仲在他的改革中,采取的是"修旧法,择其善者而业用之"的温和、渐进政策,这就决定了他的改革必定是以稳定社会、满足人的需求为出发点。这也从根本制度上反映了他的人本主义精神。

管仲内政改革的核心是"参其国而伍其鄙",而这一改革的目的则是"定民之居""成民之事",可见他对民的重视。管仲在回答桓公提出的"安国若何"这一问题时,就曾把"遂滋民,与无财,而敬百姓"作为国策提了出来。而在回答桓公提出的"伍鄙若何"这一问题时,又把使"民不移""民不偷""民不苟""民不憾""百姓富""牛羊遂"作为"伍鄙"的中心政策。(《国语·齐语》)这表明管仲十分注意关心"民"的经济利益,因为在他看来,"政之所兴,在顺民心"(《管子·牧民》)。

怎样才能政顺民心?管仲曾说:"民恶忧劳,我佚乐之;民恶贫贱,我富贵之;民恶危坠,我存安之;民恶灭绝,我生育之。"(《管子·牧民》)

在《管子》一书中,提到"仁"的地方不少,但很难确定是不是管仲本人的思想,即使在与管仲思想很接近的经言部分中提到"仁"的概念,也很难说不是后人的添加、附会。《国语·齐语》中提到,每年正月，齐桓公要询问五属大夫："于子之乡，有居处为义好学、慈孝于父母、聪惠质仁、发闻于乡里者，以告。有而不以告，谓之蔽明，其罪五。"这虽然是齐桓公说的，但考之《国语·齐语》，记载的全为管仲言行，故而很可能是管仲制定的制度，只不过由桓公主持执行而已。可以相信，倡导人本主义的管仲应该是有"仁"的思想的。

## 四、管仲的道德基础论："仓廪实而知礼节，衣食足而知荣辱"

关于人的本质属性问题，是在战国时期才被提出来并进行讨论的，先有告子的"生之谓性"的感觉论，继有孟子"人性善"的理性论，后有荀子"人性恶"的综合论。管仲并没有对人性问题进行讨论，只是在有些地方涉及了这个问题。管仲主张行"顺民心"之政，那"民心"是什么呢？管仲认为民心就是"恶忧劳""恶贫贱""恶危坠""恶灭绝"（《管子·牧民》），也就是说，管仲把趋利避害作为人的本性。把趋利避害视为人之本性，正是战国时期法家普遍的看法，这种人性论也属于感觉论。

管仲对伦理学最大的贡献是他的道德基础论。管仲认为，一定的道德观念是与人们一定的生活水平相应的，这就是他的著名论点："仓廪实而知礼节，衣食足而知荣辱。"（《史记·管晏列传》）在这里，管仲已经自觉地认识到经济对道德的制约作用。这是非常深刻的见解，与马克思主义的"经济基础决定上层建筑"的观点不谋而合。正由于管仲认识到经济对道德的作用，所以他并不是空谈道德。他在强调"守国之度，在饰四维"的同时，又强调要"成民之事""定民之居"，要让人民"仓廪实""衣食足"，要"富民""利民"。只有当人民能"佚乐"、能"富贵"、能"存安"、能"生育"之时，才谈得上"礼节""荣辱"等道德问题。后来的儒家孟子所主张的"仁政"，可以说就是在管仲这一思想基础上发展起来的。

"仓廪实而知礼节，衣食足而知荣辱"也意味着把伦理道德看成是后天形成的，是因时而异的。这与后世儒家主张人性本善，仁、义、礼、智均先天存于人性之中的道德天赋论和道德永恒论不同，带有强烈的唯物主义色彩。

## 五、管仲的礼与法关系论：礼与刑并重

管仲虽然重视伦理道德，但他毕竟不是道德主义者，他是勇于革新的政治家，在他破旧立新的改革实践中，必然带有强烈的功利主义色彩。所以，一方面，我们见到管仲强调伦理道德，把伦理道德说成是治国、守国的根本；另一方面，我们又可以见到他强调法治，主张“以法治国”。

在西周，治国的根本是礼，但仍然以法律为其后盾。关于周代的礼与刑，《晋书·刑法志》说得好，它们是“礼之所去，刑之所取，失礼即入刑，相为表里”的关系。故而《唐律疏议》说：“周公寓刑于礼。”周初的统治者一再强调要“明德慎罚”，并以此作为法治的基本原则。所谓“明德”，实际上就是要礼治，“明德慎罚”反映了周人重礼轻刑的思想。

与西周重礼轻刑的思想不同，管仲对刑（法）的作用有深刻的认识。他认为法律具有“立朝廷”“用民力”“用民能”“用民之死命”的重大作用，因而“欲民之可御，则法不可不重”（《管子·权修》）。

西周社会是“先礼而后刑”，就是说，把礼教放在刑杀之前，强调教化在先。在这个问题上，管仲是恪守周礼的。他在谈到如何才能使百姓为善、谈到如何才能防止暴行时说：“厚爱利足以亲之，明智礼足以教之。上身服（以身作则）以先（引导）之，审度量（规章制度）以闲（防范）之，乡置师以说道之。然后申之以宪令，劝之以庆赏，振之以刑罚。”（《管子·权修》）可见，在管仲的心中，礼教是主要的，而刑罚是不得已才为之的手段。这实际上是德主刑辅、礼法并用的思想。

礼与刑并重，是管仲思想的一大特色。这一特色，后来成为中国两千余年封建社会政治的主要特色。

# 第八章　管仲的经济思想

商贾出身的管仲对经济特别重视，而他所主持的改革亦以经济改革最见成效。管仲的经济思想应该是非常丰富的，但是，《左传》《国语》等文献对管仲的经济改革和经济思想的记载十分简略，以至于我们只能了解只鳞片爪。其中哪些是后人对管仲思想的追述，哪些是后人的依托之言，则很难判定。我们论述管子的经济思想，是以《左传》《国语》《史记》以及先秦诸子的记载为主要依据，再参考《管子》经言部分以及其他与上述所记管仲思想相符的篇章来进行的。

司马迁在《史记·管晏列传》中曾简要地记述了管仲为政之特点。其云："管仲既任政相齐，以区区之齐在海滨，通货积财，富国强兵，与俗同好恶。故其称曰：'仓廪实而知礼节，衣食足而知荣辱，上服度（合乎法度）则六亲固。四维（礼义廉耻）不张，国乃灭亡。下令如流水之原，令顺民心。'故论卑而易行。俗之所欲，因而予之；俗之所否，因而去之。其为政也，善因祸而为福，转败而为功。贵轻重（着重经济），慎权衡。"从这则短短的记载中，我们大体可以了解管仲的基本经济思想。

## 一、管仲经济思想的基点——"予之为取"

管仲辅佐齐桓公，目的是使齐国成为中原霸主。为了达到这一目的，就必须使齐国拥有强大的军事力量和支持这一军事力量的雄厚物质基础，而所有这些都要靠人民为之提供。管仲不主张对人民进行竭泽而渔式的索取，他明白那样做无异于自杀。为了保证财源，管仲除了大力开辟新的财路之外,更主张对人民实行有节制的索取,即先满足人民的基本生活需要,甚至先让人民富裕起来,然后再向人民索取,这就是所谓的“予之为取者,政之宝也”(《管子·牧民》)。

怎样才能“予”呢?管仲认为,首先要了解“民情”,并使“令顺民心”。人民“恶忧劳”“恶贫贱”“恶危坠”“恶灭绝”,那么为政者就该“佚乐之”“富贵之”“存安之”“生育之”,这就是顺民心之政了。他强调,“治国之道,必先富民;民富则易治也,民贫则难治也”(《管子·治国》)。治国需从经济入手,这是管仲高于当时其他政治家、思想家的地方。

怎样才能使“仓廪实”“衣食足”“民富”呢?管仲首先从农业生产上着手。他希望统治者不要滥用民力,要保证农业劳动力的投入。他说:“无夺民时,则百姓富。”(《国语·齐语》)为了稳定农业人口、让农民安心于农业生产,他又提出了“四民分业定居”的理论。

关于管仲的士、农、工、商“四民分业定居”的理论,我们在第三章中已做了充分介绍,这里只就有关“农”的部分略加论述。管仲认为应该划出农乡,让农民集中居住。他说:“令夫农,群萃而州处(居住于一处)。察其四时,权节其用(根据农事情况使用):耒、耜、耞、芟,及寒,击菒除田(去除枯草,修整田地),以待时耕;及耕,深耕而疾耰之,以待时雨;时雨既至,挟其枪、刈、耨、镈,以旦暮从事于田野。脱衣就功,首戴茅蒲(草帽),身衣袯襫(蓑衣),沾体涂足(身体上下沾满泥土),暴(太阳晒)其发肤,尽其四肢之敏,以从事于田野。少而习焉,其心安焉,不见异物而迁焉。是故其父兄之教不肃而成,其子弟之学不劳而能。夫是,故农之农恒为农,野处而不暱。”(《国语·齐语》)管仲认为,让农民集中居住有以下几方面的好处:一是有利于农业经验的积累与传授,二是有利于农具的制作,三是有利于稳定农业人口,四是能够让人民专心务农。在他看来,通过这样的“定民之居”,一定可以“成民之事”。

农业是中国古代社会占绝对支配地位的核心产业，因而只要保证了农业生产的稳定和农民的生产积极性，就基本上可以做到国家富、人民足了。要使国富民足，国家还应该动用一切力量救灾防患、兴修水利，鼓励种植畜养、多种经营，防止侈靡。为此，管仲提出了君主务必需要注意的几个问题。他说："君之所务（注意、注重）者五：一曰山泽不救（不能防止）于火，草木不殖成（繁殖成长），国之贫也；二曰沟渎不遂（畅通）于隘，障水不安其藏（水库中的水漫溢成灾），国之贫也；三曰桑麻不殖于野，五谷不宜其地，国之贫也；四曰六畜不育于家，瓜瓠荤菜百果不备具，国之贫也；五曰工事竞于刻镂（刻木镂金），女事繁于文章（文采花饰），国之贫也。故曰山泽救于火，草木殖成，国之富也；沟读遂于隘，障水安其藏，国之富也；桑麻殖于野，五谷宜其地，国之富也；六畜育于家，瓜瓠荤菜百果备具，国之富也；工事无刻镂，女事无文章，国之富也。"（《管子·立政》）为了救灾防患，管仲甚至让齐桓公与其他诸侯共同签订了一些盟约。据《孟子·告子下》记载，在齐国主持召集的"葵丘之会"上，齐桓公与诸侯曾签订了一条"无曲防，无遏籴，无有封而不告"的盟约。

## 二、保本培源的赋税观——"取于民有度"

要使人民富裕，光靠鼓励生产、保证农业劳动力的投入、兴修水利、救灾防患等措施还远远不够。管仲认为，国家还应该采取"利民"的政策。他说"旦暮（经常）利之，众乃胜任"，"安高在乎同利"（《管子·版法解》）。《版法解》中对管仲的这一思想有一段很好的解释："凡是人，没有不趋利避害的。因此，能与天下同利益的，天下人就拥护他；独占天下利益的，天下人就图谋他。天下人所图谋的，即使地位确立也必然倒台；天下人所拥护的，即使高高在上也没有危险。所以说：'安高在乎同利。'"

关于怎样才能"利民"，管仲提出了"分财"的主张。他说："天下不患无财，患无人以分之。”（《管子·牧民》）所谓“分财”，亦称“分货”（《管子·乘马》），是指统治者让利百姓，与百姓“同利”。

统治者怎样才能与百姓“分财”、让利百姓呢？最直接、最有效的方式就是“薄赋敛”了。管仲说“省刑罚，薄赋敛，则民富矣”（《管子·小匡》），并把“薄税敛”看成是“国之大礼”（《管子·中匡》）。

当然，管仲所谓与民“同利”，并不是让统治者不剥削、不索取，而只是反对竭泽而渔式的掠夺。他主张“取民有度”。他认识到，只有取之有度，才能源源不断地索取。相反，如果“取民无度”，就会导致农民破产、生产凋敝，到后来是取无所取，到这种地步，国家就非常危险了。所以，他告诫统治者：“故取于民有度，用之有止，国虽小必安；取于民无度，用之不止，国虽大必危。”（《管子·权修》）

到底取多少才算是“有度”呢？孟子曾向滕文公推荐夏、商、周的“取于民有制”，他说：“夏后氏五十而贡，殷人七十而助，周人百亩而彻，其实皆什一也。”（《孟子·滕文公上》）就是说，夏、商、周三代的田税是十分之一。这是孟子理想的“仁政”税制。管仲主张的税额是多少呢？《管子·大匡》云：“桓公践位十九年，弛关市之征，五十而取一。赋禄以粟，案田而税。二岁而税一，上年什取三，中年什取二，下年什取一；岁饥不税，岁饥弛而税。”就是说，两年征税一次，丰收的年份征税十分之三，一般的年份征税十分之二，不太好的年份征税十分之一，而灾荒之年则不征税，留待以后再征收。如果我们不考虑灾荒之年，只以“上、中、下”三种年份通计，那么每年平均的征税额是十分之一，这与传说中的夏、商、周“仁政”之制是一样的。春秋末年，鲁哀公曾问孔子的学生有若：“年饥，用不足，如之何?”有若建议哀公征收十分之一的田税。鲁哀公说：“十取二，我尚不够，怎么能十取一呢?”有若讲了一番与管仲“分财”理论十分相近的道理，他说：“百姓足，君孰与不足？百姓不足，君孰与足?”（《论语·颜渊》）从这段对话中我们可以看出，鲁国在当时实行的是十分之二田税的制度，这很可能就是当时普遍实行的税制。将之同管仲制定的税制比较,可见管仲真的是在与民“同利”了。

管仲不但实行较低的土地税政策,而且还十分注意税收的合理性。西周占支配地位的土地制度是所谓的“井田制”。在第三章中我们已经介绍过,井田制的核心是公田与私田的划分。在这种土地制度下,土地税的征收是通过劳役地租的形式来完成的,即农夫们耕种自己的份地(称为“私田”),其私田所获供农夫们养家糊口,同时他们又要集体到领主的“公田”进行耕作,其公田所获作为土地税上交领主。私田和公田上的劳动力之比大概是十比一,即农夫们用十分之九的时间于自己的土地,而花在领主土地上的劳动时间是十分之一,或者说每个农夫耕种百亩土地,其中有十亩属于“公田”。这种在公田上进行耕作以作为土地税的形态实际上是劳役地租形态。在这种形态下,农夫们的部分劳动时间是不自由的,人身亦受到束缚,因而带有较强的人身奴役特色。农夫们在领主“公田”上的劳动积极性是靠血缘关系和伦理道德,甚至靠皮鞭来维持,因而相当的不稳定,农夫们很容易失去在“公田”上劳动的兴趣,从而出现“维莠(杂草)骄骄”“惟莠桀桀”的“公田不治”现象。因而这种土地形态无论是对农夫,还是对领主来说,都是弊大于利的。

在“井田制”下,无论是领主还是农夫的权利与义务都是由确定的土地关系所支配的。因此不但农夫们不能随便离开自己的土地,而且土地也不准买卖或转让,这称之为“田里不鬻”。但是,自西周中期以来,土地转让甚至土地买卖的情况不断加剧,而农夫脱离自己耕地的“民移”现象也愈来愈普遍,旧的土地制度以及与之相应的税收制度遭到破坏。领主们为了保护自己的利益,不得不放弃让农夫们集体耕作公田的旧制,打破公田和私田的界限统一授田,并采取收取分成地租的方式,实物地租由是取代了劳役地租。虽然地租形态发生了改变,但是收取地租所依据的还是旧时代的田制。就一个诸侯国而言,国内不同地方土地的质量、水利灌溉条件和气候情况是不相同的，而农夫们占有土地的数量则由于国家的“授田”而大体一样。这样，国家仅按农夫占有土地的数量而制定统一的税收标准，就农夫而言，必然会出现不公平的现象。对土地质量较差、水利设施薄弱地方的农夫来说，其负担就会较重。这不利于鼓励农民进行农业生产，甚至会出现农民因不堪重税而迁移流亡的“民移”情况。针对这一情况，管仲提出了“相地而衰征”的改革措施，即依据土地的肥瘠、好坏等级来征收赋税（参见本书第三章）。

“相地而衰征”同与民“分财”的精神是一致的，都反映了管仲“取于民有度”、与民“同利”的思想。

## 三、开源节流、反对奢侈

为了让人民“仓廪实”“衣食足”，管仲还极力主张开垦荒地，招徕流民。他认为国家的钱财多就可招来别国的人民，而国家的荒地得到开垦就能稳定本国的人民。相反，假如国家的土地得不到有效的开垦，那么，土地再多也等于没有。他说：“地之不辟（开垦）者，非吾地也。”（《管子·权修》）管仲把土地的开垦与否看作是国家贫富的关键，他说：“地博而国贫者，野不辟也。”（《管子·权修》）又说：“地不辟则六畜不育，六畜不育则国贫而用不足；国贫而用不足，则兵弱而士不厉。”（《管子·七法》）在管仲看来，土地得不到开垦，国家就会贫困，军队也会兵弱士疲，这是非常危险的。

《国语》说管仲作赎刑，把收缴的“美金”用来“铸剑戟”，“恶金”用来“铸锄、夷、斤、斸，试诸壤土”。所谓“美金”是指铜，所谓“恶金”则是指铁。这说明春秋时期，铁器已普遍应用于农业生产。

在铁器发明前，用于农业生产的工具基本上是木器、石器。西周时，基本的农具是“耒”和“耜”，耒是木制农具，耜是木石或木骨复合的农具。那时虽然已出现了金属工具，但由于那时的金属一般是青铜,价格昂贵且硬度不大,所以没有大量用于农业生产。正因为当时使用的农具是以木、石为主要原料的,所以劳动效率极为低下,农夫们一家只能耕种百亩(约合今30亩)左右的土地。到了春秋时期,随着铸铁的发明并广泛应用于农业,农业生产力大为提高,农夫们开始有余力开荒垦地、扩大种植面积。管仲推行鼓励开荒垦地的政策,正是适应了生产力发展的需要,对推动齐国经济的发展起到了积极的作用。

管仲认识到资源是有限的、民力是有限的,因而财富也是有限的。他说“地之生财有时,民之用力有倦”(《管子·权修》),因此统治者应该知足,应该节俭。齐桓公曾问他:“富有涯(边际)乎?”他回答说:“水之以(有)涯,其无水(不需要水)者也。富之以涯,其富已足者也。人不能自止于足(知足),而亡(失去)其富之涯乎!”(《韩非子·说林下》)在他看来,知足者常富,不知足者常贫。

管仲反对奢侈,《韩非子·外储说左上》记有管仲劝齐桓公不要穿价格昂贵的紫色衣服的故事,《内储说上》记有管仲为齐桓公出主意禁革齐国厚葬之风气的故事,《说苑·反质》记有管仲劝齐桓公穿着俭朴以正齐风的故事,这些都反映了管仲主张节俭财用的思想。管仲认为,如果统治者装饰舟车、建高台广榭,就必然要厚赋敛。加重人民的赋敛,必然会导致“下怨上”,其结果是“令不行,而求敌之勿谋己,不可得也”(《管子·权修》)。

管仲反对奢侈,首先是从奢侈品的生产上入手,主张限制甚至禁止奢侈品的生产。他说:“省刑之要,在禁文巧。”(《管子·牧民》)所谓“文巧”,也就是“末产”,指的是奢侈品的生产。在他看来,奢侈品的生产不但能蛊惑人心、使人腐化堕落,从而导致犯罪,而且会引导人们不务正业、放弃艰辛的农业生产。他说“末产不禁则野不辟”,“末产不禁,则民缓于时而轻地利,轻地利而求田野之辟、仓廪之实,不可得也”。如果土地得不到开垦,人民就缺少收入,国家就会出现“外不可以应敌,内不可以固守”(《管子·权修》)的衰弱局面。相反,如果能使“工事无刻镂,女事无文章”,那将是“国之富也”(《管子·立政》)。

以今天的观点来看,生产一定数量的奢侈品以满足不同层次的人的需求、调节供求关系,对一个国家经济的发展也是有好处的。但是,在管仲所处的时代,社会生产总量还非常低,即使要简单地满足人们的基本物质需求也是很困难的。在这种情况下,奢侈品的生产必然会使有限的社会总资源的分配更加不合理。它不但会导致社会总物质需求的相对匮乏,也会加剧人们内心深处的不平衡,从而扩大已有的社会矛盾。所以,反对奢侈和反对奢侈品的生产是当时人们普遍的观点。

## 四、重视工商业的发展

中国古代的统治者和士大夫们对工商业有传统的偏见,一贯采取歧视甚至打击的政策。他们把工商业称为“末业(微不足道的事业)”,错误地把它与称为“本业(根本的事业)”的农业对立起来。他们千方百计地限制工商业者的经营活动,或者严格控制工商业者的人身,即所谓“工商食官”;或者垄断山林川泽,限制工商业者的经营范围;或者使工商业者的社会地位与处于奴隶地位的臣妾并列,低于普通庶民、编氓,贬低他们的社会地位;或者采取高额征税,使工商业者经营维艰;或者限制工商业者的消费档次;或者通过国家权力垄断经营、抢占市场,不一而足。这种对工商业的歧视与打击政策不但使中国古代工商业的发展举步维艰、发展滞缓,而且严重阻碍了整个社会经济的发展。可以说,这种政策是中国古代社会长期处于近乎静止的滞缓发展状态的主要原因之一。

管仲是中国历史上很少见的重视工商业的政治家。

管仲认为,“士、农、工、商四民者,国之石民也”(《管子·小匡》),

就是说工商同士农一样,都是国家的基本人民。这实际上是把以前为一般人所不齿的工商业者的地位提到与士农相同的等级,表明了政府对工商业的重视。虽然管仲的“四民分居”理论表面上是在维护“昔圣王”的“士大夫不杂工商”,但实际上更多的是出于防止“民移”或“民迁”和保持“四民”职业稳定性的需要(参见本书第三章),并非是出于对工商的歧视。传统上以农业为“本”、以工商业为“末”,管仲虽然也沿用“本”“末”的概念,但其“末”的内涵与以前有所区别。管仲所谓的“末”,只是指奢侈品的生产与销售。

由于管仲能够认识到工商业对社会经济发展的重要作用,所以他对工商业采取支持的态度。

首先,政府加强对工商业者和山林川泽的管理。《国语·齐语》中说,管仲在齐国设置管理工商业和山林川泽的机构和官吏,即“工立三族,市主三乡,泽立三虞,山立三衡”。所谓“三族”“三乡”“三虞”“三衡”,就是管理手工业、商业、山林、川泽的机构和官长(古代官制的特点是,官长之名也就是机构之名)。

据《周礼》等古书记载,西周之时已有管理工商业和山林川泽的政府机构和官吏。如《周礼·地官·大司徒》中有司市、山虞、林衡、泽虞、川衡等官员和机构;而从《冬官·考工记》中所载则可以看出,政府对各种手工行业均派有专人管理。如果光是从设置机构并委派官吏对工商业和山林川泽进行管理来看,管仲的所作所为毫无可以称道之处,那么,为什么《国语》的作者以此作为管仲的重要政绩呢?

司马迁在《史记·货殖列传》中曾说:“故太公望封于营丘,地潟卤,人民寡。于是太公劝其女功,极技巧,通鱼盐,则人物归之,繦至而辐辏。故齐冠带衣履天下,海岱之间敛袂而往朝焉。其后,齐中衰,管子修之,设轻重九府,则桓公以霸,九合诸侯,一匡天下……是以富强至于威、宣也。”司马迁在《史记·管晏列传》中又称管仲在为政期间“通货积财”。由此可见,商贾出身的管仲在工商业领域是曾有过一番大作为的。

如果只是简单地沿袭西周旧制,管仲在工商业领域肯定是不会有任何作为的。这里留给我们一个猜想,管仲是否又在西周旧制的“旧瓶”中装了“新酒”呢?就是说,同样是管理工商业和山林川泽的机构,但其功能是不是与西周大相径庭呢?我们先看看《周礼》中“司市”“山虞”“林衡”“泽虞”“川衡”等机构的功能。

> 司市,掌市之治教政刑,量度禁令。以次叙分地而经市,以陈肆辨物而平市,以政令禁物靡而均市,以商贾阜货而行布,以量度成贾而征儥,以质剂结信而止讼,以贾民禁伪而除诈,以刑罚禁虣而去盗,以泉府同货而敛赊。……凡市入则胥执鞭度,守门市之群吏平肆,展成奠贾,上旌于思次以令市。市司莅焉,而听大治大讼;胥师贾师,莅于介次,而听小治小讼。……

司市是掌管市政管理的官长,他的职责是主管市场的行政、治安和负责买卖的公平进行。具体的工作是:负责市场区域的划分、商品的陈列,查禁精巧的奢侈商品;保证商品、货币流通;稳定粮食等特种商品的货源,以吸引商贩;负责买卖契约的订立;防止商品买卖中的欺诈行为;用刑罚来防止偷盗;掌管市场商品的调剂。市场上有手执鞭子的“胥师”以监督进出市场的人们,有“群吏”随时检查商品的摆放是否符合规定,有“市师”“胥师”负责处理买卖纠纷,用“宪罚”“拘罚”和“扑罚”来处罚违规的商贾或小偷小摸者。从《周礼》所记司市的职责来看,首先是规范市场秩序,保证商品交易的正常进行;其次是市场监督,禁止奢侈品进入市场;再次是进行市场调剂,防止市场价格的大幅波动。可见,司市对商业贸易所起的作用是规范性和限制性的,它没有积极促进商业活动、鼓励商品交易的功能。换句话说,司市对市场活动的作用是“消极”的而不是积极的。

我们再来看看《周礼》中所记“山虞”“林衡”“川衡”“泽虞”等机构的职责范围。

山虞，掌山林之政令，物为之厉，而为之守禁。仲冬斩阳木，仲夏斩阴木。凡服耜，斩季林，以时入之。令万民时斩材，有期日。凡邦工人入山林而抡材，不禁。春秋之斩木不入禁。凡窃木者有刑罚。若祭山林，则为主而修除，且跸。若大田猎，则莱山田之野。及弊田，植虞旗于中，致禽而珥焉。

林衡，掌巡林麓之禁令，而平其守。以时计林麓而赏罚之。若斩木材，则受法于山虞，而掌其政令。

川衡，掌巡川泽之禁令，而平其守。以时舍其守，犯禁者执而诛罚之。祭祀、宾客，共川奠。

泽虞，掌国泽之政令，为之厉禁。使其地之人守其财物，以时入于玉府，颁其余于万民。凡祭祀、宾客，共泽物之奠。丧纪，共其苇蒲之事。若大田猎，则莱泽野。及弊田，植虞旌以属禽。

“山虞”“林衡”“川衡”“泽虞”四职有一个共同的特点，就是维护山林川泽的生态平衡，禁止乱砍滥伐、乱渔滥猎，同时为统治者的祭祀和享宴提供牺牲和禽兽鱼鳖之类物品。他们为统治者守护山林、矿藏、禽兽、鱼鳖，是国家资源的“守护神”。但是，如何更好地开发和利用这些资源，如何利用这些资源为国家创造更多的财富，却不是这些机构的功能。这些机构的功能同司市一样，是消极的。

管仲设置的“三虞”“三衡”等机构，在维护山林川泽的生态平衡、禁止乱砍滥伐、乱渔滥猎等方面与原来的“山虞”“林衡”“川衡”“泽虞”并无差别，他曾说“山泽各致其时，则民不苟”（《国语·齐语》），即可证明。管仲设立的“三虞”“三衡”等机构之所以被后人称道，在于这些机构在他进行的最为重要的经济改革——“官山海”中起到了积极的作用。（参见本书第三章）

姜太公时，齐国实行“劝其女功，极技巧，通鱼盐”的鼓励工业、手工业和渔业的政策，使齐国的社会经济迅速发展，一跃而成为东方头等大国、强国。从《史记·货殖列传》中简短的记载可以看出，姜太公重点鼓励和支持的是民间工商业。管仲在鼓励和支持工商业上完全是效法太公之政的,不过与姜太公不同的是,管仲除了继续鼓励和支持民间工商业外,重点是通过“官山海”政策让政府积极参与工商业活动。而代表国家参与这些“官山海”经济活动的机构,就是所谓的“三虞”和“三衡”。

其次,国家利用一切机会为本国工商业开拓市场。让政府积极参与本国经济的开发,通过发展经济以增强国力,再通过外交来开拓外贸市场,为本国商品畅销各国铺平道路、减少障碍,是管仲发展齐国经济的基本思路。《国语·齐语》中说管仲“通齐国之鱼盐于东莱,使关市讥而不征,以为诸侯利,诸侯称广焉”。

“关市讥而不征”是周文王时的“仁政”之一,但那只是周初的政策。在统一的国度、统一的市场下,“关市讥而不征”确实有利于各地工商业的发展。但是,如果在若干个经济发展不平衡的独立或半独立国家中实行“关市讥而不征”,无疑只会有利于工商业经济发展比较好的先进国家,这就是为什么现代发达国家强烈主张低关税甚至零关税,而发展中国家坚持高关税的原因。因而,用关税政策来保护自己较为脆弱的工商业是那些较为落后国家不得已的选择。但是,关税壁垒对商品经济较为发达的国家是不利的,对整个社会经济的发展也是不利的。因此,取消关税壁垒,让商品自由流通就被提上商品经济相对比较发达的齐国的议事日程。

“关市讥而不征”的制度虽然有周文王为其后盾,使其成为一种理想,甚至成为“古礼”,但它不可能被经济发展远远落后于齐国的其他诸侯国所接受。因此,管仲为了达到取消各国的关税壁垒,或者至少把各国的关税降低到有利于齐国的商品打进各诸侯国市场的目的,充分利用了齐国的军事力量和外交机会。据《管子·幼官》记载,在齐桓公七年(前679年),齐国就曾迫使与之会盟的诸侯国签订了“市赋百取二,关赋百取一”的关税协议。齐国的渔业、盐业、冶铁业和纺织业相对较为发达,而这些产业的商品则是那个时代的主要商品,因而低关税极有利于齐国的商品进入其他各国的市场。为了便于齐国商品在各国流通、销售,第二年(前678年),齐国又与参加会盟的诸国签订了"修道路、偕(同)度量,一(统一)称(衡)数"的协议。"百取一"的关税协议由于齐国的压迫勉强通过了,但实际上各国并没有完全按此征收,实际的关税额要高得多。齐国也不得不在齐桓公十九年(前667年)把自己的关税提高了一倍,采取"五十而取一"(《管子·大匡》)的新关税。

为了吸引其他诸侯国的商贾到齐国经商,管仲除了采取低关税之外,还在生活给养、驿站设置等方面给予外商优惠,结果,"天下之商贾归齐若流水"(《管子·轻重乙》)。

最后,重视货币经济。司马迁说管仲"贵轻重"(《史记·管晏列传》),又说"齐桓公用管仲之谋,通轻重之权"(《史记·平准书》)。班固亦说"至管仲相桓公,通轻重之权"(《汉书·食货志》)。所谓"轻重",指的是商品价格的贵与贱,亦即货币购买力的高与低。"轻重"的核心是货币,所以唐代司马贞所撰《史记索隐》中说:"轻重谓钱也。""通轻重之权"是指由国家掌握货币,根据市场上货币流通量的大小来平衡物价、调剂供求。

中国古代货币的发展比较迟缓。夏、商、西周之时是否已出现货币,仍是史学界有争议的问题。货币史学者把夏、商、西周时使用较多的贝作为三代使用的货币,他们认为贝之所以在那时成为货币,主要原因是"贝本身有使用价值,可作装饰品和象征吉利的护符;以个为单位,便于计数;坚固耐用,便于携带和转让;数量不多,来之不易"(千家驹、郭彦岗著:《中国货币史纲要》,上海人民出版社1986年版)。

商周时期的贝虽然具有货币史学家所说的那些货币特征,但是在当时被人们作为像珠宝一类的装饰品,本身并不作为流通的货币。原因非常简单,贝在当时同其他珠宝一样,是非常难得的,因而不可能作为流通量很大的货币。殷周之时,常以十贝为一朋串联,它与今天的项链完全一样,也是装饰用的。有些学者便以此认为贝在那时已作为货币,称之"贝币",并认为"贝币"是以"朋"为单位的。加之当时已有铜贝出现,更认为当时"贝币"不敷所需,乃以铜贝继之,足证当时确有"贝币"。实际上,贝在殷周之时为难得之物,殷王赐给其臣民的贝最多的一次只有十朋,足见其珍贵。正因为其珍贵,从殷周到战国,仿贝制品大量出现,不但有铜贝,也有珧贝、陶贝、石贝、骨贝、蚌贝以及银贝、金贝和包金铜贝。大量仿贝制品的出现,正是贝未成为货币的明证。

周穆王时,吕侯修订赎刑,赎金用铜,以"锾"为单位,说明当时是以铜为货币。而西周大量的青铜器是大臣们用受到王室赏赐的青铜铸成的,而不是用王室赏赐的"贝"买的青铜铸造的。《诗经》的"国风"篇章大都是春秋以后的作品,其中《卫风·氓》一诗有"氓之蚩蚩,抱布贸丝"之句,这是那时普通百姓仍以物易物的明证,说明当时货币经济尚不发达。

严格意义上的既具有价值尺度,又具有流通手段、贮藏手段、支付手段和世界货币等特征的货币在中国历史上出现的准确时间尚不能断定,大致出现的时间应该是在西周后期至春秋初期这一段时期。《春秋》鲁隐公三年,"秋,武氏子来求赙"。所谓"赙",《公羊传》云"货财曰赙",《穀梁传》曰"钱财曰赙"(均见鲁隐公元年)。可见,"赙"指的是货币,即"钱财"。"赙"与"镈"其实是一字。"镈"本是一种锄草的农具,《诗·周颂·良耜》有"其镈斯赵,以薅荼蓼"之句可证,我国最早的货币即以镈为其形而制成。"镈"又通"布",现代考古中发现了大量春秋战国时期的"布"币。公元前524年,周景王铸造"大钱",遭到王室大夫单旗的批评,从单旗所说的话来看,周景王铸大钱之前已有小钱行市。考古工作者已发现了春秋时期齐国的刀币、晋国的布币和楚国的郢爰,足以证明春秋时期金属货币已经流行。但是,我们从《国语·齐语》所记管仲所作的赎刑来看,赎金仍然是实物和铜,说明当时已有货币流通,仍不普遍。由此也可以看出,货币在当时还处于发展的初期。

管仲的“轻重”理论就是建立在货币发展初期基础上的。但是,除了《史记》《盐铁论》和《汉书》中提到过管仲的“轻重”概念外,其他古籍对此皆未涉及。对管仲“轻重”理论有详细论述的只有《管子》一书。《管子》有一组称之“轻重”的文章,共计十五篇,即《匡乘马》《乘马数》《事语》《海王》《国蓄》《山国轨》《山权数》《山至数》《地数》《揆度》《国准》以及《轻重》甲乙丁戊四篇。关于这组文章的写作年代,学者们仍有不少分歧,有些学者认为它写成于王莽改制之时,有些学者认为它写成于西汉,有些学者认为它写成于秦汉,有些学者认为它写成于战国中后期。我们赞成写成于战国中后期的说法,但认为这组文章保留了不少管仲本人的思想,特别是比较完整地保留了管仲的货币思想。当然,这组文章的许多部分也掺杂了战国时人的思想。这里,我们介绍《管子》一书的货币思想,作为研究管仲货币思想的参考。

货币最基本的职能是价值尺度和流通手段。《管子》一书中提得最多、讲得最清楚的则是货币作为流通手段的职能。如《管子·国蓄》篇中说:“黄金刀币,民之通施也。”所谓“通施”,不但强调了货币的流通功能,事实上也涉及了货币作为一般等价物的特性。《管子·轻重乙》中说:“黄金刀布者,民之通货也。”“通货”与“通施”的意思比较接近。《揆度》提到:“刀布者,沟渎也。”所谓“沟渎”,既是指流通,也是指流通的途径。把货币视为流通的工具,这是比较容易理解的,而将它理解为社会商品流通的途径(沟渎),这在自然经济占统治地位的古代,是难能可贵的见解。对货币作为价值尺度这一基本功能,《管子》一书的论述则相当少,只在《乘马》篇中提到“黄金者,用之量也”。这表明其认识还只停留在使用价值之上。至于对货币的支付手段、贮藏手段和国际货币的职能,《管子》一书也有所涉及。如《管子·山至数》中曾多次提到几种以货币支付的报酬。《管子·山国轨》中提到

“苟入我国之粟,因吾国之币,然后载黄金而出”,即国与国之间的粮食贸易,先用所在国的货币支付,然后兑换成通用货币——黄金带回去。这些都涉及货币的支付手段和国际货币的职能。《管子·乘马》篇中说:“万乘之国,不可以无万金之蓄余;千乘之国,不可以无千金之蓄余;百乘之国,不可以无百金之蓄余。”这是讲货币的贮藏手段。在《管子·山国轨》篇中还提到要设置“环乘之币”,即公共储备金,以适应农业生产的季节性需要,这同样是在强调货币的贮藏手段。

《管子》一书中已经认识到,货币与其他商品(万物)的关系是随余缺、多少的变动而互为轻重变动的。在设定货币的投放量不变的情况下,当万物数量增多时,单位货币的交换价值便相对增大,即“币重而万物轻”;相反,当万物数量减少时,单位货币的交换价值便相对减小,即“币轻而万物重”。基于这种认识,《管子》的作者认为,货币的轻重可以是人为控制的,国家可以利用控制货币的投放量来调节市场并为国家谋取利益。这就是《管子》基本的“轻重”理论。对此,《管子》“轻重”组有许多地方论述了货币与万物的轻重关系。如《管子·山至数》中说:“彼币重而万物轻,币轻而万物重。”《管子·国蓄》中说:“视物之轻重而御之以准,故贵贱可调,而君得其利”,“聚则重,散则轻”。《管子·山国轨》更具体地指出:“国家货币九成在官府,一成在民间,就会币值高而万物贱,这时可抛出货币去收购万物;如果货币在民间,万物在官府,万物的价值就会高出原价的十倍,这时官府可以抛去万物,平衡货币。”

《管子》对货币与万物轻重关系的认识是相当深刻的,但它主张人为控制货币投放量,而不是视商品流通的需求自动反馈调节。这种货币政策在今天从理论上看是错误的,不过,当时的政治是专制主义的,国家通过强权来控制经济、控制商品的流通在当时是十分自然而普遍的现象。

由于《管子》作者对货币与万物的轻重关系有深刻的认识,因而主张统治者运用货币“以守财物,以御民事”,进而达到“平天下”的战略目标。而要达到这一目标,国家应该严格控制铸币的大权。他说:“人君铸钱立币,民庶之通施也。”他反对政府放任民间私铸钱币,说:“自为铸币(自由铸钱币)而无已,乃令使民下相役(私自奴役)耳,恶能以为治乎?”(《管子·国蓄》)

综上所述,管仲的基本经济思想是他的富民、利民思想,这与他政治上的“顺民心”思想是完全一致的。在富民、利民这一总的思想指导下,他提出并实施了“相地而衰征”“薄赋敛”“取于民有度”的税收政策,鼓励人民开垦土地、种植畜养、从事多种经营。他主张节财省用,防止奢侈。他既主张发展民间工商业,又主张国家垄断像盐、铁这类既是人民生活的必需品、获利又十分丰厚的商品的经营。为了把本国的商品推向其他诸侯国,他不惜使用军事力量,并利用一切外交条件。他的“四民分业定居”理论既是政治上的,又是军事上的,更是经济上的。这一理论虽然来源于古老的“国野分治”论,但管仲对它进行重新诠释,使之成为全新的治民理论,并影响了整个中国古代社会。管仲的经济思想与他成功的经济改革是紧密结合的,这就使其具有现实性和可行性,因而对后世封建统治者的经济政策有极大的影响,对后世政治家的经济改革也具有很强的指导作用。

# 参考文献


1. 尚书.
2. 春秋左传.
3. 春秋穀梁传.
4. 春秋公羊传.
5. 国语.
6. 吕氏春秋.
7. 韩非子.
8. 孟子.
9. 论语.
10. 周礼.
11. 史记.
12. 说苑.
13. 郭沫若. 管子集校. 北京:科学出版社,1956.
14. 赵守正,王德敏编. 管子研究. 济南:山东人民出版社,1987.
15. 周瀚光,朱幼文,戴洪才. 管子直解. 上海:复旦大学出版社,2000.
16. 杨鹤皋. 中国法律思想史. 北京:北京大学出版社,1988.
17. 关锋,林聿时. 管仲遗著考. 中国哲学史论文集. 1959.
18. 杨伯峻译注. 春秋左传注. 北京:中华书局,1981.
19. 战化军. 管仲评传. 济南:齐鲁书社,2001.
20. 胡寄窗. 中国经济思想史上册. 上海:上海人民出版社,1962.